W0233046

Marli Huijer

Disziplin!

Marli Huijer

Disziplin!

Überleben
im
Überfluss

Aus dem Niederländischen
von Ira Wilhelm

Copyright © Uitgeverij Boom, 2013, © Marli Huijer 2013
Übersetzt aus dem Niederländischen:
Marli Huijer – Discipline. Overleven in overvloed

N ederlands
N letterenfonds
dutch foundation
for literature

Die Übersetzung dieses Buches wurde von der
niederländischen Stiftung Literatur gefördert.

Die Deutsche Nationalbibliothek verzeichnet diese Publikation
in der Deutschen Nationalbibliografie;
detaillierte bibliografische Daten sind im Internet
über http://dnb.d-nb.de abrufbar.

Das Werk ist in allen seinen Teilen urheberrechtlich geschützt.
Jede Verwertung ist ohne Zustimmung des Verlags unzulässig.
Das gilt insbesondere für Vervielfältigungen, Übersetzungen,
Mikroverfilmungen und die Einspeicherung in und Verarbeitung
durch elektronische Systeme.

Der Theiss Verlag ist ein Imprint der WBG.

© 2016 by WBG (Wissenschaftliche Buchgesellschaft), Darmstadt
Die Herausgabe des Werkes wurde durch die Vereinsmitglieder der WBG ermöglicht.
Lektorat: Hildegard Mannheims, Bonn
Einbandabbildung: Bart van den Tooren, Amsterdam
Einbandgestaltung: Harald Braun, Berlin
Satz: SatzWeise GmbH, Trier
Gedruckt auf säurefreiem und alterungsbeständigem Papier
Printed in Germany

Besuchen Sie uns im Internet: www.wbg-wissenverbindet.de

ISBN 978-3-8062-3276-9

Elektronisch sind folgende Ausgaben erhältlich:
eBook (PDF): 978-3-8062-3355-1
eBook (epub): 978-3-8062-3356-8

Für den Schriftsteller
und Gitarristen

Inhalt

Teil 4
Neue Formen der Disziplin

Einleitung

Was kann der Mensch sich Schöneres vorstellen als Freiheit im Überfluss? Nichts, so scheint es auf den ersten Blick. Doch trotz eines Überangebots an Nahrung, Konsumartikeln und Wahlmöglichkeiten verkümmern viele von uns. Wir überhäufen uns mit Dingen, hasten von Ort zu Ort und können kaum noch etwas richtig genießen. Letzteres aber erfordert Disziplin – und ausgerechnet vor dieser fürchten wir uns.

Warum jagt uns die Disziplin solche Angst ein? Ist es gerechtfertigt, dass sie uns größere Schwierigkeiten bereitet als die Freiheit?

Disziplin besitzt zahlreiche Vorteile. Sie verwandelt einen ungeordneten Soldatenhaufen in eine schlagkräftige Armee, einen ungestümen Welpen in einen gehorsamen Hund und ein schüchternes Mädchen in eine selbstbewusste Ballerina. Außerdem ist sie äußerst nutzvoll für den Schriftsteller, sorgt sie doch dafür, dass er still am Schreibtisch sitzen bleibt und seine Arbeit macht. Disziplin bedeutet auch Selbstbeherrschung und verhindert, dass wir losbrüllen, sobald wir uns über etwas ärgern, oder zuschlagen, wenn uns etwas stört. Selbstdisziplin ist nicht nur für den anderen angenehm, sondern auch für uns selbst: Wer gleich losbrüllt und draufhaut, macht sich nicht gerade beliebt. Dank der Disziplin können wir etwas aufschieben oder gar ganz unterlassen und müssen nicht bei jeder Regung eines Bedürfnisses sofort um uns schlagen, küssen oder konsumieren. So gesehen besitzt die Disziplin nur Vorteile.

Doch sie hat auch Schattenseiten. Man denke nur an die Disziplin von Fräulein Knüppelkuh in Roald Dahls *Matilda*, mit der die Schuldirektorin die Kinder terrorisiert. Der kleinen Matilda, deren Freiheit, Intelligenz und Liebe bedroht sind, gelingt es mit magischen Tricks, Fräulein Knüppelkuh zu verjagen. Das Mädchen genießt unsere ganze Sympathie, wodurch Roald Dahl uns sagen will, dass Disziplin mehr Nach- als Vorteile besitzt: Also weg damit![1]

Die Schattenseiten der Disziplin offenbarten sich vor allem bei den deutschen Soldaten des Zweiten Weltkriegs. Als man nach Kriegsende erkannte, dass deren kritikloses Ausführen von Befehlen für den Tod von Millionen Menschen verantwortlich war, begegnete man dieser Art von Dressur mit steigendem Misstrauen. Offenbar konnte die Disziplin Menschen in Maschinen verwandeln, in Automaten, die jedem Befehl gehorchten, und sei er noch so grausam. Solch vorbehaltlose Disziplin nennt man Kadavergehorsam. Er war lange Zeit ein wichtiger Bestandteil der Erziehung der Deutschen. Harry Mulisch behauptet in seiner Reportage über den Eichmann-Prozess *De zaak 40/61* (1962; deutsch: *Strafsache 40/61*, 1963), dass den Niederländern der Kadavergehorsam unbekannt sei, ja, dass Niederländer wie ich überhaupt nicht gerne gehorchen[2].

Nach dem Krieg wuchs die Abneigung gegen die Disziplin stetig. Philosophisch unterbaut wurde diese Abneigung unter anderem mit Michel Foucaults *Surveiller et punir* (1975; deutsch: *Überwachen und Strafen*, 1976), worin der französische Philosoph aufzeigt, wie unerwartet subtil die Disziplin zu Werke schreitet.

Bis in die siebziger Jahre des letzten Jahrhunderts hinein war Disziplin gleichbedeutend mit Unterdrückung und hierarchischen Machtverhältnissen. In diesen zwang ein Machthaber (König, Kapitalist, Kirchenvater, Lehrer, Vater) Untergebenen mit keiner oder wenig Macht (Untertanen, Arbeiter, Gläubige, Schüler, Frauen und Kinder) Gesetze und Gebote gewaltsam auf. Diesem Bild einer negativen, repressiven Macht stellt Foucault das Bild einer positiven, produktiven Macht gegenüber, die sich aus einer Vielzahl unsichtbarer, unaufhörlich auf uns einwirkender Kräfte zusammensetzt.

Foucaults positive Macht diszipliniert die Menschen nicht durch Bestrafung, sondern durch Korrektur. Sie kann weder in einer singulären Autorität – zum Beispiel einem Fürsten oder Vater – noch in einer autoritären Institution wie Kirche oder Staat personalisiert werden, sondern wirkt mit unzähligen disziplinierenden Kräften auf uns ein und ergreift sogar von unserem Inneren Besitz. Doch nicht erst Regime wie das Dritte Reich schufen den Maschinenmenschen. Bereits seit dem Ende des 18. Jahrhunderts zielen Disziplinarinstitutionen wie Schulen, Kasernen, Gefängnisse, Fabriken und Krankenhäuser darauf ab, die Bewohner Europas in gehorsame Maschinen zu verwandeln. Unsichtbare Kräfte disziplinieren uns unbemerkt zu gehorsamen Bürgern. Eine Existenz außerhalb der Macht ist unmöglich, aus dem einfachen Grund, weil es keine Außerhalb-der-Macht-Existenz gibt. Schlimmer noch, wir selber sind ein Rädchen im Getriebe disziplinierender Kräfte.

Die Erkenntnis, dass die allgegenwärtige Disziplin den Menschen gefügig machen und ihn der Freiheit, selbst zu denken und zu handeln, berauben soll, führte in den sechziger und siebziger Jahren des 20. Jahrhunderts dazu, dass man sich der Disziplin so oft wie möglich zu entziehen versuchte. Traditionen, Sitten und Gebräuche, hierarchische Systeme und Institutionen der Disziplinarmacht wurden auf den Prüfstand gestellt und danach entweder ganz abgeschafft oder wenigstens einer radikalen Veränderung unterzogen. In Bereichen wie Schulwesen, Armee, Arbeit, Familie, Gesundheitssystem und Sexualität fand ein umfassender Prozess des Disziplinabbaus statt. Es galt, verdeckte Formen der Disziplinierung offenzulegen und dann unschädlich zu machen. Keine Pflicht oder Dressur sollte die freie Entfaltung des Individuums behindern, „Befreiung" wurde zum Schlüsselwort.

Doch nicht nur die Angst vor dem Maschinenmenschen führte zur Diskreditierung der Disziplin, auch der wachsende Wohlstand trug dazu bei. Dass in Not- und Mangelzeiten Disziplin nötig war, bezweifelte niemand, doch in den friedlichen Zeiten des Überflusses hielt man sie für fehl am Platz. Weil alles im Überangebot vorhanden war, wurde der Drang zur Freiheit größer, und zwar zur Freiheit, das Gute und Angenehme uneingeschränkt genießen zu können. Selbstbeherrschung und Triebunterdrückung waren überflüssig, wenn jeder genug hatte und es so aussah, als ob sich dies in absehbarer Zeit auch nicht ändern würde.

Doch inzwischen hat sich die Stimmung gewandelt. Der Ruf nach mehr Disziplin wird laut, und das Thema taucht immer häufiger in den Medien auf: Man solle sich, so heißt es nun, in Selbstbeherrschung üben, solle sich ein langfristiges Ziel stecken, das Leben neu ordnen, endlich begreifen, dass man ohne Disziplin nicht studieren könne, akzeptieren, dass wahre Liebe Disziplin erfordere, sich dazu entschließen, den Smartphone-Gebrauch zu reduzieren und den Kindern wieder Manieren beizubringen. Außerdem solle der Staat den Bürger wieder mehr in die Pflicht nehmen. Der Mensch von heute habe sich ja angeblich kaum noch unter Kontrolle und sei oft unverschämt und aggressiv; den Schülern und Studenten mangele es an Disziplin, ihre Leistungen seien oft schwach und zu viele brechen die Ausbildung sogar ganz ab; Väter und Mütter lehren ihren Kindern keine Disziplin mehr und die Kinder hätten keinen „Respekt" vor Eltern und Lehrern. Die Eltern selbst, so heißt es, verlieren zu schnell ihre Selbstbeherrschung, wovon Schieds- und Linienrichter beim Kinderfußball ein Lied singen können. Der Staat müsse, so wird verlangt, strenger gegen Bürger vorgehen, die verbal oder physisch Sozialarbeiter, Lehrer oder Polizeibeamte angreifen, außerdem müsse er angesichts der steigenden Zahl übergewichtiger Menschen öffentlich zu mehr Disziplin aufrufen – und dabei das Komasaufen in einem Aufwasch gleich mit erledigen.

Mit solchen Äußerungen scheint der Prozess des Disziplinschwunds, der in den Nachkriegsjahren eingesetzt und in den sechziger Jahren zur Hinterfragung aller Formen von Disziplin, Macht und Autorität geführt hat, an sein Ende gelangt zu sein. Wir müssen feststellen, dass das Leben in einer Überflussgesellschaft ohne Disziplin nicht besonders angenehm ist. Das Individuum muss ohne Unterstützung von außen in sämtlichen Lebensbereichen fortwährend Entscheidungen treffen – in der Beziehung, im Job, im Studium, in finanziellen Angelegenheiten, beim Konsum und in allen Lebensmittel- und Genussfragen – und droht an diesem Zuviel zu scheitern. Das Leben im Überfluss erweist sich heutzutage als eine ebenso große Herausforderung wie das Leben in Armut.

Kritik an der modernen Gesellschaft kommt jedoch überraschenderweise nicht nur aus der traditionellen und konservativen Ecke. Selbst linke Denker sind davon überzeugt, dass es schlimm stehe um die Disziplin. Der einst mit großer Begeisterung vorangetriebene Prozess des Disziplinabbaus ist unter dem Deckmantel der persönlichen Freiheit inzwischen zur skrupellosen Wahrung von Eigeninteressen verkommen. Eine Folge des Disziplinschwunds in Zeiten des wachsenden Wohlstands ist der in fast allen Bereichen der Gesellschaft zu beobachtende Egoismus.

Für die Konservativen sind solche Auswüchse der zunehmenden Disziplinlosigkeit zwar ein Grund zur Verärgerung, aber keine Überraschung: Ihrer Meinung nach haben uns das die sechziger Jahre eingebrockt. Deren Ideale von persönlicher und sexueller Freiheit oder antiautoritärer Erziehung riefen in den Menschen ein schamloses und unbeherrschtes Verhalten hervor, welches Bildung und Kultur zuvor, wenn auch nur dünn, überdeckt hätten.

Die Linken schieben den schwarzen Peter dem Neoliberalismus und unkontrollierten Kapitalismus der freien Marktwirtschaft zu: Seit den achtziger Jahren wurden die Bewohner der westlichen Länder auf jede erdenkliche Art und Weise dazu angehalten, stets ihr Eigeninteresse zu vertreten, möglichst viel zu konsumieren und in jeder Hinsicht mit ihren Mitmenschen in Konkurrenz zu treten.

Beide politischen Lager sind sich jedoch in einem einig: Es muss sich etwas ändern. Die Konservativen wollen sich von den Idealen der Sechziger befreien, die Linken von den Auswüchsen des Neoliberalismus. Beide Lager teilen die Überzeugung, dass wir unsere Einstellung zur Disziplin grundlegend überdenken müssen.

Während ich an diesem Buch schrieb, fragte ich mich, ob ich mich einem der beiden Lager zuschlagen könne und wenn ja welchem. Soll man die Disziplin ehren oder fürchten? Ich habe die Disziplin oft als nützlich erfahren, doch gelegentlich ist sie mir mächtig im Wege. Eine gesunde Portion Disziplin sorgt dafür, dass ich mich rechtzeitig an meinen Schreibtisch setze und auch rechtzeitig wieder aufstehe, doch dieselbe Disziplin lässt mich rigoros werden, wodurch ich länger arbeite, als gut für mich ist, so dass ich mich dann über mich oder andere ärgere.

Mir ist klar, dass meine Disziplin von vielen verschiedenen Faktoren abhängig ist. Es gibt Zeiten, da bin ich vollkommen undiszipliniert und mir gelingt so gut wie nichts, und manchmal geht alles wie von selbst. Auch frage ich mich, woher die Disziplin eigentlich kommt. Oberflächlich betrachtet, scheint sie aus dem Inneren des Menschen zu stammen, Teil des menschlichen Charakters zu sein. Dann aber müsste man immer gleich diszipliniert sein, was aber nicht stimmt. Ohne ein Gegenüber, das ein bestimmtes Verhalten erwartet, kann es um die Disziplin rasch geschehen sein. Hätte ich keinen Chef, Verleger, Kollegen oder Freund, der mir Vorhaltungen macht, wenn ich meine Termine und Verabredungen nicht einhalte, säße ich vermutlich nur noch zu Hause und hinge meinen Gedanken nach.

Was nicht automatisch bedeutet, dass alle Disziplin uns von außen aufgezwungen wird. Treffen zwei Parteien eine Vereinbarung, dann setzen sie sich auf freiwilliger Basis gegenseitig Grenzen. Würde nur eine Partei disziplinierende Maßnahmen gegen die andere ergreifen, würde diese aufbegehren. Aus diesem Grund erregen zum Beispiel Kampagnen gegen Übergewicht stets Widerstand. Übergewichtige Personen haben meist wenig Lust, sich der Disziplin von Ernährungsberatern zu unterwerfen. Das ist logisch. Wem „gutes Leben" gleichbedeutend ist mit ungehindertem Schlemmen, der hat mit Disziplin nicht viel am Hut. Disziplin und Genießen sind nur für den zur Deckung zu bringen, für den „gutes Leben" identisch ist mit Schlank- und Gesundsein.

Dieses Beispiel zeigt, dass es sich bei der Disziplin nicht unbedingt um eine Lebenshaltung oder eine Charaktereigenschaft handelt, sondern vielmehr um ein Mittel, mit dem man seine Lebensideale verwirklichen kann. Womit allerdings die Gefahr nicht gebannt ist, dass Disziplin den Menschen in gehorsame Maschinen verwandeln kann. Nach wie vor setzen Armeen und andere Machtinstitutionen Disziplin ein, um eine große Menschengruppe bestimmte Handlungen ausführen zu lassen. Disziplin ist also ein zweischneidiges Schwert, man kann mit ihr Lebensziele verwirklichen, aber auch Menschen instrumentalisieren.

Diese Ambivalenz der Disziplin nahm ich zum Anlass, mir die Frage zu stellen, wie sich Disziplin und Freiheit zueinander verhalten. Wann wirkt sich Disziplin negativ auf die Freiheit aus und wann positiv? Gibt es Formen der Disziplin, die deren Vorteile hervortreten lassen und deren Risiken verringern? Mich interessierte dabei vor allem, wie Freiheit und Disziplin sich gegenseitig positiv beeinflussen können, ob man neue Formen der Disziplin entwickeln kann und inwiefern wir die für die Bewältigung des Alltags notwendige Disziplin teilweise auf Maschinen oder Mitmenschen übertragen können.

Je weiter mein Buch gedieh, desto weniger war ich davon überzeugt, dass wir ganz ohne Disziplin durchs Leben kommen können. Menschen disziplinieren sich bei jedem zwischenmenschlichen Kontakt gegenseitig, und zwar oft zu beiderseitigem Vorteil: Man stellt sich auf den jeweils anderen ein und trifft Vereinbarungen, an die sich beide Seiten zu halten versuchen. Je abhängiger die eine Partei von der anderen ist, desto eher ist sie bereit, die vereinbarten Einschränkungen durch die andere Seite zu akzeptieren.

Vom Lernen bis zur Selbstkasteiung

Dass wir ohne Disziplin nicht überleben können und uns ständig gegenseitig disziplinieren müssen, bedeutet jedoch nicht, dass Disziplin immer angebracht ist. Wie sie zu beurteilen ist, hängt davon ab, ob man weiß, was unter ihr zu verstehen ist, wie und wann man sie am besten einsetzt und woher sie eigentlich stammt.

Was also verstehen wir unter Disziplin? Der Begriff leitet sich vom lateinischen Wort *discipulus*, „Schüler", ab. Damit verwandt ist der aus der Antike stammende lateinische Begriff *disciplina*, der „Erziehung" bzw. „Zucht" und seit dem 15. Jahrhundert auch „Wissenschaftszweig" bedeutet. Wichtig für die Entlehnung ist der Begriff *disciplina militaris* als Bezeichnung für die militärische Zucht und die militärische Ausbildung.[3] Das christliche Latein verballhornte das Wort zu *disceplina*, was mit „Züchtigung" oder „Selbstkasteiung" zu übersetzen ist.

Auch heute noch hat die Disziplin mehrere Bedeutungen. Zunächst umschreibt sie den Zustand des *Discipel-* oder *Schüler-Seins* und verweist damit auf die Erziehung, in welcher das Kind *lernt zu lernen*. Eine disziplinierende Erziehung soll Kindern beibringen, auf andere Rücksicht zu nehmen, antizipierend zu denken, spontane Eingebungen zugunsten von weitgesteckten Zielen zurückzustellen und Affekte und Triebe den geltenden gesellschaftlichen Normen gemäß zu kontrollieren. Doch was ein Kind oder ein Schüler zu lernen hat, bestimmen die Eltern, die Lehrer, das Lernumfeld und die Gesellschaft, in der das Kind aufwächst.

Zudem bezeichnet Disziplin auch das Mäßigungs- oder Selbstbeherrschungsvermögen. Es ist eine Form der *Selbstformung*. Objekte einer Selbstkontrolle können Triebe sein (Sexualtrieb, Esslust), Gefühle (mit dem Ziel der Gleichmut) oder die Zeit (Einteilung bzw. Ordnen der Zeit). Diese Art der Disziplin drückt sich in der Befähigung aus, Wichtiges von Unwichtigem zu unterscheiden. Wer sich einer rigorosen Selbstdisziplin unterwirft, kann sich aber auch bestrafen wollen für das Böse, das angeblich in jedem Menschen haust. In Form der Selbstkasteiung kennen wir diese Form der Disziplin von den Mönchen des Mittelalters.

Drittens ist die Disziplin eng mit der Ordnung verbunden: zum Beispiel mit der Ordnung der Zeit, der Ordnung der Lehre oder der Ordnung eines Klosterordens. Ordnung schafft zwischen Menschen oder Dingen ein hierarchisches Verhältnis und erfordert ein gehöriges Maß an Selbstbeschränkung, weil die sich aus Ordnung und Hierarchie ergebenden Vorschriften und Regeln ja befolgt werden müssen. Eine letzte Bedeutung der Disziplin ist die der *normalisierenden Überwachung*. Damit sind die zahlreichen Methoden gemeint, mit denen Institutionen wie Schule, Familie, Berufsleben, Medien, Polizei, Armee, Krankenhäuser und Gesundheitsbehörden das Verhalten von Gruppen und Individuen durch Kollektivnormen regulieren und organisieren. Diese Institutionen disziplinieren den Menschen durch systematisches Erfassen ihres Verhaltens (zum Beispiel durch Registrierung, Meldepflicht, Beurteilungs- oder Mitarbeitergespräch, Kameras im öffentlichen Raum und digitale Spurensuche). Durch diese Maßnahmen können die Menschen leicht klassifiziert und wenn nötig ihr Verhalten korrigiert werden. Die ersten beiden Arten der Disziplin („Lernen zu lernen" und „Selbstformung") beziehen sich auf das Individuum, es sind Formen der *persönlichen* Disziplin. Die letzten beiden Arten (die „Ordnung" und die „Überwachung") sind den Institutionen und der Gesellschaft als Ganzes eigen, deshalb werden sie als *institutionelle* Formen der Disziplin bezeichnet. Die persönlichen und die institutionellen Formen der Disziplin lassen sich nicht immer trennen. Das liegt daran, dass die institutionelle Disziplin vom Menschen oft internalisiert wird. Das heißt, sie wird zur „Selbstdisziplin" und scheint dann eine Eigenschaft des Menschen selbst zu sein, obwohl sie in Wirklichkeit von außen auferlegt ist. Ein Kind, dem die Eltern beibringen, immer pünktlich zur verabredeten Zeit zu Hause zu sein, wird Pünktlichkeit später vermutlich zu seinen angeborenen Eigenschaften zählen. Ich werde diese Form der Disziplin von nun an *internalisierte* Disziplin nennen.

Bei allen drei Arten der Disziplin (der persönlichen, der institutionellen und der internalisierten) wird die Disziplin erworben. Die

Neigung zu diszipliniertem Verhalten ist zwar angeboren, die Disziplin selbst jedoch nicht. Als Mensch besitzen wir von Haus aus die Fähigkeit zu diszipliniertem Verhalten, aber dieses muss entwickelt und trainiert werden. Disziplin muss mühsam erlernt werden.

In der philosophischen Literatur finden sich zahlreiche Theorien und Ratschläge zur Erlangung von Disziplin. Bei Platon erfahren wir, dass die Disziplin unbedingt Teil der kindlichen Erziehung sein muss, während Aristoteles, Nietzsche und Sloterdijk der Ansicht sind, dass wir uns diese später noch mittels Übung aneignen können. Hans Achterhuis (* 1942) und Paul Verhaeghe (* 1955) behaupten, dass Wettbewerbsdenken und Geltungsdrang beim Menschen zu einer übermäßigen Form der Selbstdisziplin führen können. Also ist, um zu gewährleisten, dass der Wettbewerb fair ist, ein umfassendes Kontroll- und Disziplinierungssystem nötig. Einem konservativen Schriftsteller wie Dalrymple zufolge ist Disziplin nur durch Mäßigung zu erreichen. Foucault dagegen zeigt auf, dass Disziplin durch Überwachung zustande kommt. Latour ist überzeugt, dass man die Disziplin auf Maschinen übertragen muss, während Arendt und Elias behaupten, Disziplin entstehe erst innerhalb des menschlichen Beziehungsgeflechts.

In diesem Buch möchte ich mithilfe einer ganzen Palette philosophischer Perspektiven darlegen, was wir durch den Disziplinabbau in der Nachkriegszeit verloren haben. Warum kehrten sich die Menschen immer mehr von der Disziplin ab? Welche neuen Ideale sind dafür verantwortlich? Welche Auswirkungen hatte der Disziplinabbau auf unseren Umgang mit Geld, Essen, Liebe und Zeit? Und was bedeutet er für das zwischenmenschliche Verhältnis, insbesondere für das Verhältnis zwischen jenen Menschen, die zur Disziplin erzogen worden sind, und jenen, die es nicht sind? Und schließlich, welche Lösungen bietet die Philosophie für die Probleme, die sich aus dem Disziplinschwund ergeben?

Dieses Buch ist keine Anleitung für gute Sitten. Es soll auch kein

Aufruf zu Disziplin, Mäßigung, Selbstbeschränkung, Ordnung oder mehr Manieren sein. Ich werde weder eine utopische Gesellschaft skizzieren, in der sich jeder Bürger diszipliniert und artig verhält, noch eine allgemeine philosophische Theorie der Disziplin formulieren.

Mir geht es vor allem darum, ein für den heutigen Menschen geeignetes Verhältnis zwischen Freiheit und Disziplin zu definieren. Wie kann man in einer Gesellschaft mit einem solchen Überfluss an Mitteln und Möglichkeiten überleben oder besser gesagt frei leben? Wie viel Disziplin brauchen wir Bewohner des reichen Nordeuropa, das die Finanzkrise einigermaßen unbeschadet überstanden hat? Wie können wir die Disziplin erlangen, die wir für ein gutes bzw. wertvolles Leben benötigen?

Dabei werde ich folgendermaßen vorgehen: Im ersten Teil meines Buches mit dem Titel „Wider die Disziplin" möchte ich zeigen, welche philosophischen Theorien dafür mitverantwortlich waren, dass die Disziplin in Misskredit geriet, basierend auf dem in den sechziger und siebziger Jahren aufkommenden Wunsch, sich von sämtlichen Repressionen zu befreien. Die Befreiung von Regeln und Gesetzen betraf zunächst die persönliche Ebene („Der spielende Mensch"), weitete sich dann auf den institutionellen Bereich aus („Angst vor der Disziplin") und griff schließlich auf den verinnerlichten Bereich über („Disziplin als zweite Natur").

Im zweiten Teil, überschrieben mit dem Wort „Disziplinlos", möchte ich illustrieren, wie sich ein Leben ohne Disziplin gestaltet. Welche Auswirkungen hat ein Mangel an Disziplin angesichts des heutigen Übermaßes an materiellen Konsumartikeln („Überleben im materiellen Überfluss"), an Zeit („Überleben in einem Meer an Zeit"), zwischenmenschlichen Beziehungen („Liebe und Überfluss") und Menschen („Eine Masse Menschen")? Zuletzt stelle ich die Frage: Wie lässt sich eine Teilung der Gesellschaft in privilegierte, disziplinierte Menschen und in sozial schwache, disziplinlose Menschen vermeiden („Eine gesellschaftliche Kluft – Selbstdisziplin, ja oder nein")?

Im dritten Teil meines Buches, der mit „Reaktion" überschrieben ist, lege ich dar, wie die Gesellschaft im Laufe der Zeit auf die sichtbaren Folgen eines disziplinlosen Lebens reagiert hat: Einerseits entstanden kapitalismuskritische Bewegungen („Die Schuld des Neoliberalismus"), andererseits ertönte immer lauter der Ruf nach Mäßigung („Die Befriedigend-Kultur"), außerdem regte sich verstärkt der Wunsch nach disziplinierter Selbstformung („Üben, üben und nochmals üben").

Im vierten und letzten Teil meines Buches mit dem Titel „Neue Formen der Disziplin" widme ich mich der Suche nach den modernen Varianten der traditionellen Formen von Disziplin: Kann man Disziplin an technische Artefakte wie Apps delegieren („Die Delegierung der Disziplin ans nichtmenschliche Netz") oder auf andere Menschen übertragen („Die Delegierung der Disziplin ans menschliche Netz")? Wie können wir nützliche und notwendige Grenzen ziehen, ohne unsere Freiheit zu sehr einschränken zu müssen? Außerdem möchte ich aufzeigen, wo man Disziplin walten lassen kann und wo man sich vor ihr in Acht nehmen soll. Am Schluss möchte ich dann noch einige Ratschläge geben, wie man in unserer Überflussgesellschaft ein gutes Leben führen kann, wie die Politik die Kluft zwischen den Menschen mit und den Menschen ohne Disziplin überbrücken könnte und wie wir die Disziplin delegieren können, ohne Gefahr zu laufen, gegen unseren Willen und ohne unser Wissen diszipliniert zu werden.

Teil 1
Wider die Disziplin

1

Der spielende Mensch

Philosophen sehen die Entwicklung der Disziplin im Laufe der Zeit unterschiedlichen Tendenzen unterworfen. Die einen behaupten, dass sich die menschliche Kultur linear zum Besseren entwickle, andere sehen sie einem zyklischen Prozess unterworfen, während eine dritte Gruppe von Philosophen überzeugt ist, dass die Geschichte Brüche aufweist und aus einer Ansammlung von Fragmenten besteht, in der weder Zusammenhang noch Muster zu erkennen sind. Eine letzte Gruppe glaubt sogar, dass es mit unserer Geschichte ein böses Ende nehmen werde.

Die Philosophen der linearen Entwicklung glauben wahrzunehmen, dass die menschliche Gesellschaft immer kultivierter wird. Argumente finden sie zur Genüge in Norbert Elias' (1897–1990) *Über den Prozess der Zivilisation* (1939), der beeindruckenden Studie über das menschliche Verhalten in der westlichen Gesellschaft.[4] Der Soziologe zeigt auf, dass die Oberschicht in einem jahrhundertelangen Prozess stets verfeinerte Formen der Disziplin ausbildete, mit denen sie sich von der Unterschicht abhob. Angehörige der Unterschicht, die die soziale Leiter hinaufklettern wollten, imitierten das Verhalten der Oberschicht, wodurch die Gesamtgesellschaft mit der Zeit immer disziplinierter und kultivierter wurde.

Die Philosophen der zyklischen Wiederkehr sind der Ansicht, dass sich Zeiten mit viel Disziplin und Zeiten mit weniger Disziplin in der Gesellschaft abwechseln, denn in Notzeiten verhalten sich die Menschen gezwungenermaßen disziplinierter als in Zeiten, in denen für alle genug da ist. Nimmt der Wohlstand wieder zu, verringert sich die Disziplin und das Bedürfnis nach persönlicher Freiheit tritt in den Vordergrund. Wenn dann nach einer Weile die Folgen dieses

Disziplinmangels spürbar werden, werden die Zügel wieder straffer angezogen.

Die Philosophen der Brüche verweisen auf den radikalen Kulturwandel in den sechziger Jahren des vorigen Jahrhunderts. Die Denk- und Verhaltensweisen jener Jahre unterscheiden sich markant von denen der vorangehenden und der nachfolgenden Periode. Geschichte ist eine Folge von Momenten, und die sechziger Jahre stellen einen derartigen Moment dar.

Die Philosophen des Verfalls berufen sich auf Friedrich Nietzsche. Sie sind der Ansicht, dass der Untergang der Kultur Europas bevorstehe[5] und dass der Kulturabbau der sechziger Jahre nur eine Etappe im großen unaufhaltsamen Abwärtsstrudel sei.

Was die Disziplin betrifft, so neige ich persönlich dazu, den Philosophen der zyklischen Wiederkehr zuzustimmen. In den sechziger Jahren, vielleicht aber auch schon in den Fünfzigern, setzten der Widerwille gegen die Disziplin und die sich etablierende Wohlstandsgesellschaft einen Prozess des Disziplinabbaus in Gang, dessen Auswirkungen bis heute spürbar sind. Doch in den neunziger Jahren wird plötzlich der Ruf nach Disziplin und Mäßigung laut, worauf viele Freiheiten der sechziger und siebziger Jahre rückgängig gemacht werden: Erziehungskonzepte, bei denen das Kind im Mittelpunkt steht, werden abgelöst von einer Erziehungsideologie, in der ausschließlich die Lehrkräfte und der Lehrstoff das Lernen bestimmen. Die antiautoritäre Erziehung, bei der Eltern und Kind als gleichberechtigt betrachtet werden, gehört der Vergangenheit an; populär sind jetzt Erziehungskurse, in denen Eltern lernen, ihren Kindern gegenüber strenger aufzutreten. Früheres antibürgerliches Verhalten wird heute ersetzt durch den Ruf nach mehr Manieren und aktiver Bürgerpflicht. Auch der einst lockere Umgang mit Alkohol, Sex und Drogen ist inzwischen unerwünscht und weicht einer unnachgiebigeren Haltung der Politik gegenüber Pornographie, Prostitution, Pädophilie, Frauenhandel, Alkohol-, Tabak- und Drogenkonsum.

Trotzdem haben die Philosophen der linearen Entwicklung nicht unrecht – vor allem, wenn man mit Elias erkennt, dass es auf dem Wege der Zivilisation „die mannigfachsten Kreuz- und Querbewegungen" gibt.[6] Nur scheinbar leben die disziplinierten Zeiten der vorachtundsechziger Jahre wieder auf; in Wirklichkeit ist die jetzige Popularität der Disziplin eine Erneuerung: Die Disziplin kehrt in anderem Gewand, anderer Zeit, anderer Perspektive zurück. Zusammen mit den Philosophen der aufsteigenden Linie könnten wir diese Erneuerung als Fortschritt bezeichnen. Wir setzen die Disziplin wieder in ihr Recht, aber anders als früher.

Ob diese Restitution der Disziplin zu einem höheren Kulturniveau führt oder nicht, hängt davon ab, in welchem Verhältnis Freiheit und Disziplin zueinander stehen. Historisch betrachtet könnte man von einer dialektischen Bewegung sprechen, bei der die Disziplin *(These)* über die in Misskredit geratene Disziplin *(Antithese)* in Form einer höheren Disziplin zurückkehrt *(Synthese)*.

Der erste Teil meines Buches behandelt die beiden Anfangsphasen dieser Entwicklung, die These und Antithese. Welche philosophischen Auffassungen führten dazu, dass der Disziplin eine Absage erteilt wurde und der Wunsch nach persönlicher Freiheit stetig wuchs? Wie sah die Freiheit des „spielenden Menschen" aus? Warum suchte man diese Freiheit im Widerstand gegen die Disziplin?

Ich werde versuchen, den Kulturwandel der sechziger Jahre mithilfe von vier verschiedenen philosophischen Themen zu beschreiben. Ohne den Anspruch auf Vollständigkeit zu erheben, soll dadurch ein Überblick über die Veränderungen geschaffen werden, die das Verhältnis zwischen Disziplin und Freiheit seit jener Zeit durchlaufen hat.

Persönliche Freiheit

Die ersten Schritte Richtung Disziplinabbau entsprangen dem Wunsch nach mehr persönlicher Freiheit. Man wollte sich der strengen Disziplin der Nachkriegszeit entledigen, die nicht nur in den Niederlanden Ausdruck einer kleinbürgerlichen Moral war. Diese Moral bestand aus dem Ideal der harten Arbeit, der Sparsamkeit, des sittsamen Verhaltens und der Autoritätsgläubigkeit. Eine Wochenarbeitszeit von 48 Stunden und eine Woche Jahresurlaub hielt man für normal, sogar bei den Gewerkschaften. Sitte und Moral waren in den fünfziger Jahren so streng, dass die Zahl der Ehescheidungen stark zurückging und auch die Zahl der außerehelichen Geburten niedriger war denn je; Geschlechtsverkehr vor der Ehe war für fast alle Frauen tabu.[7] Dieses Verdienst hatten sich die Kirchen, der Gewerkschaftsbund und die Politik der damaligen Zeit zuzuschreiben, die der moralischen Verluderung während und nach der Besatzungszeit Herr zu werden versuchten, indem sie wieder an die strenge Vorkriegsmoral anknüpften.[8]

Doch bereits Ende der fünfziger Jahre geriet diese calvinistische Moral erneut unter Druck. In den Niederlanden beispielsweise wankte das politische, partikularistische System der „Verzuiling" (Versäulung), das die Gesellschaft in eine katholische, protestantische und sozialistische Säule einteilte.[9] Doch nicht nur hier entstand der Wunsch nach freieren, individualistischeren Lebensstilen.

Historiker sehen die Gründe für den gesellschaftlichen Wandel der sechziger Jahre im zunehmenden Wohlstand, im nicht mehr ganz so kalten Kalten Krieg und in der Erfindung der Pille. Vor allem die jungen Leute wollten die alten repressiven, hierarchischen Verhältnisse aufbrechen, Autoritäten waren in ihren Augen nur noch lächerlich:[10] der patriarchische Vater, der strenge Lehrer, der moralisierende Pastor, der Arzt in seinem weißen Kittel, der Richter in seiner Robe, die allgegenwärtige Polizei und die sich wie kleine Kaiser gerierenden Politiker.[11] Fast ganz Holland spottete mit, die

Bereitschaft zu Protest und Veränderung war nirgendwo höher als hier.[12] Schluss sollte endlich sein mit der Unterdrückung der persönlichen Freiheit und mit der Repression. Die neuen Verhältnisse sollten Männern, Frauen und Kindern gleichermaßen eine freie Entfaltung ermöglichen.

Selbstbestimmung war eines der großen Ziele. Der Wunsch danach entsprang teilweise einer allgemeinen rebellischen Haltung, teilweise aber auch einer ideologischen Überzeugung. Der Existentialismus von Sartre, de Beauvoirs und Camus hatte die Intellektuellen ganz Europas darüber aufgeklärt, dass nicht Gott, die Natur oder die Umstände für unser Handeln verantwortlich sind, sondern ausschließlich wir selbst. Freiheit, so behauptet Sartre in seinem Hauptwerk *L'être et le néant* (1943; deutsch: *Das Sein und das Nichts*, 1952), ist die „erste Bedingung des Handelns".[13] Er war überzeugt, dass der Mensch zur Freiheit verurteilt sei, der er nie entgehen kann. Wer der Verführung erliegt, sich hinter Gott, der allgemeinen Norm oder dem gesunden Menschenverstand zu verstecken, belügt nicht nur sich, sondern auch die anderen. Menschen sind und bleiben stets für ihr Handeln verantwortlich, sie entscheiden selbst, welche Position sie als Individuum in der Welt einnehmen wollen.

In den protestantischen Kreisen der Niederlande führte das existentialistische Ideal der Selbstbestimmung zu einem christlichen Individualismus, bei dem die persönliche Gewissensfreiheit der Selbstentfaltung untergeordnet wurde, und zwar nicht nur auf das Jenseits bezogen, sondern auch auf das Hier und Jetzt.[14] Der gläubige Mensch gehorchte nicht mehr einfach blind der Kirche, sondern wollte sich vor Gott auch selbst rechtfertigen können. Ganz neu war dieser christliche Individualismus übrigens nicht. Von Anfang an berief sich der niederländische Protestantismus auf die persönliche Gewissensfreiheit. Bereits bei Luther war der Mensch Gott ausgeliefert,[15] und die Calvinisten hielten das Handeln aus Überzeugung seit Jahrhunderten für eine überaus ehrenvolle Tätigkeit.[16]

Die Selbstbestimmung war ein großes Thema der zweiten Welle der Frauenbewegung in den sechziger und siebziger Jahren. Einige Jahre zuvor war Simone de Beauvoirs (1908–1986) zweibändiges Werk *Le deuxième sexe* (1949) erschienen, das bereits 1951 in deutscher Übersetzung, aber erst 1965 und 1968 in niederländischer Übersetzung erschien.[17] *Das andere Geschlecht* machte vielen Frauen ihre unterdrückte Stellung erstmals bewusst. De Beauvoir forderte die Gleichberechtigung der Frau und deren Recht auf eine persönliche Freiheit. Dies sollte durch die Unabhängigkeit in sozialer, ökonomischer und sexueller Hinsicht erreicht werden. Während Kate Millett (* 1934) in de Beauvoir eine Vorläuferin sah und Alice Schwarzer (* 1942) sogar mit ihr befreundet war, machte es sich Joke Kool-Smit (1933–1981) unter Einfluss von de Beauvoirs Werk zur Aufgabe, die niederländischen Frauen aufzurütteln. In ihren Augen verfolgte der Feminismus drei Ziele: Die Frau soll ein freier Mensch werden, sie soll ihr Potential nutzen dürfen und ist als vollwertiges Mitglied der Gesellschaft zu betrachten.[18] Der Hinweis auf das Potential zeigt, dass es um mehr ging als nur um das Wahlrecht für Frauen, es ging um die weibliche und nicht mehr nur um die männliche „Selbstverwirklichung".

Doch worin bestand das Potential oder das „Selbst", das verwirklicht werden sollte? In den sechziger Jahren suchte man die Antwort auf diese Frage vor allem im Menschen selbst. Selbstverwirklichung war so etwas wie Treue gegenüber dem tiefsten und wahrhaftigsten inneren Kern. Auf diesen richtete sich der Blick; man hoffte, dort das wahre Ich zu finden.

Der kanadische Philosoph Charles Taylor (* 1931) äußert in *Das Unbehagen an der Moderne* die Vermutung, dass sich der in den sechziger Jahren aufkommende Wunsch nach Selbstverwirklichung vom Ideal der Authentizität ableitet, das heißt vom Glauben an Ursprünglichkeit, Eigenart, Echtheit und Originalität. Aus der Überzeugung heraus, dass jeder Mensch etwas Eigenes besitzt, was ihn von den anderen unterscheidet, ergibt sich die Verpflichtung, eine

Verbindung mit seiner eigenen inneren Natur aufzunehmen. Taylor schreibt:

> Wenn ich mir nicht treu bleibe, verfehle ich den Sinn meines Lebens; mir entgeht, was das Menschsein für mich bedeutet. Sich selbst treu zu sein heißt nichts anderes als: der eigenen Originalität treu sein, und diese ist etwas, was nur ich selbst artikulieren und ausfindig machen kann. Indem ich sie artikuliere, definiere ich mich zugleich selbst. Damit verwirkliche ich eine Möglichkeit, die ganz eigentlich mir selbst gehört. Dies ist die Auffassung im Hintergrund des modernen Authentizitätsideals und der Ziele ‚Selbsterfüllung' oder ‚Selbstverwirklichung', in deren Sinne das Ideal normalerweise formuliert wird. [19]

Je weiter die sechziger Jahre voranschritten, desto intensiver wurde die Suche nach dem Selbst. Die bisherigen Denkwege, die sich lediglich auf die Außenwelt gerichtet hatten, eigneten sich nicht länger für dieses Ziel. Östliche Philosophien und bewusstseinserweiternde Mittel dagegen ebneten den Weg zum ursprünglichen, authentischen Ich. Der niederländische Philosoph Jan Bor (* 1946) machte sich als junger Mann ebenfalls auf die Suche nach seinem verborgenen Selbst und entdeckte das „Licht", das aus dem Osten kam:

> Die Frage „wer bin ich" beschäftigte mich mehr oder weniger ständig. Anfangs in Form einer vagen Ahnung jener Dimension, die sich hinter den wahrgenommenen Objekten und unserem Denken über diese verbarg, so etwas wie ein Reich der Stille. Danach aber mehr in Form einer inneren Tiefe, die sich öffnete hinter dem, was wir gemeinhin unser Ich nennen. [20]

Nachdem Bor *Drg drsya viveka* des indischen Philosophen und Heiligen Shankara gelesen hatte, kam er zur Einsicht, dass er sein inneres Selbst niemals mithilfe des Denkens würde finden können, sondern nur dadurch, dass er sich vom Denken befreite. Die Methode,

29

um dieses Ziel zu erreichen, fand er in der Meditation – einer Technik, die sehr viel Disziplin erfordert. Weil er die innere Weisheit finden wollte, reiste Bor wie viele seiner Zeitgenossen nach Osten. Sein Ziel war Japan, andere brachen auf nach Indien, Afghanistan oder Tibet.

Hier muss betont werden, dass der Wunsch nach Selbstverwirklichung in den sechziger Jahren nichts mit Egoismus, Narzissmus und Hedonismus zu tun hatte. Im Gegenteil: Damals war man felsenfest davon überzeugt, dass der Mensch im Kern gut sei.

Die antiautoritäre Erziehung

Der zweite Schritt des Disziplinabbaus in den sechziger Jahren war die Einführung der antiautoritären Erziehung. Die philosophische Basis dafür bildete die „Kritische Theorie" der *Frankfurter Schule*. Die Gruppe der neomarxistischen Soziologen und Philosophen, unter ihnen Max Horkheimer (1895–1973), Theodor W. Adorno (1903–1969), Herbert Marcuse (1898–1979) und Erich Fromm (1900–1980), stellte sich die Aufgabe, versteckte Formen der Unterdrückung ans Licht zu bringen. Die *Frankfurter Schule* ging aus dem 1924 gegründeten Institut für Sozialforschung (IfS) der Frankfurter Johann-Wolfgang-Goethe-Universität hervor, zerstreute sich während des Krieges, fand jedoch nach Kriegsende wieder zusammen und veröffentlichte eine große Zahl einflussreicher Schriften.

Die Kritische Theorie verstand sich als praktische Philosophie, die ihre Aufgabe in der Emanzipation des Individuums sah. Die antiautoritäre Erziehung nahm die Kritische Theorie zur theoretischen Grundlage, um sich den traditionellen Erziehungskonzepten zu widersetzen. Man wollte zukünftig den Autoritätsverhältnissen der bürgerlichen Gesellschaft Menschen mit kritischem Verstand entgegensetzen.[21] „Die Freiheit von einer äußeren Autorität ist nur dann ein dauernder Gewinn, wenn unsere inneren psychologischen

Bedingungen derart sind, daß wir auch in der Lage sind, unsere Individualität zu behaupten",[22] erklärte Erich Fromm bereits 1941 in seinem Werk *Die Furcht vor der Freiheit*. Um zu verhindern, dass die Spontaneität des Babys schon bei den ersten Erziehungsmaß- nahmen unterdrückt wird, sollte das eigentliche Ziel der Erziehung darin bestehen, die „innere Unabhängigkeit und Individualität des Kindes, sein Wachstum und seine Integrität" zu fördern.[23]

Die antiautoritären Kindergärten wollten, dass sich die Kinder in aller Freiheit entfalten konnten, Strafen waren verpönt, die Kin- der durften nackt herumlaufen, wenn sie das wollten, ihre sexuelle Neugier war nicht länger mit einem Tabu behaftet. In westdeutschen Studentenstädten wurden sogenannte „Antiautoritäre Kinderläden" gegründet, in den Niederlanden gab es bald „nichtautoritäre", „offe- ne" Kindergärten, wo den Kindern beigebracht wurde, zusammen mit den Erwachsenen den herrschenden Verhältnissen gegenüber kritisch aufzutreten und sich aktiv und kreativ an der „Humanisie- rung der Gemeinschaft" zu beteiligen.[24] Das Problem des aggressi- ven Verhaltens führte bei den Eltern zu besonders heftigen Diskus- sionen, denn viele hielten dieses nicht unbedingt für negativ.[25]

In den Niederlanden waren die antiautoritären Kindergärten von der „Kabouterbewegung" beeinflusst. Die „Kabouter" waren der Ansicht, dass durch die Erziehung ein Mentalitätswandel in den Niederlanden herbeigeführt werden könne. Die Eltern könnten sich am besten selbst um die Erziehung der Kinder kümmern, denn die Erfahrung lehrte, dass die traditionellen Erziehungssysteme die Kinder zu allem, nur nicht zu kritischem und autonomem Verhalten erzogen.

Einen guten Eindruck der Diskussionen, die damals geführt wurden, bietet *Den lille røde bog for skoleelver* (1969) der Dänen Bo Dan Andersen, Søren Hansen und Jesper Jensen. In Deutschland erschien 1970 eine nur Kleinbuchstaben verwendende Übersetzung von Peter Jacobi und Lutz Maier unter dem Titel „das kleine rote schülerbuch". Die Schüler werden darin aufgeklärt, dass die Schule nur Teil eines Gesellschaftssystems sei, in dem sich alles nur um Machtausübung drehe. Statt kritiklosem Gehorchen und mangelnder Autonomie vertraten sie ein Lernen, bei dem der Schüler selber zu entscheiden hatte, wie und was er lernt, und bei dem vor allem verhindert werden sollte, dass er sich langweilt. In dieser „demokratischen Schule" spielt der Schüler die Hauptrolle und nicht der Lehrplan. So wie in einer Gesellschaft die Macht beim Volk liegen sollte, so sollte in der Schule die Macht bei den Schülern liegen. Es galt, die Macht der Eltern und der Lehrer zu brechen; alles darf hinterfragt werden. Der Kampf für eine demokratische Erziehung muss von unten geführt werden, und zwar gegen das kapitalistische System, das mit politischen Aktionen wie Streiks, Lehrerzimmerbesetzungen oder anderen demonstrativen Aktionen bekämpft werden muss. Darüber hinaus wollte das Büchlein die Schüler über Sex, Genussmittel und Drogen aufklären, ihnen zeigen, dass Sex etwas Angenehmes sei, egal ob homo, hetero oder bi. Werde man ungewollt schwanger, könne man ja abtreiben, und wenn in den Zeitungen etwas über sexuellen Missbrauch stehe, dann sei das meist nicht so schlimm, wie es klinge. Man riet den Schülern auch, Genussmittel und Drogen vernünftig zu konsumieren: Alkohol, Hasch und Marihuana seien harmlos, während Tabak und LSD als gefährlich einzustufen seien. Der große Erfolg des *kleinen roten schülerbuchs* führte dazu, dass Eltern, Lehrer und Staat sich mehr oder weniger freiwillig von ihrem autoritären Auftreten verabschiedeten. Mit der Zeit bezweifelte niemand mehr, dass man Kinder besser zu persönlicher Freiheit und autonomem Verhalten erziehen sollte als zu unreflektiertem Gehorsam. Von nun an standen das Kind und seine Eigenheit im Mittelpunkt des pädagogischen Interesses.

Lockerung der moralischen Grundsätze bezüglich Sex, Alkohol und Drogen

Der dritte Schritt im Prozess des Disziplinabbaus bestand aus einer allmählichen *Lockerung der moralischen Grundsätze bezüglich Sex, Drogen und Alkohol.* Heute erinnert man sich an die Sechziger oft als die *swinging sixties:* Jahre der Revolte, des Widerstands, aber auch der Verspieltheit und Fröhlichkeit, der umfassenden Neuerungen in Popmusik, Literatur, Mode und Kunst. Im Nonkonformismus dieser Jahre fanden sich Studenten, Künstler, junge Arbeiter und ganz normale Bürger vereint.

Dieser Nonkonformismus war für den großen Erfolg des niederländischen Autors Jan Cremer (*1940) mit seinem Roman *Ik, Jan Cremer* mitverantwortlich, der 1964 erschien (deutsch 1969 unter dem Titel *Ich, Jan Cremer*). [26] Der weitgehend autobiographische Roman erzählt die Geschichte von Jan Cremer, der in einer zerrütteten Familie aufwuchs, von dreizehn Schulen flog, von einem Kinderheim zum anderen gereicht wurde, durchbrannte und nach Paris fuhr, wo er geschnappt und nach Hause gebracht wurde. Später besuchte er kurz die Kunstakademie, heuerte auf einem Schiff an, meldete sich bei der Fremdenlegion und endete als Künstler. Das Buch quoll über vor Sex, Gewalt und Alkohol und brach mit sämtlichen Anstandsregeln der fünfziger Jahre. Mitte der sechziger Jahre wollte jeder in den Niederlanden so etwas lesen. Sogar die renommierte niederländische Tageszeitung *NRC* war des Lobes voll. Der undisziplinierte und unkonventionelle Lebensstil Cremers war Ausdruck einer Gegenkultur. An die Stelle von Disziplin und Tugend traten Experimente mit Sex, Drogen und Rock'n'Roll. Wer da nicht mitmachte, galt schnell als prüde und bürgerlich.

Die Experimente mit bewusstseinserweiternden Mitteln ließen sich philosophisch mit niemandem Geringeren als Walter Benjamin (1892–1940) rechtfertigen. Dieser hatte in den zwanziger und dreißiger Jahren Versuche mit Haschisch und Meskalin unternommen.

Der Rausch, so schrieb Benjamin, habe ihn zu Erfahrungen befähigt, die das Alltägliche weit übertrafen. Seine Wahrnehmung von Raum und Zeit veränderte sich; die Dimensionen wurden „absolut königlich":

> Versailles ist dem, der Haschisch gegessen hat, nicht zu groß, und die Ewigkeit dauert ihm nicht zu lange. Und auf dem Hintergrunde dieser immensen Dimensionen des inneren Erlebens, der absoluten Dauer und der unermeßlichen Raumwelt, verweilt nun ein wundervoller, seliger Humor desto lieber bei den Kontingenzen der Raum- und Zeitwelt.[27]

Es war Hermann Hesse, durch den Benjamin zum Drogenkonsum angeregt worden war. Vierzig Jahre nach der Ersterscheinung verschlang die Jugend der ganzen Welt Hesses *Der Steppenwolf* (1927), doch erst die amerikanischen Autoren der Beat-Generation William Burroughs, Allen Ginsberg, Jack Kerouac und vor allem Timothy Leary machten den Konsum psychodelischer Drogen populär. Die Einnahme von Drogen war für sie ein Akt des Widerstands gegen den Kapitalismus, die Konsumgesellschaft und die gewalttätige amerikanische Gesellschaft.

Offenheit und Toleranz betrafen nicht nur den Drogenkonsum, sondern auch die Sexualität. Auf einmal zeigte man sich offen für Sexualpraktiken, die bisher für unnatürlich gehalten wurden – Gruppensex, Homosexualität oder außereheliche Beziehungen. In den Niederlanden erfuhr die bereits 1946 gegründete *Nederlandse Vereniging voor Seksuele Hervorming* (NVSH, Niederländische Vereinigung für Sexuelle Reformen) regen Zuspruch und zählte 1966 beachtliche 200.000 Mitglieder. Man war sich einig, dass die Regierung sich nicht in die Sexualität des Einzelnen einmischen solle.[28] Diese Ansicht vertrat auch der niederländische Anarchist Anton Constandse (1899–1985).[29] In den dreißiger Jahren mahnte er, dass Liebe und Sexualität nur ein Genuss seien, wenn Freiwilligkeit und Gleichwertigkeit aller Beteiligten gewährleistet seien. Die Gleichstellung müsse auch die wirtschaftliche Unabhängigkeit der Frau miteinbeziehen, wofür sich einige Jahre später auch Simone de Beauvoir einsetzen sollte.[30]

Constandse war ein Anhänger des österreichischen Psychoanalytikers Wilhelm Reich (1897–1957), dessen Schriften *Die Funktion des Orgasmus* (1927) oder *Die Sexualität im Kulturkampf* (1936) in den sechziger Jahren zu Bestsellern wurden. Constandse war der Meinung, dass eine Unterdrückung des Sexualtriebs zu psychischen Störungen wie Angstattacken und Neurosen führe, die unter Umständen in einer Zuwendung zu autoritären Institutionen wie der Kirche oder dem Faschismus münden.[31] Dennoch propagierte er keine bedingungslose Lustbefriedigung. Die Einhaltung gewisser Regeln war unumgänglich: Beide Partner sollen gleichermaßen auf ihre Kosten kommen, sollen auf Hygiene achten und es vermeiden, ungewollt ein Kind zu zeugen.[32] Selbstbeherrschung sei deshalb eine der größten Tugenden in der Sexualität.

Die in den dreißiger und vierziger Jahren verfassten Schriften über Sexualität – von Anton Constandse über die Denker der Frankfurter Schule bis zu den Feministinnen wie de Beauvoir und Betty Friedan (1921–2006) – erregten in den sechziger und siebziger Jahren das allgemeine Interesse für die sogenannte sexuelle Befreiung. Erich Fromms *Die Kunst des Liebens* (1956), Betty Friedans *The Feminine Mystique* (1963, deutsch: *Der Weiblichkeitswahn*, 1966), Herbert Marcuses *Eros and Civilisation* (1955, deutsch: *Eros und Kultur,* 1957) und Reimut Reiches (* 1941) *Sexualität und Klassenkampf* (1968) wurden verschlungen.

Doch all diese Sexualreformer gaben zu bedenken, dass die Befreiung der Sexualität Risiken berge, wenn sich die Gesellschaft nicht mitverändere. Marcuse prophezeite, dass eine entfesselte Sexualität ohne gesellschaftlichen Wandel zu vorkulturellen Zivilisationsformen führen werde,[33] heute würde man sagen zu einer Welt von Sex-

besessenen. Und auch Reiche warnte vor einer unkritischen Befür-
wortung der sexuellen Befreiung, da sie zu Konsumismus verführe
und die Menschen manipulierbar mache.[34] Betty Friedan legte ausführlich dar, wie die sexuelle Befreiung die Frauen zu Werbeobjek-
ten degradierte.

Die Lockerung der Sexualmoral bedeutete somit nicht, dass von
nun an alles erlaubt sei; auch in Zeiten des umfassenden Disziplinabbaus teilten viele Marcuses Ansicht, dass die sexuelle Befreiung
auch Gefahren und Risiken berge.

Anti-Materialismus

Der vierte Schritt in der kulturellen Revolution der sechziger und
siebziger Jahre bestand aus einer kritischen Haltung zum Kapitalismus. Eine rebellische Jugend begehrte gegen das sogenannte „Establishment" auf, während die ältere Generation mit sich und dem Zustand der Welt zufrieden war und den *status quo* beibehalten wollte.
In der Nachkriegszeit bescherte das starke Wirtschaftswachstum,
das in Westdeutschland als „Wirtschaftswunder" bezeichnet wurde,
allen Schichten der Bevölkerung einen gewissen Wohlstand. Die
jüngere Generation stand diesem wachsenden Wohlstand skeptisch
gegenüber. Die Losung „jedem Bürger ein Auto und einen Fernseher" war für sie gleichbedeutend mit Materialismus, Spießigkeit,
Konformismus und Beschränktheit.

Der Widerwille gegen den Konsumismus äußerte sich in einer
Verweigerung der Warenwelt. Man wollte keinen Fernseher und
kein Auto, ging nicht zum Friseur und trug zerschlissene Jeans,
man verachtete Arbeiter und Angestellte, die doch nur Geld ver-
dienten, um konsumieren zu können, und hielt diese außerdem für
habgierig, langweilig und phantasielos.

Eine Bestätigung ihrer Verweigerungshaltung fanden Intellek-
tuelle und Künstler in Marcuses *One-Dimensional Man*, das 1964

erstmals erschien und drei Jahre später auf Deutsch unter dem Titel *„Der eindimensionale Mensch. Studien zur Ideologie der fortgeschrittenen Industriegesellschaft"* veröffentlicht wurde.[35] Marcuse führt darin aus, dass die hochtechnokratische Gesellschaft alle Bedürfnisse ersticke, die eine gewisse Freiheit benötige. Eine solche Gesellschaft definiere Freiheit als Genuss eines gewissen Komforts, als Abwesenheit von Notwendigkeit. Dadurch, dass der Wohlfahrtsstaat den Menschen ein angenehmes und gutes Leben gewährt, verhindert er, dass diese sich nach wirklicher Freiheit sehnen, nach einer Freiheit in Form von Selbstbestimmung.[36] Diese irreale Freiheit ist ein machtvolles Herrschaftsinstrument.[37]

> Indem die großen Worte über Freiheit und Erfüllung von Führern und Politikern bei Wahlkampagnen verkündet werden, in den Kinos, im Radio und Fernsehen, verkehren sie sich in sinnlose Laute, die nur im Zusammenhang mit Propaganda, Geschäft, Disziplin und Zerstreuung einen Sinn erhalten.[38]

Marcuse erkannte, dass auf diese Art und Weise ein Muster des „eindimensionalen Denkens und Verhaltens"[39] entsteht, bei dem alles, was diesem Muster widerspricht, abgelehnt oder isoliert wird. Sämtliche Versuche, frei zu denken und zu handeln, der Realität zu entfliehen oder weniger etablierten Alternativen eine Chance zu geben, werden ausgebremst. Das Diktat des *status quo* verleibt jeden Protest ein und erstickt sämtliche Ansätze zu einem gesellschaftlichen Wandel.

Um zu verdeutlichen, wie die Gesellschaft auf das Bewusstsein des Einzelnen einwirkt, unterscheidet Marcuse auf der Basis Marxscher Theorien sowohl zwischen dem „wahren" und dem „falschen" Bewusstsein als auch zwischen einem „wirklichen" und einem „unmittelbaren" Bedürfnis. Menschen mit einem falschen Bewusstsein entscheiden sich für die unmittelbaren Interessen. Sie wollen ihre Wünsche sofort erfüllt und ihr Verlangen unverzüglich gestillt haben. Personen mit einem wahren Bewusstsein verfolgen dagegen wirkliche Interessen. Sie schieben die unmittelbare Befriedigung naheliegender Bedürfnisse hinaus, um zu erreichen, was ihnen am Herzen liegt: ein besseres menschliches Leben. Nur wenn der Mensch bereit ist, sein Leben zu ändern, kann er erfahren, welches das wahre Bewusstsein ist, und damit auch, worin sein wirkliches Interesse besteht. Er muss sich gegen die Verführungen der fortgeschrittenen Industriegesellschaft in Form von hohen Gehältern, Autos, Fernseher und Freizeitvergnügungen wehren. Sich diesen Dingen zu versagen fällt schwer, denn je wohlhabender die Gesellschaft ist, desto größer auch ihr Vermögen, das Bestehende zu bewahren und Tendenzen zum Umschwung zu unterdrücken.[40] Marcuse definiert Freiheit und Disziplin auf ungewöhnliche Weise. Er zeigt, dass eine freie Wahl selten auf Freiwilligkeit beruht. Im Gegenteil, unsere Entscheidungen sind von einem Überfluss an falschen Bedürfnissen motiviert. Um wahre Freiheit erreichen zu können, müssen wir uns von der unmittelbaren Bedürfnisbefriedigung distanzieren – auch das ist Disziplin.

Mit Marcuses *Der eindimensionale Mensch* war die rebellische Jugend der Sechziger und Siebziger der Ansicht, man könne das System nur von außen verändern. Die sozialen Umwälzungen waren nicht länger vom Arbeiter zu erwarten – vom Proletariat, auf das Marx seine Hoffnungen gesetzt hatte –, sondern von den Rändern der Gesellschaft. Studenten, die arbeitende Jugend, Feministinnen, Umweltaktivisten und Künstler fanden sich zu einer einzigen großen Gegenbewegung zusammen, die das Konsumverhalten der kapitalistischen Gesellschaft an den Pranger stellte. Der Konsum als „falsches" Bedürfnis sollte dem „wahren" Bedürfnis nach der Verbesserung des menschlichen Lebens weichen. Ein Leben als freier Mensch war somit nur mit Disziplin möglich.

Mehr als nur ein *homo ludens*

Die kulturelle Revolution der Sechziger wirkt heute noch nach. Doch es wird immer häufiger bezweifelt, dass die Welt dadurch besser geworden ist. Die niederländische Soziologin Noortje Thijssen (*1983) erforschte, was niederländische Führungskräfte mit den sechziger Jahren verbinden. Fünf Aussagen kristallisierten sich heraus: 1. Die sechziger Jahre sind eine Inspirationsquelle. 2. Die sechziger Jahre brachten zahlreiche gesellschaftliche Fortschritte mit sich. 3. Diese Errungenschaften sind heute bedroht. 4. Die sechziger Jahre waren destruktiv. 5. Nach anfänglicher positiver Entwicklung entartete das Gedankengut der sechziger Jahre zu bloßem Egoismus, Hedonismus und Relativismus.[41]

Noch kann ich keine dieser Aussagen unterstreichen. Ich will mir erst Klarheit über das sich in den sechziger Jahren neu formende Verhältnis zwischen Disziplin und persönlicher Freiheit schaffen und prüfen, welche Folgen der Prozess des Disziplinabbaus auf die Gesellschaft hatte. Als Ergebnisse sind bisher festzuhalten: Die Abkehr von der Disziplin weckte den Wunsch nach größerer persönlicher Freiheit, rief die antiautoritäre Erziehung ins Leben, führte zu einer Befreiung auf dem Gebiet von Sex und Drogen und schürte das Streben nach einem weniger kapitalistischen und konsumorientierten Lebensstil. Dennoch verschwand die persönliche Disziplin nicht ganz. Es gab immer noch eine kleine Gruppe von Denkern und Aktivisten, die wussten, dass ein vollkommener Verzicht auf die Disziplin unmöglich war, wenn man eine bessere Gesellschaft errichten wollte. In den Niederlanden machte sich Anfang der siebziger Jahre der „Provo" und „Kabouter" Roel van Duijn (*1943) große Sorgen über den Disziplinmangel beim „Provotariat", jener Gemeinschaft aus Jugendlichen, Studenten und Angehörigen der Ränder der Gesellschaft, die die neue Welt erschaffen sollten. So manche Protestaktion scheiterte an diesem Mangel an Disziplin, woraus van Duijn die negative Schlussfolgerung zog: „Eine Gegen-

kultur kann nicht mit einem Minimum an Arbeit und Disziplin errichtet werden. Es reicht nicht aus, nur ein *homo ludens* zu sein."[42]
Widerstand gegen die Disziplin des Establishments fand er prima,
solange sich dieser Widerstand gegen die herrschenden Mächte
richtete; doch mit der Verweigerung der Disziplin in den eigenen
Reihen war das Provotariat für den politischen Kampf nur schlecht
gerüstet.

2

Angst vor der Disziplin

Die zweite Form der Disziplin, die in den sechziger und siebziger Jahren an den Pranger gestellt wurde, bestand aus dem Gehorsam gegenüber Vorschriften und Regeln, die von Institutionen und ordnenden Strukturen ausgingen. Seit dem Zweiten Weltkrieg fürchten viele Menschen diese Form der Disziplin, weil sie erfahren oder gelernt haben, dass der Gehorsam gegenüber Zucht und Ordnung in Extremfällen zu furchtbaren Grausamkeiten führen kann. Der polnisch-britische Soziologe Zygmunt Bauman (* 1925) stimmte in *Modernity and The Holocaust* (1989, deutsch: *Dialektik der Ordnung. Die Moderne und der Holocaust*, 1992) dem amerikanischen Journalisten Dwight Macdonald (1906–1982) zu, der bereits 1945, als das Ausmaß der entsetzlichen Grausamkeiten des Holocaust allmählich zutage trat, behauptete, dass man „fortan jeden Gesetzestreuen mehr fürchten [müsse] als den Gesetzesbrecher".[43]

Bauman behauptete, dass unter dem Druck einer „Ethik des Gehorsams" normale Menschen zu den grausamsten Taten fähig seien. Er stützte seine These mit dem berühmten Experiment des amerikanischen Psychologen Stanley Milgram (1933–1984), in dem Probanden (als Lehrer fungierend) von einer Autoritätsperson den Auftrag erhielten, einem weiteren Probanden (Schüler) aufgrund einer nicht erbrachten Leistung einen Stromschlag zu versetzen. Die Probanden wussten nicht, dass die Autoritätsperson und der Schüler von Schauspielern dargestellt wurden und die Stromstöße fingiert waren, dennoch verabreichten mehr als neunzig Prozent der Versuchsteilnehmer ohne Zögern Stromschläge der höchsten Voltzahl, obwohl auf dem Bedienpult in diesem Bereich das Warnschild „sehr gefährlich" angebracht war. Bauman schließt daraus, dass es dem

Menschen umso leichter fällt, einer anderen Person ein Leid zuzufügen, je rationaler und effizienter ein Prozess organisiert ist. Solange sich die Menschen lediglich für ein Glied in einer Handlungskette halten, sehen sie keinen Grund, sich der „Pflichterfüllung" zu verweigern. Obwohl es den Versuchspersonen im Milgram-Experiment freistand, sich dem Befehl aus Gewissensgründen zu verweigern, drückten sie folgsam auf den Knopf und fühlten sich für den Inhalt des Befehls nicht verantwortlich. Offensichtlich kann man mit Hilfe eines technisch und rational überzeugend durchorganisierten Prozesses Personen unabhängig vom Bildungsstand problemlos die grausamsten Taten ausführen lassen.

Diese Erkenntnis nahmen viele zum Anlass, sämtliche institutionelle Disziplin abzubauen, wie dies in den sechziger und siebziger Jahren ja von vielen gefordert wurde. Doch wir Niederländer bauen lieber um statt ab.

Widerwille gegen militärische Disziplin

Vor der von Bauman beschriebenen Disziplin fürchteten sich nach dem Krieg weite Teile der Bevölkerung. Viele Niederländer hatten üble Erfahrungen mit dem Kadavergehorsam der deutschen Wehrmacht gemacht und wussten genau, wozu dieser imstande war.

Über diesen Kadavergehorsam schreibt auch der niederländische Schriftsteller Harry Mulisch (1927–2010) in seiner Reportage über den Eichmann-Prozess. Über viele Seiten hinweg wundert er sich über Eichmanns Besessenheit vom „Befehl". Für Eichmann, einem der Hauptverantwortlichen des Holocausts, besaß der Befehl eine übernatürliche Macht, die die Macht sowohl des Befehlenden als auch des Befehlsempfängers überstieg. Einem Befehl musste anstandslos Folge geleistet werden. Mulisch vergleicht den SS-Obersturmbannführer Adolf Eichmann mit einer Befehlsmaschine:

Wenn in jenen Jahren nicht Adolf Hitler, sondern Albert Schweitzer Reichskanzler gewesen wäre und Eichmann den Befehl erhalten hätte, alle kranken Neger in moderne Krankenhäuser zu transportieren, so hätte er dies tadellos ausgeführt – mit derselben Genugtuung über seine Genauigkeit wie bei seiner Arbeit, die er jetzt hinter sich hat. Er ist weniger ein Verbrecher als jemand, der zu allem imstande ist.[44]

Jede Gesellschaft, in der Menschen in Maschinen verwandelt werden können, birgt für Mulisch die Gefahr, wieder in die Barbarei zu verfallen. Doch eine Gesellschaft wie die deutsche, in der die ganze Erziehung auf blinden Gehorsam ausgerichtet gewesen war, hat die Entstehung eines Maschinenmenschen wie Eichmann in seinen Augen geradezu gefördert.

Die deutsch-amerikanische politische Theoretikerin Hannah Arendt (1906–1975) war ebenfalls als Beobachterin beim Eichmann-Prozess anwesend.[45] Wie Mulisch stellte sie fest, dass Eichmann äußerlich ein ganz normaler Mensch zu sein schien, eine Durchschnittsperson, die gewissenhaft befolgte, was ihr befohlen worden war. Beide Berichte sind Beispiele für den in der Nachkriegszeit zunehmenden Widerwillen gegen rational und effizient organisierte gesellschaftliche oder militärische Institutionen.

In den Niederlanden waren sowohl die progressiven als auch die konservativen Kräfte überzeugt, dass Disziplinarinstitutionen wie Verwaltung, Kirche, Schulwesen und Armee reformiert und „demokratisiert" werden müssen. Das Stichwort lautete „Politisierung". Die Bürger sollten nicht mehr passiv und gehorsam sein, sondern demokratisch, diskussionsfreudig, verantwortungsvoll und mündig; Bürgerbeteiligung oder Bürgerpartizipation war gefragt.

Mit der „Provo"-Bewegung in den Niederlanden und den Pariser bzw. Berliner Studentenunruhen von 1968 formte sich ein allgemeiner Widerstand gegen starre und veraltete Machtstrukturen in der Politik, im Bildungssystem, im Justizwesen und in der Medizin. Öffentliche Institutionen sollten von unten her organisiert und geleitet werden: die Fabriken von den Arbeitern, die Krankenhäuser und psychiatrische Einrichtungen vom medizinischen Personal und den Patienten, Stadtbezirke von den Bewohnern, die Armee von den Soldaten und die Universitäten von den Studenten. Im Unterschied zu anderen Ländern wie Deutschland und Amerika sympathisierte in den Niederlanden auch die Elite mit den Ideen über Mitbestimmung, Partizipation und Selbstverwaltung,[46] so dass hier eher von Reform und Evolution die Rede sein konnte als von radikalem Umsturz oder Revolution.

Die Notwendigkeit für den Bruch mit den bestehenden disziplinierenden Institutionen ergab sich u. a. auch aus der Lektüre von Erfahrungsberichten über den Holocaust – hier ist zum Beispiel Primo Levis (1919–1987) *Se questo è un uomo* (1947, deutsch: *Ist das ein Mensch?*, 1961) zu nennen –, aber auch aus den philosophischen Theorien des französischen Strukturalismus oder den Schriften der Kritischen Theorie der *Frankfurter Schule*.[47] Das wichtigste Werk auf diesem Gebiet jedoch ist Foucaults *Überwachen und Strafen: Die Geburt des Gefängnisses*. Es handelt sich zweifellos um das weltweit am häufigsten zitierte Werk über Disziplin. Foucault illustriert mit zahlreichen Beispielen und Analysen die Entstehung, Entwicklung und Funktion von Disziplinarinstitutionen wie Gefängnis, Schule, Kaserne und Fabrik und zeigt, wie raffiniert Macht funktioniert. Er geht dabei bis ins 17. Jahrhundert zurück. Die Disziplinarmaßnahmen, die sich in jener Zeit in der Armee herausbildeten, griffen auf alle Bereiche der Gesellschaft über.

Die Geburt der modernen militärischen Disziplin

Überraschenderweise ging diese historische Entwicklung von den Niederlanden aus. An der Wiege der modernen militärischen Dressur stand der niederländische Statthalter Moritz von Oranien (1567–1625). Er führte die sogenannte Oranische Heeresreform

durch, wofür Justus Lipsius (1547–1606) auf der Grundlage wieder-
gefundener griechischer und römischer Schriften eine Theorie erarbeitet hatte. Die Neuerungen bestanden aus waffentechnischem
Drill und einer strengen Exerzierdisziplin, bei der die Soldaten lern-
ten, sich wie eine Einheit zu bewegen und während des Marschie-
rens das Gewehr zu laden, zu zielen und zu schießen.[48] Dank dieser
Dressur gewann Oraniens Armee eine Schlacht nach der anderen.
Innerhalb weniger Jahrzehnte breitete sich Moritz von Oraniens
Methode des soldatischen Drills über ganz Europa aus.[49] In kürzes-
ter Zeit wuchs das Bewusstsein, dass auch eine Gesellschaft wie eine
Maschine organisiert werden kann. Wer den früheren und heutigen
Widerstand gegen disziplinierende Institutionen wie Armee oder
Erziehungswesen verstehen will, kann auf die Lektüre von Foucaults
Meisterwerk nicht verzichten. Foucault widmet sich ausführlich den
Reformen in den Armeen des 17. und 18. Jahrhunderts. Es wurden
Kasernen errichtet, die verhinderten, dass die Soldaten desertierten
oder plünderten. Jeder Soldat bekam sowohl in der Kaserne als auch
in seiner Einheit einen eigenen Platz zugeteilt. Diese räumliche Ein-
teilung war nicht von der Tüchtigkeit oder der Kraft des einzelnen
Soldaten abhängig, im Gegenteil: Er war innerhalb seines Rangs
vollkommen austauschbar.[50]

Sämtliche Aktivitäten in der Armee wurden um der Effizienz
willen präzise umschrieben und zeitlich festgelegt; die Soldaten wurden ausgebildet, sich einem strengen Zeitregime unterzuordnen.
Handgriffe, Bewegung und Körperhaltung des einzelnen Soldaten
mussten optimal auf die Handlungen der Kameraden abgestimmt
werden, um so die Wirksamkeit und Schnelligkeit aller zu optimie-
ren. Damit beispielsweise effektiv und schnell marschiert werden
konnte, musste der Körper zum richtigen Zeitpunkt die passenden
Schritte in genau vorgeschriebener Länge ausführen. Alles war darauf ausgerichtet, die Zielhandlung zu unterstützen: „Ein wohldis-
ziplinierter Körper bildet den Operationskontext für die geringste
Geste", erklärt Foucault.[51] Doch im Dienste der Erschaffung einer

Disziplinarkontrolle erfolgte nicht nur eine „Zusammenschaltung von Körper und Geste", sondern auch von „Körper und Objekt".[52] Das geschieht auch heute noch. Der niederländische Dokumentarfilmer Geertjan Lassche (* 1976) begleitete in seinem Dokumentarfilm *De uitverkorenen* (2012, Die Auserkorenen) junge Marinesoldaten in der Ausbildung. Die Kamera beobachtete die Soldaten bei einer Übung, deren Schwierigkeit daraus bestand, mit dem Gewehr auf dem Rücken in ein kleines Zelt zu kriechen. Gelang ihnen das nicht sofort, wurden sie gezwungen, es so lange zu üben, bis sie in das Zelt kriechen konnten, ohne mit dem Gewehr die Zeltplane zu berühren. Der Körper wurde mittels der Wiederholung so lange gedrillt, bis sich die Waffe für die Soldaten wie ein Körperteil anfühlte.

Ein präzises Zeitreglement trägt dazu bei, dass die Maschinerie wie geschmiert läuft. Das fängt schon bei der Ausbildung an, in der wochen- oder monatelang spezifische Fertigkeiten geübt werden. Die Zeitordnung sorgt außerdem dafür, dass Serien entstehen. Nach jeder erfolgreich absolvierten Prüfung erreicht der Soldat den nächsten Rang, bei dem ihn neue Übungen und neue Prüfungen erwarten. Im Mittelpunkt dieser Ordnung von Zeitserien steht die „Übung": eine Technik, die dem Körper Aufgaben auferlegt, die ständig wiederholt, verändert und intensiviert werden.

In der militärischen Maschinerie werden alle Kräfte gebündelt. Für jedes Element dieser Maschinerie wird festgelegt, wo, wie lange und wie oft es etwas tun muss, in welcher Reihenfolge, wo es sich befindet und in welchem Verhältnis es zu den anderen Elementen der Maschinerie steht. Alle Körper der Soldaten fügen sich zu einer in Zeit und Raum gut funktionierenden Maschinerie zusammen. Gehorcht der einzelne Soldat blind, erhöht das die Funktionsfähigkeit der Maschine. Dafür bedarf es aber eines minutiös austarierten Befehlssystems.[53]

Neben diesen Methoden und Techniken gibt es noch weitere spezifische disziplinarische Maßnahmen, wie zum Beispiel die strenge hierarchische Kontrolle, die wir auch heute noch in Form der Truppeninspektion kennen. Zudem wird jeder Soldat, der von der Norm abweicht, bestraft oder belohnt. Kleine Abweichungen, wie zu spät zu kommen oder nicht nach Vorschrift gekleidet zu sein, werden unverzüglich sanktioniert. Bei jeder Missachtung der Regeln wird korrigierend eingegriffen, meistens, indem man den Soldaten eine Übung wiederholen lässt. Im Dokumentarfilm *De uitverkorenen* müssen die Soldaten, die ihr Zelt nicht schnell genug ab- und wieder aufbauen, diesen Umstand ihren Kameraden melden, so dass diese zu Zeugen ihres Scheiterns werden. Innerhalb der Truppe herrscht durch solche Maßnahmen eine hierarchische Ordnung, in der belohnt oder bestraft wird, wodurch die Soldaten fortwährend mit den Normen konfrontiert werden, die in der Armee herrschen. Mit einer abschließenden Prüfung beweisen sie der Armeeführung, dass sie zur absoluten Anpassung fähig sind.

Der militärische Traum einer Disziplinargesellschaft

Foucaults Verdienst liegt darin, dass er in *Überwachen und Strafen* aufzeigt, wie die Geburt der Heeresdisziplin im 17. Jahrhundert den Traum entstehen lässt, auch die Gesellschaft könne wie eine Maschine geführt und kontrolliert werden:

> Als Technik des inneren Friedens und der inneren Ordnung hat die Politik die perfekte Armee, die disziplinierte Masse, die gelehrige und nützliche Truppe, das Regiment im Lager und im Felde für das Manöver und die Übung angelegt und eingesetzt.[54]

Seit Ende des 18. Jahrhunderts wird anhand des militärischen Modells auch innerhalb der Staaten Frieden und Ordnung geschaffen. Genau wie in der Armee werden individuelle Körper und Kräfte der Gesellschaft einer minutiösen Taktik unterworfen, mit deren Hilfe sich jede Bewegung und Handlung verwalten und kontrollieren lässt. Foucault zufolge ist der Traum von einer vollkommenen Gesellschaft aus diesem Grund nicht so sehr ein Produkt der Vorstellungen von Philosophen und Rechtsdenkern des 18. Jahrhunderts, wie die Historiker oft behaupten, sondern eher von den Militärs und den Disziplintheoretikern, die „ein Verfahren zur individuellen und kollektiven Bezwingung der Körper" erarbeitet haben.[55]

Das führte dazu, dass die hierarchische und die militärische Kontrolle auf den Städtebau, die Krankenhäuser, Heime, Gefängnisse, Schulen und Internate angewendet wurden. Dadurch bildete sich eine Architektur heraus, mit deren Hilfe das Verhalten von Arbeitern, Kranken, Psychiatriepatienten, Schülern und Bürgern observiert, hierarchisch geordnet und korrigiert, kurz: mit deren Hilfe der Mensch dressiert werden konnte. Als weitere Folge davon hielt das für die Armee charakteristische Mikrostrafensystem Einzug in Beruf und Schule. Von der Armee entlehnte das Schulsystem die „Bestrafungen, die in den Bereich des Übens, des intensivierten, vervielfachten, wiederholten Lernens fallen".[56] Durch subtile Bestrafungs- und Belohnungsmaßnahmen wurden Arbeiter und Schüler dazu gebracht, die Arbeit nicht zu unterbrechen, pünktlich, aufmerksam und fleißig zu sein, die korrekte Körperhaltung einzunehmen, die richtigen Handlungen auszuführen und sich sittlich und anständig zu benehmen. Es entstand eine „Mikro-Ökonomie der Privilegien und Strafaufgaben" mit einer „Strafbilanz", anhand derer die Disziplinarinstitution „die ‚guten' und ‚schlechten' Subjekte im Verhältnis zueinander" hierarchisierte.[57] Das „lückenlose Strafsystem" erfasste, kontrollierte und klassifizierte, wodurch es *normend, normierend, normalisierend*" wirkte.[58]

Aus diesem Grund gehören Prüfungen inzwischen zum festen Bestandteil von Einrichtungen wie Krankenhaus, Schule, Gefängnis und Heimen. Ein Arzt auf Visite „prüft" in den Krankenhäusern die Kranken: Er beobachtet sie, untersucht sie und vergleicht die Ergebnisse mit denen anderer Patienten. Ein Lehrer „prüft" seine Schüler: Er inspiziert, vergleicht, beurteilt, bestraft und belohnt sie ständig.

Die Ergebnisse all dieser Prüfungen werden fortwährend analysiert und verglichen. In Schulen, Krankenhäusern, im Beruf und in den Gefängnissen entsteht ein quasi-militärischer Verwaltungsapparat, der die individuellen Daten verwaltet.

Mit der Umsetzung des militärischen Traums wurde erschaffen, was Foucault eine „Disziplinargesellschaft" nennt. Zwar hatte es bereits früher ordnungschaffende Methoden gegeben, doch jetzt wurde „Disziplin" zu einer allgemeinen Formel der Macht. Diese strebte die Instrumentalisierung des menschlichen Körpers durch Gehorsam an. In einer der faszinierendsten Passagen in *Überwachen und Strafen* schreibt Foucault:

> So formuliert sich eine Politik der Zwänge, die am Körper arbeiten, seine Elemente, seine Gesten, seine Verhaltensweisen kalkulieren und manipulieren. Der menschliche Körper geht in eine Machtmaschinerie ein, die ihn durchdringt, zergliedert und wieder zusammensetzt. Eine „politische Anatomie", die auch eine „Mechanik der Macht" ist, ist im Entstehen. Sie definiert, wie man die Körper der anderen in seine Gewalt bringen kann, nicht nur, um sie machen zu lassen, was man verlangt, sondern um sie so arbeiten zu lassen, wie man will: mit den Techniken, mit der Schnelligkeit, mit der Wirksamkeit, die man bestimmt. Die Disziplin fabriziert auf diese Weise unterworfene und geübte Körper, fügsame und gelehrige Körper. Die Disziplin steigert die Kräfte des Körpers (um die ökonomische Nützlichkeit zu erhöhen) und schwächt diese selben Kräfte (um sie politisch fügsam zu machen). Mit einem Wort: sie spaltet die Macht des Körpers; sie macht daraus einerseits eine „Fähigkeit", eine „Tauglichkeit", die sie zu steigern sucht; und andererseits polt sie die Energie, die Mächtigkeit, die daraus resultieren könnte, zu einem Verhältnis strikter Unterwerfung um. Wenn die ökonomische Ausbeutung die Arbeitskraft vom Produkt trennt, so können wir sagen, daß der Disziplinarzwang eine gesteigerte Tauglichkeit und eine vertiefte Unterwerfung im Körper miteinander verkettet. [59]

2 Angst vor der Disziplin

Die Disziplinargesellschaft ist, zusammenfassend gesagt, eine Gesellschaft, die gehorsame und tüchtige Individuen hervorbringt.

„Die Kehrseite der Demokratie"

Wer heutzutage *Überwachen und Strafen* liest, kann sich des Eindrucks nicht erwehren, dass es besser sei, sich von der Disziplin fernzuhalten. Foucault präsentierte sein Buch zwar als historische Studie – und nicht als politisches Pamphlet –, doch sind seine Vorbehalte gegen die Disziplin deutlich spürbar. Die disziplinierende Strafgewalt maskiere ihre „ungeheure Einzigartigkeit"[60]; deshalb schreibt er deutlich über die „Neuerung dieser kleinen Notierungs-, Registrierungs-, Auflistungs- und Tabellierungstechniken, die uns so vertraut sind",[61] und über die „kleinliche und boshafte Gründlichkeit der Disziplinen und ihrer Nachforschungen".[62] Er stellt fest, dass der Mensch der Siebziger kein Maschinenmensch sein und den eigenen Körper keinesfalls „als Gegenstand und Zielscheibe der Macht" missbraucht sehen wollte oder als Körper, „den man manipuliert, formiert und dressiert, der gehorcht, antwortet, gewandt wird und dessen Kräfte sich mehren".[63] Und nicht nur Marcuse erkannte damals, dass der menschliche Organismus eine gute Waffe sei gegen die effizienten Politik-, Kultur- und Erziehungsmaschinerien mit ihren Techniken, die das Leben sicherer und angenehmer gestalten sollen.

Foucault entnimmt der anarchistischen Zeitschrift *Phalange* aus dem 19. Jahrhundert den Bericht über einen dreizehnjährigen Jungen, Béasse, der einem Richter gegenüber erklärt hatte, er habe keine Lust auf eine regelmäßige Arbeit, und da er keine Familie habe, wolle er lieber ein freies Leben führen. Dies wird häufig als Aufforderung an den Leser verstanden, es Béasse nachzutun und sich aller Disziplin zu entledigen.[64] Hinweise auf Foucaults Engagement zum Sturz aller Disziplinarmächte finden sich allerdings nicht nur in

Überwachen und Strafen, sondern auch in seinen Interviews und kurzen Artikeln der siebziger Jahre. In einem Gespräch aus dem Jahr 1974, das er mit dem amerikanischen Sprachwissenschaftler und Philosophen Noam Chomsky führte, sagte er:

> Die wahre politische Pflicht in einer Gesellschaft wie der unseren liegt darin, die Arbeitsweise von Institutionen zu kritisieren, die neutral und unabhängig erscheinen. Und zwar so lange vehement zu kritisieren, bis die politische Gewalt, die gern im Dunkel dieser Institutionen operiert, ihre Maske fallen lässt, so dass man sie bekämpfen kann.[65]

Der Kampf, auf den Foucault hier anspielt, soll sich gegen die Bourgeoisie richten, die klüger und berechnender vorging, als man dachte: In seinen Augen war keine „Herrschaftsform [...] jemals so fruchtbar und damit so gefährlich" und das schreie nach Aufstand. Er, Foucault, werde dafür gerne die Waffen bereitstellen: „Ich möchte, daß meine Bücher so etwas wie Operationsmesser, Molotowcocktails oder unterirdische Stollen sind und daß sie nach dem Gebrauch verkohlen wie Feuerwerke."[66] Das Ziel des Kampfes ließ er offen, doch mit Sicherheit beabsichtigte er nicht die Restauration der souveränen Macht des traditionellen Fürsten. Doch was dann? Foucault war der Ansicht, dass die Disziplin die „Kehrseite der Demokratie" sei.[67] Auf den ersten Blick sah es so aus, als fordere er damit, mit der Disziplin auch die Demokratie zu bekämpfen.

Seine Kritik an den traditionellen Institutionen der Macht hatte weitreichende Folgen, und die Theorie von den unsichtbaren Auswirkungen der Macht bildete die Basis einer ganz neuen philosophisch-soziologisch-anthropologischen Denkrichtung: die *governmentality studies*.[68]

In den Niederlanden fand der Aufruf zum Angriff auf die Institutionen kaum Gehör. Vermutlich gingen den nüchternen Niederländern die Aufforderungen, das „Siesteem" oder das „Establishment" zu attackieren und die Disziplinarinstitutionen abzuschaffen,

schlichtweg zu weit. Nach den verspielten Aktionen der „Kabouters"
oder den „Mein Bauch gehört mir"-Demonstrationen der Feministinnen oder den Unibesetzungen krempelte die niederländische Pro-
testbewegung die Ärmel hoch und machte sich daran, sowohl die
Gesellschaft als auch die Politik konstruktiv zu reformieren. Das
erregte das Vertrauen der restlichen Bevölkerung. Außerdem war
der Staat von sich aus zu Veränderungen bereit.[69] Man nahm lieber
eine Demokratie mit etwas Dressur und Disziplin in Kauf als Gefahr
zu laufen, mit dem Bad der Disziplin gleich das Kind des gesamten
Systems auszuschütten.

Nach dem Maschinenmenschen

Die Neigung der Niederländer, Missstände nicht nur anzuprangern,
sondern durch gemeinsames Nachdenken und geteilte Anstrengungen in Reformen zu verwandeln, hatte Auswirkungen auf die Struktur der Armee, die in den sechziger Jahren in das Kreuzfeuer der
Kritik geriet. Man hielt sowohl die strengen äußeren Disziplinar-
regeln wie Grußpflicht, frühes Aufstehen und verordnete Kurzhaar-
frisur für unzeitgemäß als auch die innere Organisationsstruktur der
Armee. Der Ruf nach einer Modernisierung und Demokratisierung
wurde laut. Die Führung der Streitkräfte überlegte, wie sie auf die
gesellschaftlichen Entwicklungen reagieren sollte, der Prozess des
Disziplinabbaus griff in die Struktur der Armee ein, die innere
Organisation der Streitkräfte wurde flexibler und weniger hierarchisch. Man schaffte nicht nur die Grußpflicht und die vorgeschrie-
bene militärische Haartracht ab, sondern die gesamte äußere Disziplin wurde laxer gehandhabt. Doch keine Armee der Welt kann
vollkommen auf Disziplin verzichten. Nur durch eine strikte Disziplin lässt sich in Kriegssituationen möglichst effizient operieren und
somit die Überlebenschancen für die Soldaten erhöhen.

Im Laufe der Zeit geriet die strenge militärische Disziplin stets mehr in Misskredit. Das Verhältnis zwischen Armee und Gesellschaft kehrte sich in Bezug auf die Disziplin vollkommen um. Während im 17. Jahrhundert die Neuerungen der Armee große Auswirkungen auf die Struktur der Gesellschaft hatten, orientierte sich die moderne Armee mehr und mehr an der Gesellschaft: Der Widerwille gegen die Disziplin beeinflusste sogar die militärische Kultur.

Auch in anderen Disziplinarinstitutionen wie in den Schulen, am Arbeitsplatz, in den Krankenhäusern und Gefängnissen befand sich die Disziplin auf dem Rückmarsch, die Organisationen wurden flexibler, waren weniger hierarchisch strukturiert und die Entscheidungsfindung erfolgte öfter demokratisch.

Pluralität

Doch ist mit der allgemeinen Demokratisierung die Gefahr des blinden, zerstörerischen Gehorsams gewichen? Können wir heute sicher sein, dass Menschen im Namen der militärischen oder gesellschaftlichen Disziplin keine Grausamkeiten mehr begehen? Bauman glaubt, dass der Mensch diese Gefahr noch stets in sich birgt. Allerdings kennt er ein Gegenmittel: *Pluralität.* Stanley Milgram fand in weiteren Experimenten heraus, dass der Mensch zögert, einen Befehl auszuführen, sobald sich die befehlsgebenden Autoritäten uneins sind. Dieser Effekt tritt auch ein, wenn sich eine Einzelperson dem Befehl verweigert und die anderen davon in Kenntnis setzt. Also verhindert politische und gesellschaftliche Meinungsvielfalt, „daß unbescholtene Menschen sich zu moralisch verwerflichem Handeln bereit finden". Außerdem weiß man dadurch, dass die „Stimme des Gewissens [...] sich besonders inmitten greller politisch-sozialer Dissonanz Gehör" verschafft.[70]

Die Niederländer bilden dabei eine Ausnahme, weil sie einerseits die einstimmige Disziplin der Institutionen unterstützen und andererseits die mehrstimmige Freiheit der Pluralität verteidigen.

Nicht von ungefähr verehren sie sowohl Moritz von Oranien wegen seiner effektiven Heeresdisziplin als auch Johan van Oldenbarnevelt (1547–1619) wegen seiner großen Toleranz. Oldenbarnevelt, der an der Spitze der Regierung stand, wurde zum Feind seines ehemaligen Bundesgenossen und Oberbefehlshaber der Armee Moritz von Oranien, als dieser im Konflikt zwischen den Remonstranten und den Contraremonstranten die Position der Letzteren einnahm und auf der Schaffung einer Einheitskirche bestand. Dass die Niederländer problemlos beide Nationalhelden verehren können, zeigt, dass Freiheit und Disziplin gleichermaßen zur niederländischen Geschichte gehörten und auch immer dazugehören werden. Sie wissen, dass eine unbegrenzte Freiheit die Risiken des Terrors ebenso in sich birgt wie zu viel Disziplin. Man sollte sich also vor beiden fürchten: vor der Freiheit nicht weniger als vor der Disziplin.

3

Disziplin als zweite Natur

Als Arnon Grünberg anlässlich der tausendsten Folge seiner täglichen Kolumne in der *Volkskrant* gefragt wurde, wie er es denn neben seiner anstrengenden schriftstellerischen Tätigkeit noch schaffe, diese kurzen Artikel zu verfassen, antwortete er: „Mit Disziplin." Er habe keine Wahl, es sei wie mit einem Neugeborenen zu Hause, man müsse ganz dafür leben. Aus diesem Grunde mache er auch nie Urlaub. Es würde ihn zu viel Mühe kosten, danach wieder zur Routine zurückzufinden. Er verglich es mit dem Marathonlaufen. Ohne dauerndes Training lasse auch dort die Leistung sofort nach. [71]

Ganz anderer Ansicht ist Grünberg, was die öffentliche Disziplin von Staat, Armee, Schule und anderer Institutionen betrifft: Dort führe Disziplin milde ausgeprägt zu Dressur und in extremer Form sogar zum Terror. Er teilt damit die Meinung von Primo Levi, der behauptete, dass Schulen, Fabriken und Kasernen am Anfang der Konzentrationslager standen. [72]

Bisher glaubte ich, dass es einen scharfen Unterschied gebe zwischen der persönlichen und der öffentlichen Disziplin. Grünberg ist der persönlichen Disziplin gegenüber positiv eingestellt, misstraut aber der öffentlichen. Offensichtlich ist er der Ansicht, dass man sich für die Disziplin frei entscheiden müsse und nicht dazu gezwungen werden solle. Doch lassen sich die beiden Formen der Disziplin tatsächlich so genau unterscheiden? Schließlich entsteht auch die persönliche Disziplin durch Kräfte, die von frühester Jugend an mittels Institutionen, Strukturen und Geschichten disziplinierend auf den Menschen einwirken. Keiner wird diszipliniert geboren. Inwiefern aber können wir unsere eigene Disziplinierung beeinflussen? Sind wir der Disziplinierung durch die Familie und andere Institutionen passiv ausgeliefert und internalisieren danach die erworbene Disziplin, oder spielen wir selbst eine aktive Rolle dabei? Nach der Lektüre von Foucaults *Überwachen und Strafen* ist Letzteres unwahrscheinlich. Für Foucault findet die Disziplinierung unbemerkt statt, da sie sich heimlicher und unsichtbarer Taktiken bedient. Die Normen, Werte, Gewohnheiten und Gesten, die uns die Disziplin diktiert, verinnerlichen wir so sehr, dass wir sie mit der Zeit für einen natürlichen, authentischen Teil unseres Ichs halten. Je mehr wir dies tun, desto erfolgreicher verläuft die Disziplinierung.

Auch nach der Veröffentlichung von *Überwachen und Strafen* widmete sich Foucault der Frage, wie sich das Individuum der Disziplinierung aktiv entgegenstellen kann. Bevor wir diese Frage beantworten können, müssen wir jedoch erst verstehen, wie der Prozess der Disziplinierung überhaupt vonstatten geht. Zunächst spielt die *Erziehung* eine große Rolle. Kinder internalisieren die Disziplin, die ihnen von den Eltern, Lehrern und Altersgenossen vorgelebt wird. Außerdem erfolgt die Disziplinierung über die *Gewöhnung:* Erwachsene können neue Formen der Disziplin dadurch verinnerlichen, dass sie bestimmte Verhaltensweisen immerzu wiederholen. Durch eine solche Wiederholung kann man sich übrigens auch schlechte Gewohnheiten aneignen, wie zum Beispiel das Alkoholtrinken, welches also ein erworbener Mangel an Disziplin ist. Schließlich werden wir noch durch die allgegenwärtige *Überwachung* diszipliniert. Weil wir wissen, dass Kundenkarten, Spyware, Cookies, Überwachungskameras und andere Apparaturen unser tägliches Handeln registrieren und in Databases speichern, sind wir uns der Tatsache bewusst, dauernder Beobachtung ausgesetzt zu sein. Das führt zum sozial erwünschten Verhalten, dass wir uns etwa genau überlegen, was wir über Facebook oder Twitter ins Netz stellen. Das Wissen um die permanente Überwachung regt uns also zu diszipliniertem Verhalten an.

Eine Kontrolle der Internalisierung von Disziplin ist somit nur möglich durch eine veränderte Einstellung zu Erziehung, Gewohnheit und Überwachung.

Disziplin und Erziehung

Als Willem-Alexander kurz vor der Thronbesteigung mit seiner Frau Máxima dem niederländischen Fernsehen ein Interview gab, gab er auf die Frage, wie er seine Amtszeit zu gestalten gedenke, die bemerkenswerte Antwort, dass er vor allem er selber bleiben wolle. Ein größerer Widerspruch lässt sich kaum vorstellen: Der Königssohn, der mehr als jedes andere Kind dressiert und diszipliniert wurde, bei dem jedes Wort, jede Geste, jeder Tonfall, jeder Gesichtsausdruck und jede Körperhaltung daraufhin geübt wurde, dass er vierzig Jahre später den Thron besteigt, glaubt als Erwachsener, über ein „authentisches Selbst" zu verfügen. Offensichtlich hat der niederländische König die erfahrene Disziplin und Dressur so sehr verinnerlicht, dass er diese für einen Teil seines Selbst hält, für sein eigenes, ursprüngliches, wahres „Ich", welches er durch Selbstdisziplin zur Entfaltung gebracht hat. Dadurch, dass er die angelernte Dressur für seine zweite Natur hält, ist er ein perfektes Beispiel für eine erfolgreich durchgeführte Disziplinierung. Die Dressur der disziplinierenden Erziehung hat derart erfolgreich auf Körper, Seele und Geist des Prinzen eingewirkt, dass dieser in seinem neuen Selbst sein eigentliches Ich zu erkennen glaubte. Der französische Philosoph Henri Lefebvre (1901–1991) hätte dazu einiges Sinnvolles zu sagen gehabt.[73]

Eine erfolgreiche Disziplinierung ist jedoch nicht nur Königen vorbehalten. Auch Romanschriftsteller, Musiker, Geigenbauer oder „normale" Menschen sind überzeugt, dass die Disziplin, die sie an den Tag legen, ihrem authentischen Selbst entspringt. Umgekehrt kann ein Mensch auch den Mangel an Disziplin internalisieren und glauben, dass dieser ein Charakterzug ist und nicht das Produkt einer schlechten Erziehung.

Schon Platon hat in der *Politeia*, einem seiner bekanntesten Dialoge, über Menschen geschrieben, die während ihrer Erziehung Verhaltensweisen annehmen und diese zu ihrer zweiten Natur machen. Sokrates und seine Gesprächspartner Glaukon und Adeimantos unterhalten sich darüber, wie der ideale Staat auszusehen habe. Sie stellen die Frage nach der besten Erziehung für die zukünftigen Führer und „Wächter" des Staates. Sokrates schlägt einen nüchternen, idealen Staat vor, während Glaukon lieber einen etwas luxuriöseren Staat hätte. Sie beschließen, sich den „üppigen" Staat einmal genau auszumalen.

In ihrer Vorstellung werden sofort Polster und Tische herbeigetragen. Und „Zukost und Salben und Räucherwerk und Freudenmädchen und Backwerk" und „Malerei […] bunte Weberei, und Gold und Elfenbein". Ein derart üppig ausgestatteter Staat würde neue Bewohner anziehen und rasch zu klein werden. Um in den Besitz von mehr Land zu kommen, müssten dann Kriege geführt werden, eine Aufgabe für die „Wehrmänner" des Staates. Diese müssten trainiert werden, um Krieg zu führen, aber weil sie stärker sind als die anderen, würde von ihnen verlangt, sanft zu ihren Bundesgenossen (die „Befreundeten") zu sein. Das Beste wäre, sie einerseits so zu erziehen, als wären es „edle Hunde", anderseits wären aber auch musische Bildung und Gymnastik unerlässlich.[74] Die richtige Erziehung finge mit dem Erzählen tugendhafter Geschichten an. Damit müsste man bereits in frühester Jugend beginnen, erklärt Sokrates:

> Nun weißt du doch wohl, daß der Anfang eines jeden Geschäftes das wichtigste ist, zumal bei irgendeinem jungen und zarten Wesen. Denn da wird vornehmlich das Gepräge gebildet und angelegt, welches man jedem einzeichnen will.[75]

Sokrates ist davon überzeugt, dass das, was das Kind im frühesten Alter aufnimmt, unauslöschbar und unveränderlich in seinem Geist bewahrt wird. Die frühesten Geschichten sollten so erhaben sein, dass sie Tugenden wie Tapferkeit, Friedensliebe, Gehorsam und Mäßigung erregen können. Er hält es für möglich, dass junge Menschen zu tugendhaftem Verhalten angeregt werden können, wenn sie die Zeilen aus der *Odyssee* hören, bei denen berühmte Männer in Wort und Tat ausdauernd Verzicht bewiesen: „Aber er schlug an die Brust und strafte das Herz mit den Worten: / Dulde nun aus, mein Herz, noch Härteres hast du geduldet!"[76]

Unter der Voraussetzung, dass man früh genug damit beginnt und sein ganzes Leben damit fortfährt, können Sokrates zufolge durch Nachahmung bestimmte Arten des Denkens zur zweiten Natur werden. Das gilt nicht allein für das Nachahmen der mythologischen Helden, sondern auch für die Nachahmung von Musik, in der sich Tugenden wie Mut, Harmonie und Maß ausdrücken. Eine solche Musik sollte einfach und harmonisch sein. Auch Gymnastik ist wichtig in der Erziehung der Wächter. Sie müssen sich einem bestimmten Training unterziehen, damit sie wachsam wie Hunde werden und unempfindlich sind gegenüber Wasser- und Nahrungsmangel und dem Wechsel von Hitze und Kälte, wie er auf einem Feldzug üblich ist. Eine einfache und zweckmäßige Gymnastik sei dafür am geeignetsten, weil diese den Körper gesund halte. Eine solche Erziehung führe bei den Wächtern zu einem blinden Gehorsam gegenüber dem Herrscher.

Die Erziehung des *Herrschers*, der Sokrates zufolge am besten ein Philosoph sein solle, unterscheidet sich davon deutlich. Hier müsse vor allem gewährleistet sein, dass der zukünftige Führer, den Sokrates „Philosophenkönig" nennt, über eine Veranlagung zum Herrschen verfüge. Um diese zu prüfen, wird der Kandidat allerlei Aufgaben, Gefahren und Verführungen ausgesetzt. Danach erhält er eine umfassende Schulung in allen Wissensgebieten und eine philosophische Ausbildung. Der Philosophenkönig wird damit zu einer Person, die einerseits blind zu gehorchen weiß, andererseits sich aber der Tatsache bewusst ist, warum und wem gehorcht werden muss. Im Gegensatz zum Wächter weiß er, woraus das wahre Gute besteht. Das bedeutet nicht, dass der Philosophenkönig selbst bestimmen könne, was das Gute sei. Für Platon liegt das Gute für alle Zeiten fest. Es ist dem Menschen nicht gegeben, dies zu verändern. Um das Gute zu lernen, muss der Philosophenkönig sein Vermögen zum Lernen einsetzen, das schon vor seiner Geburt in seiner Seele ausgebildet war.

Wenn wir Platons Traum von einem Philosophenherrscher auf unsere heutige Welt übertragen, dann sollte der zukünftige König oder die zukünftige Königin mit geeigneten Geschichten, Musik und Gymnastik dazu erzogen werden, sich die Tugenden der heutigen Welt anzueignen. Er sollte in Verhalten, Sprechweise und Gestik Tugenden wie Mut, Friedfertigkeit, Offenheit, Gerechtigkeitssinn und Selbstbeherrschung ausdrücken, dürfe lachen, wenn auch nicht zu laut, könnte durchaus Fragen unbeantwortet lassen, sollte aber gleichzeitig die Bereitschaft zur Einarbeitung in den Sachverhalt signalisieren; er dürfe reich sein, müsse sich aber auch jenen gegenüber aufgeschlossen zeigen, die weniger besitzen als er. Während seiner Erziehung würde er fortwährend neuen Prüfungen unterzogen: Verfügt er über ausreichende Führungsqualitäten? Kann er in der Armee dienen und den Verführungen des Luxuslebens widerstehen? Schließlich würde von ihm erwartet, dass er intuitiv wüsste, was für sein Volk gut ist. Doch das Wichtigste wäre: Er sollte bei all seinen Tätigkeiten natürlich wirken. Dann wäre seine Erziehung erfolgreich gewesen.

Das niederländische Königspaar ist ein vorbildliches Königspaar, es gelingt ihm trotz aller Disziplinierung ungekünstelt und natürlich zu wirken.

Doch nicht jede Disziplinierung verläuft so vollkommen wie beim niederländischen Königskind. Nicht immer wenden Eltern und Lehrkräfte die Disziplin konsequent an und nicht alle Kinder sind gleichermaßen gehorsam. Doch kein Kind kann der Disziplin entgehen. Wer in einer zivilisierten Gesellschaft aufwächst, ist unweigerlich dem individuellen Prozess der Zivilisation ausgesetzt.

Das lehrt uns auch Elias. In *Über den Prozess der Zivilisation* behauptet er, dass die „Psychogenese" des Individuums nicht unabhängig betrachtet werden kann von dem geschichtlichen Zivilisationsprozess jener Gesellschaft, dem das Individuum angehört.[77] Die Psychogenese ist das individuelle Gegenstück zur sogenannten „Soziogenese". Hält es eine Gesellschaft im Laufe ihrer geschichtlichen Entwicklung für kultiviert, mit der Gabel zu essen, dann wird auch das Kind, das in dieser Gesellschaft aufwächst, dies nach einem Lernprozess für kultiviert halten. Elias legt dar, wie sich diese von außen auferlegte Disziplin während der Erziehung in Selbstdisziplin oder Selbstzwang verwandelt. Das Kind könne sich nicht dagegen wehren, selbst wenn es wolle. Durch ständiges Training festige sich im Individuum neben der bewussten Selbstkontrolle gleichzeitig „eine automatisch und blind arbeitende Selbstkontrollapparatur [...], die durch einen Zaun von schweren Ängsten Verstöße gegen das gesellschaftsübliche Verhalten zu verhindern sucht", so Elias.[78] Sorgen zunächst die Eltern dafür, dass ihr Kind Triebe und Neigungen zu unterdrücken lernt, zwingt es sich später als Erwachsener selbst dazu. Was aber eine selbstverantwortliche Verhaltensweise zu sein scheint, ist nichts anderes als die Wahrung gesellschaftlicher Standards dessen, was sich gehört und was nicht.

Disziplin und Gewohnheit

Elias und Platon bestätigen die Vermutung, dass die Möglichkeiten, die Disziplinierung in die eigenen Hände zu nehmen, begrenzt sind. Sind wir, einmal erwachsen, erstmal davon überzeugt, dass der Wunsch nach zivilisiertem und diszipliniertem Verhalten unserem eigenen Selbst entspringt und unsere Verhaltensweisen somit nicht anerzogen sind, dann sehen wir keine Veranlassung dazu, unsere

Haltung zur Disziplin zu revidieren. Es existiert dann kein Selbst (mehr), welches undiszipliniert handeln will. Wir haben dann die Disziplin so sehr internalisiert, dass unser Selbst nichts lieber möchte, als zivilisiert und anständig zu sein.

Dennoch muss man das Zugeständnis machen, dass die gesellschaftlichen Anstandsregeln Veränderungen unterworfen sind. So war es im Mittelalter gang und gäbe, sich die Nase mit den Fingern zu schnäuzen, was wir heute für äußerst unanständig halten.[79] Wer sich der Tatsache bewusst ist, dass sich kulturelle Normen verändern, für den relativieren sich Werte und Umgangsformen seiner eigenen Zeit automatisch. Unter Umständen verlieren sie für ihn sogar vollkommen die Gültigkeit, worauf die eigenen Verhaltensweisen zur Disposition stehen. So kann sich beispielsweise der Angehörige einer niedrigen Bevölkerungsschicht an den Umgangsformen der höheren Klasse spiegeln und diese mit dem Ziel übernehmen, die soziale Leiter aufsteigen zu wollen. Umgekehrt ist es möglich, dass ein Mitglied der Oberschicht die Nase voll hat von den Umgangsformen seiner Klasse und das Verhalten der Unterschicht imitiert.

Um angelerntes und später erworbenes Verhalten ändern zu können, braucht es jedoch mehr, als sich nur der Tatsache bewusst zu sein, dass Verhaltensweisen zu anderen Zeiten oder in anderen Gesellschaftsschichten anders beurteilt werden. Jung gewohnt ist alt getan, sagt Luther, womit die Notwendigkeit der Aussage von Sokrates belegt ist, wonach einem das, was man als Kind lernt, stets unauslöschlich im Geiste bleiben wird.

Aristoteles dagegen glaubt, dass jeder Mensch, ob jung oder alt, tugendhaft sein könne, doch müsse er seine Tugenden durch „Belehrung" oder „Gewöhnung" ausbilden.[80] Damit die Sinnesorgane optimal eingesetzt werden können, müssen sie trainiert werden. Ein Geigenspieler wird erst dann richtig gut Geige spielen können, wenn er Finger, Oberkörper und Gehör durch ständige Wiederholung über eine längere Zeit trainiert. Auf ähnliche Weise muss der Umgang mit Bedürfnissen und Trieben durch ständige Wiederholung geübt werden, damit man sie besser beherrschen lernt. Gewohnheiten können Aristoteles' Meinung zufolge also bis ins hohe Alter geändert werden. So wie das Kind durch die Regeln seiner Erzieher diszipliniert wird, so muss der Erwachsene seine Begierden nach der Vernunft richten. Mäßigung und Diszipliniertheit sind bei Aristoteles das Ergebnis einer freien Willensentscheidung: „Man kann sich in betreff der Lust ja auch leichter an das Richtige gewöhnen, weil sich so viele Gelegenheiten dazu bieten."[81] Diese Willenswahl beinhaltet einen Prozess des Abwägens und Argumentierens, und „auch ihr Name scheint anzudeuten, daß es sich bei ihr darum handelt, *daß etwas vor anderem gewählt wird*".[82]

Aristoteles gibt zu, dass es schwierig ist, eine Gewohnheit wieder loszuwerden. In dieser Hinsicht ähnelt die Gewohnheit dem menschlichen Wesen. In erster Instanz scheint es so zu sein, als ob Menschen, die aus Gewohnheit unbeherrscht sind, leichter zu kurieren sind als Menschen, die es von Natur aus sind. Wird die Gewohnheit zur zweiten Natur, fällt dieser Unterschied weg. Aristoteles zitiert den Sofisten und Dichter Euenus, um dies zu erklären: „Lange, glaube mir, Freund, muß dauern die Übung; sie wird dann / Sich als die zweite Natur der Menschen am Ende erweisen."[83] Man kann zwar von schlechten Gewohnheiten beherrscht werden, doch verändert man diese, dann verändert man damit auch sein eigenes Verhalten.

Friedrich Nietzsche (1844–1900) bietet ein praktisches Heilmittel gegen schlechte Gewohnheiten: Sorge dafür, dass Gewohnheiten nur von kurzer Dauer sind.[84] Er glaubt, dass wir zu lange an Gewohnheiten festhalten, weil sie Teil unserer Arbeit sind oder weil sie uns von den Menschen unserer Umgebung auferlegt wurden. Aber Gewohnheiten, die zu lange dauern, greifen unsere Lebenslust an. Wir verhärten uns in diesen Gewohnheiten und können anschließend unser Leben nicht mehr ändern. Dann, so Nietzsche, ist es höchste Zeit, sich von diesen Gewohnheiten zu befreien. Damit wir diese so schnell wie möglich loswerden, rät er uns, sie kritisch zu befragen: Sind diese Gewohnheiten, die unseren Alltag bestimmen, Erzeugnisse „zahlloser kleiner Feigheiten und Faulheiten" oder beruhen sie auf „Tapferkeit und erfinderischer Vernunft"?[85] Wer bereit ist, sich selber auf Herz und Nieren zu prüfen, weiß, wann die Zeit gekommen ist, sich von einigen Gewohnheiten zu verabschieden und neue anzunehmen. Nicht jeder wird dazu imstande sein, aber der höhere Mensch, den Nietzsche im Auge hat, muss sich zwangsläufig stets neu erschaffen.

„Kurze Gewohnheiten", das mag wie eine *contradictio in terminis* klingen, doch Nietzsche löst den Widerspruch, indem er behauptet, dass auch Gewohnheiten von kurzer Dauer den Glauben an die Ewigkeit brauchen. Jede Gewohnheit muss so gelebt werden, als sei sie von ewiger Dauer. Solange wir die Gewohnheit beibehalten, die uns momentan am besten erscheint, verschafft sie uns eine große Zufriedenheit. Aber eines Tages segnet diese Gewohnheit das Zeitliche. Wir nehmen Abschied von allem, was die Gewohnheit uns beschert hat, wir winken ihr nach und trennen uns wie Freunde. Doch da steht schon die nächste vor der Tür.[86]

Die serielle, kurze, aber heftige Liebe, die wir der Gewohnheit entgegenbringen, hat den Vorteil, dass sie uns während ihrer Dauer in einem bestimmten Kontext optimal funktionieren lässt. Sollte sich jedoch der Kontext oder das eigene Bedürfnis derart verändern, dass die Gewohnheit diesen nicht mehr angemessen ist, so sollte man die alte Gewohnheit so schnell wie möglich ablegen und sich einer neuen zuwenden.

Bei Nietzsche steht die kurze Gewohnheit – die, wie bei Aristoteles, in allen Lebensbereichen vorkommt und dann „Speisen, Gedanken, Menschen, Städte[n], Gedichte[n], Musiken, Lehren, Tagesordnungen, Lebensweisen" betrifft – im Dienste der Selbstformung: Der Mensch muss seinem Charakter „Stil geben". Dazu muss er alles, was er an erster und zweiter Natur mitbekommen hat, einer Prüfung unterziehen und alle Schwachheiten und Stärken, die sich aus diesen beiden Naturen ergeben, so stilisieren,[87] dass der Charakter als ein wunderbares, im Anblick erfreuliches Ganzes daraus hervorscheint.

Übertragen wir Aristoteles' und Nietzsches Visionen auf die heutige Zeit, bedeutet das, dass die uns einst durch die Erziehung auferlegte Disziplin später noch beeinflusst werden kann, und zwar dadurch, dass wir unsere Gewohnheiten in Frage stellen, sie gegebenenfalls aufgeben und uns auf eine neue Gewohnheit stürzen.

Disziplin und Überwachung

Die dritte Art und Weise, wie wir die Disziplinierung verinnerlichen, ist die Überwachung. Als Standardbeispiel für die Überwachung wird meist das *Panopticon* herangezogen, ein Rundgefängnis, das der britische Philosoph Jeremy Bentham (1748–1832) im Jahre 1791 erfand. Ein solches Gefängnis wird um einen zentralen Turm herum errichtet, von dem aus jeder Gefangene sichtbar ist, wogegen der Gefangene nicht sehen kann, ob ihn der Wächter im Turm beobachtet oder nicht. Aufgrund dieser ständigen Möglichkeit des Beobachtetwerdens internalisiert der Gefangene das wachende Auge so sehr, als wäre es ständig anwesend.[88]

Etwas Ähnliches geschieht heutzutage durch die allgegenwärtigen Überwachungskameras im öffentlichen Raum oder durch die staatliche Kontrolle des Internets. Auch dabei internalisieren wir ein wachendes Auge. Weil wir nicht wissen, wann wir beobachtet werden, verhalten wir uns so, als würden wir tatsächlich ständig beobachtet.

Die Verinnerlichung ist so vollkommen, dass wir selbst zu den Augen der Disziplinarmacht werden. Das war zum Beispiel 2013 der Fall, als die niederländische Polizei Kamerabilder freigab, auf denen zu sehen war, wie acht Jugendliche in Eindhoven eine männliche Person misshandelten. Die Betrachter der Bilder gaben der Empörung über die Gewalttat ihrerseits mit so viel Gewalt Ausdruck, dass der Bürgermeister eine Lynchjustiz befürchtete.

„Wir sind weit weniger Griechen, als wir glauben", sagt Foucault über das Verhalten, womit wir uns und unsere Mitmenschen disziplinieren. Unsere Gesellschaft ist durch Überwachung gekennzeichnet und nicht, wie in der antiken Kultur, durch das Schauspiel. Damals sahen viele Personen wenigen Schauspielern auf der Theaterbühne zu, während heute eine einzelne Person sehr viele im Auge behält. Jeder von uns kann so ein Einzelner sein: Wir sitzen nicht auf der Bühne (wie dies bei der griechischen Tragödie der Fall war), sondern mitten *in* der panoptischen Maschine. Wir selber sind Rädchen in dieser Maschine und halten sie in Gang.[89]

Jeder Widerstand, so erklärt Foucault, gegen diese Form der Disziplinierung ist wiederum Teil des disziplinären Systems. In geringem Maße toleriert es Widerstand und disziplinloses Verhalten, um es uns zu ermöglichen, abzuschätzen, was normal und was abnormal ist, was wir für gerechtfertigt halten und was nicht. Wir können nur wissen, wie man sich diszipliniert verhält, wenn wir wissen, woraus disziplinloses Verhalten besteht. Indem man dann das undisziplinierte Verhalten isoliert, beherrscht und kontrolliert, wird es unschädlich gemacht.[90] Foucault behauptet, dass dort, wo Macht ist, immer auch das Potential zum Widerstand existiert.[91] Er bestätigt damit Marcuses Analyse in dessen *Der eindimensionale Mensch:* Jeder Widerstand gegen die Macht wird von eben dieser Macht missbraucht, um das System aufrechtzuerhalten und zu stärken. Aber anders als bei Marcuse, der der Meinung war, dass die „Große Weigerung" durch Künstler, Schriftsteller und Außenseiter das System von außen treffen könne, ohne von diesem selbst beeinflusst zu werden,[92] gibt es bei Foucault kein „außerhalb" der Macht. Bei ihm ist es unmöglich, der disziplinierenden Macht zu entkommen, weil die Macht überall und jederzeit anwesend ist und fortwährend zur Selbstdisziplin internalisiert wird.

Die postdisziplinäre Gesellschaft

Der Unterschied zwischen Selbstdisziplin und Fremddisziplin ist bei Aristoteles, Nietzsche, Elias und Foucault kleiner, als man erwartet. Selbstdisziplin bildet sich, wie öfter dargelegt, mittels der Internalisierung der anerzogenen Disziplin heraus. Ist der Mensch einmal erwachsen, wird die Selbstdisziplin durch Routine, Gewohnheiten und Überwachung aufrechterhalten – und durch die Überzeugung, dass es sich dabei um einen natürlichen Charakterzug handelt.

Dieser Teufelskreis lässt sich der philosophischen Tradition zufolge nur durchbrechen, wenn die Disziplinarinstitutionen verändert oder gleich ganz abgeschafft werden. Das war die Absicht der 68er-Generation, die sich in den siebziger Jahren auf Foucault berufend von der persönlichen, der institutionellen und der verinnerlichten Disziplin der hermetischen Überwachungsgesellschaft befreien wollte. Erreichen wollte sie dies mit der Umkehrung jener Methoden, die Grund aller Internalisierung waren, das heißt, also mit einer antiautoritären Erziehung, die die Kinder eben nicht zu Gehorsam oder Disziplin, sondern zu Freiheit und Selbstbestimmung erziehen sollte. Weitere Mittel waren die weitestgehende Abschaffung von Gewohnheiten, Routinen und festen Gebräuchen, um sich leichter auf neue Situationen einstellen zu können, und schließlich der Umsturz oder zumindest die radikale Reform von Disziplinarinstitutionen, Apparaturen und Techniken. Anders als Sokrates' Philosophenkönig, der vom überzeitlichen Guten ausging, sollte jedes Kind selbst entscheiden, was für es das Gute war.

Die Folgen dieser dreifachen Disziplin-Revolte konnten nicht ausbleiben. Es bildete sich tatsächlich eine postdisziplinäre Gesellschaft heraus, die allerdings ganz anders aussah, als die 68er-Generation sich das vorgestellt hatte.

Teil 2
Disziplinlos

4

Überleben im materiellen Überfluss

Immer wenn ich ein Schuhgeschäft betrete, denke ich an Kafkas Erzählung vom *Hungerkünstler*. Kafka schrieb diese Geschichte über einen Varietékünstler, der das Hungern zur Kunst erhob, um 1920. Damals war Prag eine wohlhabende Stadt.

Als ich den *Hungerkünstler* zum ersten Mal las, war ich ungefähr achtzehn Jahre alt und gerade mit meinen Eltern und meinen Brüdern in Norwegen auf Urlaub. Die Erzählung machte einen so großen Eindruck auf mich, dass ich mir vornahm, den Rest der Ferien so wenig wie möglich zu essen. Was der Hungerkünstler konnte, konnte ich schon lange. Doch als keiner in meiner Familie bemerkte, dass ich drei Tage lang kaum etwas aß, verging mir die Lust. Das war beim Hungerkünstler ganz anders! Der klapperdürre, nur mit einem schwarzen Zirkustrikot bekleidete Artist sitzt in einem Käfig, an dem die ganze Stadt vorbeizieht. Mit jedem Tag seines Hungerns wächst die Aufmerksamkeit der Besucher und manche verbringen Tage vor dem Käfig. Nach vierzig Tagen wird das Hungern feierlich beendet. So ziehen der Hungerkünstler und sein Impresario durch die Städte und Länder. Doch mit der Zeit schwindet das allgemeine Interesse, und der Hungerkünstler lässt sich von einem großen Zirkus engagieren. Doch auch hier trifft er beim Publikum auf wenig Interesse. Als der Zirkusdirektor ihn daraufhin entlässt, will der Hungerkünstler vom Hungern nicht lassen. Abseits vom Publikum hungert er in einem Zirkuskäfig weiter, bis er eines Tages von Aufsehern im Stroh entdeckt wird. Zu spät: Der Hungerkünstler stirbt.

Kafkas Erzählung beeindruckte mich deshalb so sehr, weil der Hungerkünstler gar keinen Grund hat zu hungern. Er glaubt nicht an einen Gott, für den er hätte fasten können, es gibt kein Publikum mehr, das ihm Bewunderung entgegenbringt, und einen Lohn für sein Hungern hat er auch nicht zu erwarten. Warum aber hört er dann nicht auf zu hungern? Der Aufseher in der Erzählung stellt ihm kurz vor seinem Tod genau diese Frage. Die Antwort des Hungerkünstlers lautet: „Weil ich [...] nicht die Speise finden konnte, die mir schmeckt. Hätte ich sie gefunden, glaube mir, ich hätte kein Aufsehen gemacht und mich vollgegessen wie du und alle."[93] Obwohl mir die Moral der Geschichte verborgen blieb, glaubte ich, im Hungerkünstler einen Helden vor mir zu haben, der sich dem materiellen Überfluss der Wohlstandsgesellschaft entschlossen entgegensetzte. Verzicht auf materiellen Reichtum besaß für mich eine Schönheit, die sich sehr von der Schönheit eines hübschen Schuhs, eines superben Gerichts oder eines teuren Autos unterschied. Der Hungerkünstler brachte eine Form der persönlichen Disziplin zum Ausdruck, die mehr Wert war als jede irdische oder himmlische Belohnung. Weil sein Wunsch so absurd und bar jeden Sinns und jeder Bedeutung war, erschien er mir so erhaben, dass ich es ihm gleichtun wollte.

Doch wenn ich heute an der Kasse des Schuhladens stehe, habe ich Kafkas Erzählung, die mich doch vom Kaufen abhalten sollte, meist vergessen. Ich kann es mir noch so sehr vornehmen, keine Schuhe zu kaufen, doch dann stehen sie mir so gut und sind außerdem ja noch herabgesetzt, und ich mache es doch.

Ich bin mit meiner Habgier nicht allein. Habgier gehört genauso zu den menschlichen Bedürfnissen wie Hunger und Durst. Die Gier nach immer mehr durchzieht alle Schichten der Bevölkerung. Das stellt bereits der Soziologe Max Weber (1864–1920) Anfang des 20. Jahrhunderts in seiner Studie *Die protestantische Ethik und der Geist des Kapitalismus* (1920) fest. Das Gewinnstreben „fand und findet sich bei Kellnern, Ärzten, Kutschern, Künstlern, Kokotten, bestechlichen Beamten, Soldaten, Räubern, Kreuzfahrern, Spielhöllen-Besuchern, Bettlern".[94] Kaum einer kann es sich verkneifen,

Geld oder andere Dinge anzuhäufen, wenn er die Möglichkeit dazu hat.

Habgier ist kein neuzeitliches Phänomen. Schon Aristoteles klagte in der *Politica*, dass der Mensch unersättlich sei: „Denn das ist die Art der Begierde, kein Maß zu kennen, der Begierde sage ich, in deren Befriedigung das Leben des großen Haufens aufgeht."[95] Also gab es die Habgier offensichtlich schon in vorkapitalistischen Zeiten, als es noch keine Schuhgeschäfte voller wunderhübscher Schuhe gab.

Kapitalismus und Disziplin

Doch was ist falsch an der Habgier? Warum ist es moralisch verwerflich, sein Bedürfnis an materiellen Dingen zu befriedigen? Sigmund Freud behauptet, dass Kultur auf Triebverzicht beruhe.[96] Kultur und Zivilisation sind also nur dann möglich, wenn wir imstande sind, die Befriedigung der Triebe entweder aufzuschieben oder ihnen ganz zu entsagen. Jagten wir alle unkontrolliert und selbstsüchtig nur dem eigenen Glück und Vergnügen nach und gäben jedem von der Natur eingegebenen aggressiven oder sexuellen Impuls nach, gäbe es keine Kultur. Kultur verschafft uns Sicherheit, Effizienz, Überfluss, Ordnung, Sauberkeit und ermöglicht es uns, sich mit „nutzlosen" Dingen wie Schönheit und frischer Luft zu beschäftigen.[97] Durch die Unterdrückung der Triebe büßen wir zwar an Freiheit ein, und manchmal auch an persönlichem Glück, doch das ist nun einmal der Preis für ein zivilisiertes und wohlhabendes Leben. Der Triebverzicht birgt aber auch Risiken: „[W]enn man es nicht ökonomisch kompensiert, kann man sich auf ernste Störungen gefaßt machen."[98] Die Vorteile der Kultur müssen die Nachteile des Triebverzichts aufwiegen. Und genau das geschieht, wenn wir der Lust, schöne Dinge zu kaufen, nachgeben.

Max Weber teilte Freuds Auffassung, dass Disziplin in Form von

Triebbeherrschung für die Kulturentwicklung und den Wohlstand einer Gesellschaft notwendig ist. In *Die protestantische Ethik und der „Geist" des Kapitalismus* widmete er sich dem Einfluss von religiösen Auffassungen und Praktiken auf die Organisation der Kultur. Weber entdeckte, dass der Kapitalismus unter dem Protestantismus besser gedieh als unter dem Katholizismus. Er stellte fest, dass in einer Gesellschaft, wo mehrere Religionen nebeneinander ausgeübt wurden, die Unternehmer und Kapitalbesitzer vorwiegend protestantisch waren. Die protestantische, rationale Ethik mit ihrer strengen Selbstdisziplin schien besser zum Geist des Kapitalismus zu passen als die katholische. Die auf der Disziplin beruhende Zeiteffizienz, aber auch eine präzise Buchhaltung, nutzten sowohl die Arbeit als auch das Kapital optimal aus. Das zog eine Rationalisierung aller anderen Kulturbereiche wie Recht, Technik, Wissenschaft, Verwaltung und Kunst nach sich. Weber sprach von einer ungewöhnlichen „protestantischen Askese", die der Protestantismus dem Individuum abforderte.[99] Diese Selbstdisziplinierung zielte nicht darauf, sich den weltlichen Dingen zu versagen, sondern, im Gegenteil, die weltlichen Güter zu vermehren. Wie bei Freud ist hier die Rede von einer ökonomischen Kompensation des Triebverzichts: Die Vermehrung des weltlichen Kapitals entschädigt den Protestanten für die strenge Nüchternheit und Selbstdisziplin. Für Weber entstand die weltliche Disziplinierung bereits in der Reformation des 16. Jahrhunderts. Die Protestanten kritisierten die Katholiken dafür, dass sie sich zu sehr auf das Jenseits richteten. Der katholische Klosterbruder, der sein Leben Gott weihte, war in den Augen der Protestanten nur ein selbstsüchtiger Egoist, der sich den Pflichten der Welt entzog. Die gottgefällige Lebensweise des Protestanten bestand jedoch aus der Erfüllung der weltlichen Pflichten, die sich aus dem Platz des Einzelnen in der Welt ergaben.

Weber nannte diese Pflicht eine „Berufung", eine Verbindlichkeit, die das Individuum gegenüber seinem Beruf und den damit verbundenen Tätigkeiten einzulösen hat. Das höchste Ziel bestand darin, durch unermüdliche Arbeit Gewinn zu erwirtschaften. Allerdings sollte man das dadurch gewonnene Geld nicht ausgeben oder großzügig für gute Zwecke verwenden, sondern horten, denn das eigentliche Ziel war die Verwaltung und die Vergrößerung des Kapitals durch Arbeit, begleitet von einem ökonomischen Rationalismus. Der pflichtbewusste Protestant lebte einfach, ohne Luxus und Überfluss, er arbeitete hart, zeigte kaum Gefühle, hielt sich von Ritualen fern, verzichtete auf Alkohol und andere Genussmittel und glaubte nicht, dass ihm seine Sünden im Jenseits vergeben würden. Seine Berufung lag im Hier und Jetzt.

Diese Form der Disziplin begünstigte die Entwicklung des Kapitalismus. Wer dem Lustprinzip frönte, war im Kapitalismus nicht erwünscht. Für Unternehmer, die skrupellos nur dem Reichtum, dem Status und der Anerkennung nachjagten, war in der protestantischen Ethik des Kapitalismus kein Platz. Weber schreibt dazu:

> Der „Idealtypus" des kapitalistischen Unternehmers [...] hat mit solchem gröberen oder feineren Protzentum nichts Verwandtes. Er scheut die Ostentation und den unnötigen Aufwand ebenso wie den bewußten Genuß seiner Macht und die ihm eher unbequeme Entgegennahme von äußeren Zeichen der gesellschaftlichen Achtung, die er genießt.[100]

Das Verständnis von „Arbeit als Selbstzweck, als ‚Beruf'", wie Weber das protestantische Arbeitsethos umschreibt,[101] war dem Menschen nicht in die Wiege gelegt. Um dieses Lebensziel zu erreichen, genüge es nicht, einfach seinen Lohn zu erhöhen; es erfordere eine langwierige und intensive Erziehung. Man müsse von klein auf lernen, sich zu konzentrieren, sich der Arbeit zu widmen und sich so zu disziplinieren, dass man so wenig Zeit und Geld wie möglich verschwende und gleichzeitig den höchstmöglichen Profit herausschlage.[102] Doch falls Weber Recht hat, und das protestantische Arbeitsethos tatsächlich zur Etablierung des Kapitalismus führte, kann man das dann tatsächlich als Fortschritt bezeichnen? Hat erst der Kapitalismus aus uns zivilisierte Menschen gemacht?

Ja und nein, meint Erich Fromm. Er behauptet, dass der Kapitalismus ein Fortschritt sei, weil der Reichtum, der aus ihm resultierte und der auf der Unterdrückung bestimmter Freiheiten beruhte, den Menschen von der Tyrannei der Natur befreite. Außerdem vergrößerten sich durch den Kapitalismus die Gleichheit und die politische Freiheit:

> Kurz, der Kapitalismus hat den Menschen nicht nur von seinen traditionellen Fesseln befreit, er hat auch in einem enormen Maß zur Vergrößerung der positiven Freiheit und zur Entwicklung eines tätigen, kritischen und verantwortungsbewußten Selbst beigetragen. [103]

Diese Vorteile ergaben sich eindeutig aus der Unterordnung der Triebbefriedigung unter das Streben der Kapitalvermehrung. Doch der materielle Gewinn diente nicht mehr nur dazu, den Lebensunterhalt zu bestreiten, sondern er wurde zum Selbstzweck. Die Bereitschaft, das eigene Ich „außermenschlichen Zwecken" unterzuordnen, ging auf das Konto des Protestantismus. Luther und Calvin nahmen mit ihren theologischen Lehren dem Menschen „seine Würde und seinen Stolz", indem sie vom Menschen forderten, „mit seiner Tätigkeit Zwecken zu dienen, die außerhalb seiner selbst liegen". [104] Das machte ihn „zum Diener eben des Apparates, den er selbst gebaut hat". [105]

Aus diesem Grund beantwortet Fromm die Frage, ob wir durch den Kapitalismus zivilisierter geworden seien, nicht nur mit einem Ja, sondern auch mit einem Nein. Das ökonomische Wachstum habe den Menschen zwar vom Kampf um die Existenz befreit, ihn aber gleichzeitig an den Überfluss gebunden. Habe der Mensch sich erst einmal an den Überfluss gewöhnt, könne er kaum noch darauf verzichten. Um den Überfluss stets gewährleisten zu können, müsse fortwährend produziert und konsumiert werden, was den Menschen vom kapitalistischen System abhängig mache: Der Mensch sei ein Sklave seiner eigenen Konsumbedürfnisse. Die Freiheit, die er an einer Stelle gewinne, verliere er andernorts wieder.

Im Unterschied zu Freud versteht Fromm den Konsumismus nicht als Kompensation für die Unterdrückung der sexuellen und aggressiven Triebe, sondern hält ihn für die Folge einer Gier, die im Wachstum des kapitalistischen Systems begründet ist. Fromm argumentiert gesellschaftlich, wenn er das Problem der Habsucht im Verhältnis zwischen Mensch und Welt, genauer zwischen Mensch und kapitalistischem System situiert, während Freud das Problem mithilfe der Biologie erklärt, das heißt mit Hilfe der physiologisch bedingten menschlichen Triebe.[106] Während Freud den Erwerb von Pumps oder Turnschuhen als Belohnung für den Triebverzicht versteht, sieht Fromm darin den Ausdruck einer kollektiven, vom Kapitalismus hervorgerufenen Konsumsucht.

Die Erkenntnisse Fromms und anderer Denker der Kritischen Theorie brachten die Angehörigen der Protestgeneration dazu, sich vom kapitalistischen System abzuwenden. Freiheit war in ihren Augen nur außerhalb dieses Systems zu erlangen. Dadurch, dass sie jedoch auf die materiellen Vorzüge des Kapitalismus verzichteten, waren sie genötigt, Güter des täglichen Bedarfs wieder selbst zu produzieren: Sie bauten ihr eigenes Gemüse an, verkauften ihre eigenen Produkte in eigenen Bioläden, renovierten eigenhändig Häuser und stellten ihre Möbel, Fahrräder oder Zeitungen selbst her. Damit bestätigten sie Marcuses Theorie von 1972, wonach „technischer Fortschritt = wachsender gesellschaftlicher Reichtum = größere Knechtschaft" bedeuteten.[107]

Kapitalismus und Freiheit

Doch während in Deutschland Kaufhäuser brannten, hielt sich der Großteil der niederländischen Bevölkerung in der überbordenden

Warenwelt keineswegs für ein Opfer des „Konsumterrors".[108] Geldausgeben war ein Akt der Freiheit; die calvinistische Disziplin trat in den Hintergrund.[109] Statt zu einer anti- oder postmateriellen Haltung führten zunehmende Freiheit und steigender Wohlstand zu einem materiellen Ethos des uneingeschränkten Konsums.[110] Man genoss es, mit seinem Auto hinzugelangen, wohin man wollte, den Einkaufswagen im Supermarkt vollzuladen, selbst zu entscheiden, mit wem man die Nacht verbringen wollte oder was man rauchte, trank und schluckte und ob man Lust hatte zu arbeiten oder nicht. Und so wie der Kapitalismus früher von der Disziplin profitiert hatte, profitierte er jetzt von der Freiheit zu konsumieren. Die Jagd nach dem materiellen Vergnügen war der neue Motor für das Wachstum des Kapitalismus, dem auch der freiere Umgang mit der Sexualität sehr gelegen kam. Mit Sex als Ware ließ sich mehr Geld machen als mit dessen Unterdrückung.

Dank des Wirtschaftswachstums nahm der Wohlstand nicht nur in den Niederlanden derart rasant zu, dass deren Bewohner massenhaft Autos, Fernseher, Verhütungsmittel, Waschmaschinen, Möbel, Computer und Elektrogeräte kaufen konnten. Die Ausgaben für Kleidung, Schuhe, Restaurantbesuche, Ferien und Tagesausflüge stiegen deutlich an. Man schämte sich für den Überfluss erst, wenn es mal weniger gut ging, wie während der Ölkrise 1973 oder der Rezession Anfang der achtziger Jahre. Sobald die Wirtschaft sich jedoch erholte, gab man das Geld wieder mit vollen Händen aus.

Nach dem „sinnvollen Luxus" (Auto, Waschmaschine, Fernseher) der sechziger Jahre kam in den neunziger Jahren die Phase des „sinnlosen Luxus" (luxuriöse Badezimmer und Küchen). Man maß sich am Nachbarn und wollte in nichts zurückstehen. Diese Gier, den Nachbar zu imitieren, ihn in den Luxusgütern noch zu übertreffen, nennt Hans Achterhuis in Anlehnung an René Girard (* 1923) das „mimetische Begehren". Wir rauben dem Nachbarn nicht das, was er hat und was wir uns wünschen, denn das verbietet das zehnte Gebot in der Bibel, sondern wir tun es ihm nach und kaufen das Ersehnte einfach selbst. Geld kann eine Untugend in eine Tugend verwandeln.[111] Achterhuis lässt keinen Zweifel daran, dass die Konsumsucht auf zwischenmenschlichen Beziehungen beruht. Die Kaufsucht ist bei ihm keine ökonomische Kompensation für die Unterdrückung von sexuellen oder aggressiven Trieben wie bei Freud. Für ihn ist sie im Unterschied zu Fromm nicht das Ergebnis einer Beziehung zwischen Mensch und Kapitalismus, sondern des mimetischen Verhältnisses der Menschen untereinander. Das Besondere am Kapitalismus ist, dass in ihm das mimetische Begehren eine Tugend ist und kein Laster. Im Grunde ist es lasterhaft, immer neue Schuhe zu kaufen, doch wenn man dadurch die Wirtschaft aufrechterhält oder sogar rettet, ist das aus ökonomischer Perspektive ein tugendhafter Akt.

Der britische Philosoph Alain de Botton (* 1969) führt die Motivation für das mimetische Verhalten des Konsumenten auf die „Statusangst" zurück, wobei die Mitglieder einer Gesellschaft unter der Furcht leiden, über weniger Ansehen, Karriere und Einkommen zu verfügen als die Mitmenschen. Egalitäre Demokratisierung im Verbund mit materiellem Wohlstand führt dazu, dass man stets mit Neid reagiert, wenn jemand, der uns gleichgestellt ist, mehr besitzt als man selbst oder einen einträglicheren Beruf ausübt.[112] Das erweckt eine Rivalität, die auf Unersättlichkeit beruht. Der niederländische Soziologe Johan Goudsblom (* 1932) hält unsere Gier nach Macht, Anerkennung und Geld für grenzenlos. Es gibt keinen natürlichen Mechanismus, der ihr Einhalt gebietet. Wir leben in einer maßlosen Gesellschaft, in der die Gier immer größer wird, weil wir uns gegenseitig anstacheln: „Unersättlichkeit wirkt ansteckend. Wer in einer unersättlichen Gesellschaft lebt, ohne selbst unersättlich zu sein, hat Pech und wird zum Außenseiter."[113]

Die Angst, sich ins Aus zu manövrieren und vom Vergnügen ausgeschlossen zu sein, das die anderen haben, erklärt vielleicht, warum sich – zumindest in den Niederlanden – außer ein paar Umweltaktivisten kaum jemand gegen den stetig wachsenden Konsum wehrt. Die meisten Menschen genießen den wachsenden Wohlstand. Geld spielt die Hauptrolle in der Wissenschaft, in den Künsten, in der Sexindustrie, im Arbeitsleben, in Schule, Universität und Ausbildung, in der Politik und in den Medien. Bis kurz nach dem Jahrtausendwechsel haben nur wenige zum Widerstand gegen Bankerboni, Managergehälter und verschwenderischen Lebensstil aufgerufen.

Doch dann kam die Kreditkrise. Seitdem ist zu beobachten, dass ganz allmählich das alte, vertraute protestantische Arbeitsethos wieder Einzug in die europäische Kultur erhält. Nach den Jahren des Überflusses und der Verschwendung ist nun wieder die Zeit der Mäßigung und der Selbstbeherrschung angebrochen. Um die Wirtschaft wieder anzukurbeln, sind Politiker und Vorstandsmitglieder dazu übergegangen, die Wirtschaft erneut am Maß der Vernunft zu messen. Der Bürger geht wieder nüchterner und bewusster mit seinem Geld um: Hypotheken werden aufgelöst, große Ankäufe gestrichen, Sparbücher gefüttert und die Heizung heruntergedreht. Und weltweit protestiert die Occupy-Bewegung gegen die Habgier der Reichen, die auf Kosten der Armen geht.

Individuen, die heute nicht nach dem Ethos der Mäßigung und Rationalität leben, wirft man Disziplinlosigkeit vor. Was früher „viel verdienen" hieß, heißt jetzt „raffen". Ein Vorstandsmitglied, das jährlich ein Millionenhonorar einsackt, kann mit großer moralischer Empörung rechnen.

Es ist bemerkenswert, wie schnell und lautlos die Niederländer ihre Haltung zu Reichtum und Luxus verändert haben. Zehn Jahre lang war die *Miljonair Fair*, die jährliche Messe für die Allerreichsten, die 2002 zum ersten Mal stattgefunden hatte, ein durchschlagender Erfolg gewesen. Zehntausende Besucher kamen und ergötzten sich am Anblick von Luxusjachten, Privatflugzeugen, sündhaft teuren Autos, Schwimmbädern und Juwelen. Der Erfinder und Organisator der *Miljonair Fair*, Yves Gijrath, war das Musterbeispiel eines erfolgreichen Unternehmers. Doch jetzt, nachdem das Fest ein abruptes Ende genommen hat, halten wir die Demonstration von derart viel Reichtum für unverantwortlich. Überall wird gespart, was zwar hier und da Unfrieden weckt, doch massenhafter Protest bleibt aus. Man ist überzeugt, dass sich die europäische Wirtschaft durch Mäßigung und Maßnahmen wie der Einhaltung der EU-Konvergenzkriterien erholen wird. Doch es ist fraglich, ob die ursprünglich protestantische Disziplin dafür das richtige Mittel ist. Denn obwohl viele Wirtschaftswissenschaftler auch von der Richtigkeit dieser Methode überzeugt sind, gibt es auch viele, die der gegenteiligen Auffassung sind.

Die Disziplin der Scheckkarte

Im Lauf der Geschichte haben Gesellschaften immer versucht, die von Natur aus grenzenlose menschliche Gier zu kontrollieren. Das gelang mal besser und mal schlechter. In den achtziger und neunziger Jahren sah man dazu weniger Veranlassung als heute.

Den Bürgern Ausgabendisziplin beizubringen, ist seit den sechziger Jahren nicht mehr die Aufgabe von religiösen Institutionen, politischen Organisationen oder anderen traditionellen Autoritäten. Auch Philosophen, der Staat, Firmen oder Schulen vermögen das nicht. Einzig der Wohlstand selbst vermag uns zu disziplinieren, genauer unser Bankkonto: In Zeiten des Überflusses nehmen wir uns die Freiheit, grenzenlos zu konsumieren; in Mangelzeiten schnallen wir den Gürtel gezwungenermaßen enger. Das wird vorläufig auch so bleiben. Eine Theorie des Gleichgewichts, die sich nicht an der unendlichen Akkumulation des Kapitals orientieren, sondern gewährleisten würde, dass sowohl in Zeiten des Überflusses als auch in den Zeiten des Mangels immer gleich viel Geld zur Verfügung stehen würde, gibt es noch nicht. Der Mensch ist dafür schlichtweg zu habgierig.

Doch ich bin alles andere als pessimistisch. Es würde mich nicht wundern, wenn wir die Mäßigung der menschlichen Konsumsucht in naher Zukunft technologischen Hilfsmitteln überlassen könnten. Dann wird mich nicht Kafkas Erzählung, sondern irgendeine App oder eine andere technische Errungenschaft davor bewahren, angesichts eines unnötigen Paars Schuhe schwach zu werden.

5

Überleben in
einem Meer an Zeit

Wir haben nie Zeit. Wie viel wir davon auch haben, es ist nie genug. Wir wollen immer mehr davon. Wir leiden unter Zeitmangel, obwohl wir stets mehr Zeit gewinnen.

In den vergangenen Jahrzehnten führten neue Technologien der schnelleren Informationsübertragung, der schnelleren Kommunikation, des schnelleren Reisens und des schnelleren Produzierens zu einer enormen Zeitersparnis. Auch das Konsumieren geht heute schneller denn je: Mit einem einzigen Mausklick können wir Tausende Euros ausgeben. Was wir früher in einer Minute erledigt haben, schaffen wir heute in dreißig Sekunden. Und was wir heute in dreißig Sekunden erledigen können, dazu werden wir in Zukunft nicht länger als fünfzehn brauchen. Wir wollen immer mehr sinnvolle Tätigkeiten in immer weniger Zeit stopfen. Effizienz lautet das höchste Ziel im Kampf um die Zeit.

Doch können wir die Zeit nicht in beliebig kurze Einheiten teilen. Irgendwann ist nichts mehr zum Einteilen da. Carsten Schloter, Topmanager der schweizerischen Telecomfirma Swisscom, hatte diese Grenze offensichtlich erreicht, als er Selbstmord beging. Die Zeitungen berichteten von einem riesigen Arbeitsdruck beim Topmanager, der sich vor allem durch den unaufhörlichen Strom an Informationen über das Smartphone ins Unerträgliche gesteigert hatte. So erklärte es jedenfalls Schloter in einem Interview für die *Schweiz am Sonntag:*

„Die modernen Kommunikationsmittel haben auch ihre Schattenseiten", sagte er. „Das Gefährlichste ist, wenn man in einen Modus der permanenten Aktivität verfällt. Wenn man auf seinem Smartphone dauernd nachschaut, ob neue Mails reingekommen sind." Dies führe dazu, dass man zu keiner Ruhe mehr finde. Jeder habe aber auch eine Verantwortung für sich selbst – „und soll sein Handy auch mal ausschalten". Er stelle bei sich fest, dass er immer grössere Schwierigkeiten habe, zur Ruhe zu kommen, das Tempo herunterzunehmen. „Vielleicht liegt das am Alter."[114]

Der Wahn, die Zeit lasse sich endlos in immer kleinere Einheiten teilen, gelangt meistens ganz unerwartet an seine Grenzen. Mitten im vollen Galopp taucht aus dem Nichts eine Mauer auf und man knallt voll dagegen. Bei der Auslastung der Zeit scheint es ein Gesetz zu geben: Alles oder nichts. Der Moment des Nichts kann der Moment sein, wo wir ein Burn-out oder eine Depression bekommen oder gar aus dem Leben scheiden wollen.

Warum aber führen die technischen Errungenschaften wie Internet und E-Mail letztlich zu einem Zeitmangel, obwohl sie uns eigentlich doch so viel Zeitersparnis bescheren? Haben die Philosophen nicht jahrhundertelang darauf gewartet, dass die Vorstellung einer Uchronie, eines utopischen Überflusses an Zeit, sich mittels der Technik verwirklichen ließe? Bertrand Russell (1872–1970) war 1932 davon überzeugt, dass wir in Zukunft nur noch vier Stunden pro Tag zu arbeiten brauchen; den Rest des Tages würden wir mit Lesen, Müßiggang und Unterhaltung verbringen.[115]

Der Traum vom Zeitüberfluss ist tatsächlich Wahrheit geworden: Noch nie zuvor konnten wir so viele Dinge in so kurzer Zeit erledigen, der Brief an einen geliebten Menschen in China erreicht in Sekunden den Empfänger, ein Buch lässt sich digital in weniger als einer Minute kaufen, ohne dass man dafür das Haus zu verlassen braucht. Der deutsche Soziologe Hartmut Rosa (*1965) vergleicht unsere uchronische Welt mit der fiktiven Stadt Kairos: Obwohl es dort Zeit im Überfluss gibt, gelingt es den Bewohnern nicht, diesen Umstand zu genießen. Im Gegenteil: Sie leiden unter Zeitmangel.

Rosa nennt das das „ungeheure Paradoxon der modernen Welt", es lautet: „Wir haben keine Zeit, obwohl wir sie im Übermaß gewinnen."[116]

Wollen wir den Zeitüberfluss überleben, oder besser noch genießen, dann geht das – egal ob man ein Topmanager ist oder ein normal Sterblicher – nicht ohne Disziplin. Diese braucht man vor allem dazu, um die Zeit anzuhalten. Es muss eine Instanz inner- oder außerhalb des eigenen Selbst geben, die eine Grenze setzt. Früher ging die Disziplin vom Arbeitgeber, von der Schule oder einer anderen Autorität aus. Ertönte die Fabriksirene, dann war die Arbeit für diesen Tag getan. Je mehr wir aber selbst zum Regisseur unserer Zeit werden, desto stärker sind wir auf die eigene Disziplin angewiesen. Es gibt niemanden, der das Smartphone für uns ausschaltet, keinen Arbeitgeber, der uns zwingt, mit der Arbeit aufzuhören, und niemanden, der uns rettet, wenn wir am Überfluss der Zeit zu scheitern drohen. Es muss alles aus uns selbst kommen.

Zeitüberfluss

Was müssen wir uns unter einem Zeitüberfluss vorstellen? Es existiert doch nur eine einzige Zeit, davon kann man doch nicht mehr oder weniger haben, oder? Wie man es auch dreht und wendet, ein Tag hat immer vierundzwanzig Stunden.

An der Pinnwand über meinem Schreibtisch hängt eine Buchrezension aus der niederländischen Tageszeitung *NRC Handelsblad* aus dem Jahr 2008. Sie stammt von Arnold Heumakers und trägt den Titel: „Philosophie muss das Leben schwieriger machen". Darin äußert er die Meinung, Philosophie sei nicht dazu da, Probleme zu lösen, sondern Widersprüche aufzuzeigen.[117] Seit Jahr und Tag lächelt mich diese Nachricht an. Sie diszipliniert mich insofern, als ich durch sie nicht die einfachsten Wege einschlage, sondern Widersprüche, Themen oder Wahrheiten aufsuche, die nicht so einfach zu verstehen sind. Und so mache ich es auch mit der Zeit. Bereits dem heiligen Augustinus fiel auf, dass man zu stottern anfange, sobald man nach dem Wesen der Zeit gefragt werde, obwohl jeder im Alltag mit ihr zu tun habe.[118] Seither ist es noch niemandem gelungen, den Begriff „Zeit" genau zu definieren, weshalb sich die Philosophen bis heute endlos die Köpfe darüber zerbrechen, was Zeit denn eigentlich sei.

In der Geschichte der Philosophie hat man alles Mögliche versucht: Man hat die Zeit beispielsweise als Produkt des menschlichen Geistes aufgefasst, als objektive Gegebenheit außerhalb des Menschen, als Ewigkeit, als Form der Wahrnehmung, als menschliches Konstrukt, als Vielheit (Geschwindigkeit, Frequenz, Veränderung, Feedback, Zyklus) oder als Rätsel.[119] Kaum jemand könnte in einem einzigen Menschenleben alles lesen, was bis heute über das Phänomen Zeit geschrieben worden ist. Was aber bedeutet das für unseren Umgang mit dem Zeitüberfluss, den die technischen Errungenschaften uns beschert haben?

Das *Sociaal en Cultureel Planbureau* (SCP), ein niederländisches sozialwissenschaftliches Forschungsinstitut, das auch die Regierung berät, gab eine Langzeitstudie in Auftrag, die untersuchen sollte, wie der Mensch mit der Zeit umgeht. Das überraschende Ergebnis war, dass das Empfinden, unter Zeitdruck zu leiden, unabhängig ist von der Zahl der Termine, Pflichten und Aufgaben, die der Einzelne hat.[120] Wer ohnehin schon viel in seinen Tag packt, dem macht es nichts aus, noch etwas außerplanmäßig zu erledigen, er empfindet dies oft nicht einmal als eine Verschärfung des Zeitdrucks. Es scheint, als könnten diese Menschen ihre Zeit problemlos immer weiter aufteilen. Umgekehrt ist für diejenigen, die es gern langsamer angehen lassen, jede weitere Verpflichtung eine Anfechtung. Auf die Frage, welche der beiden Zeitempfindungen für den Menschen gesünder ist, liefert die Untersuchung keine Antwort. Sind jene besser dran, die trotz hoher Zeitauslastung nicht unter Zeitdruck leiden, oder diejenigen, die sich durch jede zusätzliche Pflicht gestresst fühlen?

Es scheint ein Segen zu sein, trotz eines umtriebigen Alltags nicht unter Zeitdruck zu leiden. Doch Schloters Geschichte lehrt uns, dass man die Zeit wie einen Ballon scheinbar endlos mit noch mehr Verpflichtungen füllen kann, ohne dass der Druck sich spürbar erhöht, dass aber irgendwann der Ballon einfach platzt und die Zeit plötzlich stillsteht. Was nicht heißt, dass es besser ist, unter Zeitdruck zu leiden. Es dürfte der Gesundheit und der Lebensqualität wohl kaum förderlich sein, wenn man sich ständig an den Grenzen seiner Leistungsfähigkeit bewegt.

Was sagt uns das über das Wesen der Zeit? Im Alltag ist es normal, zwischen einer objektiven und einer subjektiven Zeit zu unterscheiden. Oder anders gesagt: zwischen der Zeit der Uhr, mit den festen Stunden, Minuten und Sekunden, und der Zeit, wie wir sie persönlich erfahren, die einmal schneller vergeht und einmal langsamer. Dieser Unterschied wird in der Philosophie und der Soziologe schon seit über hundert Jahren in Frage gestellt, doch im täglichen Leben ist er so evident, dass ich kurz darauf eingehen möchte.

Einer der Denker, der scharf zwischen der Uhr- bzw. Kalender-Zeit und der erlebten Zeit unterscheidet, ist der französische Philosoph Henri Bergson (1859–1941). Die Uhr-Zeit ist bei ihm die äußerliche Zeit. Diese Zeit stellen wir räumlich dar: Wir ziehen eine Linie auf dem Papier, setzen Jahreszahlen oder Tageszeiten darunter und bringen damit zum Ausdruck, dass die Zeit vom Früher Richtung Später verläuft. Diese räumliche Wiedergabe der Zeit erlaubt es uns, die Zeit in Stücke zu hacken: Ein Jahr kann bis auf die Einheiten der Sekunde zerteilt werden. Die Zeit scheint unendlich teilbar. Man denke dabei an das Paradox des Zenon: Achilles kann die Schildkröte niemals einholen, weil der Zeitunterschied zu der zu einem früheren Zeitpunkt losgelaufenen Schildkröte bis ins Unendliche geteilt werden kann. Immer wenn Achilles seinen Rückstand eingeholt hat, hat die Schildkröte wieder einen wenn auch immer kleiner werdenden Vorsprung aufgebaut, den Achilles erst wieder hinter sich bringen muss. In dieser Zeit hat aber die Schildkröte sich wiederum einen Vorsprung erlaufen usw. Die Auffassung von der Zeit als Uhr-Zeit mit unendlicher Teilbarkeit ist die Ursache von Schloters Stress. In Kombination mit einer sich selbst auferlegten Disziplin des Hart-arbeiten-Müssens hat diese Zeitauffassung jedoch fatale Folgen. Solange es möglich ist, die Zeiteinheit, in der wir etwas tun können, immer mehr zu verkleinern, wird der Mensch versuchen, daraus einen Nutzen zu ziehen – obwohl es sein Schicksal ist, die Schildkröte nie einholen zu können. Der Überfluss verbirgt sich in der unendlichen Teilbarkeit. Der Zeitpunkt tritt nie ein, an dem die Zeit sagt, dass eine Grenze erreicht ist und an Verpflichtungen nichts mehr hineingestopft werden kann. Wer dann über zu wenig Disziplin verfügt, um aufzuhören, ist rettungslos verloren.

Bergson setzt der Uhr-Zeit die erlebte Zeit gegenüber. In unserem Bewusstsein erleben wir, dass die Zeit *dauert*, dass sie kontinuierlich und unumkehrbar ist und nicht in Stücke gehackt werden kann. Die Zeit ist wie eine Melodie, bei der der Klang der Töne bis in die nächsten Töne hineinklingt. Vergangenes ist bei Bergson nicht wirklich vergangen; es lebt in der Gegenwart fort. Zwar kommt es immer wieder zu Veränderungen, aber diese durchbrechen den Strom nicht. Diese ununterbrochene und unumkehrbare Reihenfolge, die er *durée* nennt, ist für ihn die „wahre" Zeit.[121] In *L'évolution créatrice* (1907; deutsch: *Die schöpferische Entwicklung*, 1912) vergleicht er das Bewusstsein dieser Zeit mit einem Schneeball, der von einem Berg herunterrollt.[122] Während sich die Schneekugel unaufhörlich verändert und unrevidierbar an Umfang zunimmt, existieren die Eiskristalle, die den Ball anfangs gebildet haben, im Inneren unverändert fort. Die Vergangenheit rollt sich selbst gewissermaßen mit auf, während der Schneeball der Zukunft entgegenrast. Nach Bergson erfahren wir diese Zeit nicht über den Verstand, sondern über unsere Intuition: Sie lässt uns die *durée* innerlich erfahren. Die niederländische Philosophin Joke J. Hermsen (* 1961) plädiert auf der Grundlage von Bergsons Zeitauffassung dafür, die Zeit einfach anzuhalten. Ihrer Meinung nach sollten wir uns regelmäßig von der Uhr-Zeit abwenden und uns der inneren Zeit, die ununterbrochen fließt, hingeben. Das Anhalten der Uhr-Zeit würde uns, so Hermsen, eine angenehme Ruhe bescheren.[123] Doch das erfordert Disziplin, weil dann alle Aktivitäten und sozialen Verpflichtungen eingestellt und abgesagt und das Smartphone, das Tablet und der Laptop abgeschaltet werden müssten. Wenn einem dies gelinge, dann gewinne man dadurch an Freiheit und Kreativität, so Hermsen, weil das Anhalten der Uhr-Zeit uns mit „den noch unerkannten Möglichkeiten des Menschen" in Kontakt bringe. Im Alltag ist uns der Kontakt zu den ungekannten Möglichkeiten versagt, weil sich diese in einer „tieferen Schicht des Inneren" befinden.[124]

Hinter dieser Zeitauffassung steht die Annahme, dass die *durée* oder die „wahre Zeit" sich aus einer ununterbrochenen Reihenfolge zusammensetzt, die zwar aus einer Vielheit von Ereignissen besteht, aber weder Bruch noch Lücke aufweist. Auch die *durée* scheint sich unendlich füllen zu können – jedoch nicht durch eine unendliche Aufteilung, sondern dadurch, dass sich zwischen den einzelnen Ereignissen niemals ein leerer Augenblick befindet.[125] In der französischen Philosophietradition wird jedoch die Existenz einer solch angefüllten zeitlichen Kontinuität bezweifelt.

Einer der bekanntesten Gegner von Bergsons *durée* war der französische Philosoph Gaston Bachelard (1884–1962). In *Dialectique de la duration* behauptet er, dass Bergson der *durée* eine Kontinuität zuschreibe, die sie in Wirklichkeit gar nicht besitze. Die Behauptung, dass eine Folge stets kontinuierlich sei, entbehrt Bachelard zufolge jeder Basis und jeden Beweises. Außerdem sei diese Vorstellung nicht mit unseren körperlichen und psychischen Erfahrungen der Zeit zu vereinbaren. In unserer Wahrnehmung sei die Kontinuität nur von begrenzter Dauer: Die Zeit setzt ein und sie endet.[126] Es gebe keine Melodie, die ununterbrochen weiterlaufe, sondern nur eine Folge von Tönen und Pausen. Man müsse die Musik nur langsam genug spielen, dann könne man auch die Pausen hören. Während sich bei Bergson die Zeit endlos füllen kann und es niemals ein Nichts gibt, ist Bachelard von der Existenz eines dauernden Wechsels von Etwas und Nichts, von Laut und Stille oder von Aktivität und Ruhe überzeugt. Für ihn gibt es weder Dauer noch Kontinuität, im Gegenteil: Alles, was wir tun oder erfahren, ist durch Lücken voneinander geschieden. Um aber diese unzusammenhängenden Aktivitäten zu einer Ordnung und Kontinuität zu verbinden, müssten wir Letztere selbst erschaffen, so Bachelard. Ein bewährtes Mittel, mit dem Ordnung und Kontinuität gebildet werden können, erkennt er im Rhythmus. [127]

Rhythmen schmieden die unabhängig voneinander existierenden Augenblicke durch Wiederholung und Erneuerung zusammen. Jedes Jahr kehrt der Winter zurück, Geburtstage werden auch jedes Jahr gefeiert und wir besitzen tägliche Routinen wie Duschen oder Zähneputzen, die den Alltag rhythmisch takten. Doch diese Wiederholungen sind nicht uniform; in ihnen findet auch immer wieder etwas Neues und Unvorhersehbares statt. Verbinde ich solche Wiederholungen mit den Neuerungen, entsteht eine Ordnung, die das Früher mit dem Später verbindet, ohne die Lücken dazwischen zu leugnen. Zum Beispiel beim täglichen Zähneputzen. Wenn ich heute Abend meine Zähne putzen werde, dann ist das eine Tätigkeit, die nichts zu tun hat mit meinem Zähneputzen von gestern Abend. Vermutlich werde ich meine Zähne auch etwas anders putzen: mit mehr Zahnpasta möglicherweise, kürzer oder zu einem späteren Zeitpunkt als gestern. Und trotzdem sehe ich in Gedanken wie im Droste-Effekt die früheren Bilder meines zähneputzenden Ichs hinter dem aktuellen Spiegelbild auftauchen. Reihe ich sämtliches Zähneputzen meines Lebens hintereinander, kreiere ich dadurch eine zwar künstliche, aber im Alltag durchaus brauchbare Kontinuität.

Nun kann man sich fragen, ob diese Kontinuität vielleicht nur ein Produkt von Körper oder Geist ist. Diese Frage ist zu verneinen, denn weder Körper noch Geist besitzen Kontinuität: Unsere Körperzellen sterben ständig ab und werden durch neue ersetzt. Außerdem weist unser Gedächtnis mit dem Älterwerden immer größere Lücken auf.

Obwohl wir so gern glauben würden, dass die Zeit ein Kontinuum ist und wir sie endlos füllen oder unbegrenzt aufteilen können, bewahrt uns diese Auffassung leider seltener vor hohem Zeitdruck als die Vorstellung von der Diskontinuität der Zeit.

Disziplin und Diskontinuität

Welche Folgen hat nun die Tatsache, dass es keine selbstverständliche Kontinuität gibt, für das Nachdenken über Disziplin und Freiheit? Der erste Satz meines nächsten Buches mit dem Titel *Ritme* (2015, Rhythmus) lautet: „Rhythmus bedeutet die Einheit von Disziplin und Freiheit".[128] Eines Morgens war ich mit diesem Satz in meinem Kopf aufgewacht und sofort davon überzeugt, dass das die Pointe meines Buches sein musste. Bei Vorträgen und Interviews wurde ich dann regelmäßig gefragt, was ich denn damit meine. Man wandte ein, dass Rhythmus doch vor allem Disziplin sei. Das gab mir zu denken: Wie konnte ich es vermeiden, dass meine Leser die Disziplin automatisch für etwas Schlechtes halten und die Freiheit für etwas Gutes?

Fasst man die Zeit als ein Kontinuum auf, dann glaubt man, es genüge, sich einfach in diese Kontinuität einzureihen. Das Leben geht immer weiter, wie die Melodie, die wir als ununterbrochenen, vorwärtseilenden Klang wahrnehmen, ohne dass wir etwas anderes zu tun brauchen, als uns diszipliniert der *durée* auszusetzen und uns nicht von der Uhr-Zeit bevormunden zu lassen. Doch die *durée* löst das Problem nicht, dass die Zeit endlos auffüllbar ist und in ihr niemals rein gar nichts passiert. Auch sie ist ein Kontinuum ohne Lücken und Intervalle und kann nicht einmal durch das von Hermsen erwünschte „Anhalten der Uhr-Zeit" außer Kraft gesetzt werden. Eine solche Zeit ist allgegenwärtig und setzt den in ihr stattfindenden Aktivitäten keine Grenzen.

Rhythmen schützen uns davor, unsere Zeit endlos vollzustopfen.

Sie räumen uns die Freiheit ein, immer mal wieder „Nein" zu sagen, so dass wir uns in regelmäßigen Abständen eine Pause gönnen, nichts tun oder einfach schweigen. Diese Freiheit erlangen wir dank der Disziplin, die uns hilft, durch Wiederholungen eine Ordnung zu schaffen.

Ein wahrer YOLO *(You Only Live Once)* hat mit Rhythmus nichts am Hut. Er will im Hier und Jetzt leben und kümmert sich nicht um den zwanghaften Wechsel von Augenblicken der Ruhe und der Aktivität. Er stürzt sich ohne jede Routine auf neue Erfahrungen. Doch diese rhythmuslose *carpe diem*-Lebenshaltung birgt angesichts unseres heutigen Zeitüberflusses große Gefahren. Weil wir heutzutage meist die Freiheit besitzen, uns unsere Zeit selbst einzuteilen, werden wir leicht zum Spielball von Mächten, die von uns eine ständige maximale produktive Auslastung der Zeit verlangen. Früher schützte uns der Rhythmus fester Arbeits-, Schul- oder Ladenzeiten davor, ständig verfügbar zu sein. Der Wegfall dieser Reglementierungen führte jedoch keineswegs zur erhofften Vergrößerung der Freiheit. Im Gegenteil: Das von Medien- und Kommunikationstechnologien regierte moderne Leben liefert uns einer grenzenlosen Vereinnahmung unserer Zeit aus.

Als der niederländische Journalist Koen Haegens für sein Buch *Neem de tijd* (2012, Nimm dir die Zeit) dieses Phänomen erforschte, fand er heraus, dass es bereits in den Sechzigern entstanden war. Die Protestgeneration hatte wenig Lust, in einem Büro oder in einer Fabrik zu arbeiten, und versuchte immer öfter, außerhalb der Gesellschaft eine Existenz aufzubauen. Es entstand eine Subkultur aus kleinen Geschäften, Friseurläden, Fahrradwerkstätten, Druckereien, Cafés, Restaurants und Konzertsälen. Arbeit war okay, solange sie der Selbstverwirklichung diente. Außerdem wurde sie jetzt von unten und auf informelle und egalitäre Art und Weise organisiert, indem man die Mitarbeiter am Entscheidungsprozess über das Wohl und Wehe des Betriebs beteiligte. In dieser alternativen Subkultur waren die Menschen bereit, mehr als acht Stunden täglich zu arbeiten, was auch oft nötig war, damit der Betrieb überleben konnte. Die Gewerkschaften hatten da nicht viel mitzureden. Wenn es um die Selbstverwirklichung ging, wer brauchte da noch eine Arbeitszeitbeschränkung? Diese subkulturelle Arbeitsorganisation machten sich Softwarekonzerne der Kreativindustrie wie Apple, Google und Microsoft später zunutze. Die Angestellten erhielten mehr Freiheiten und wurden in die Entscheidungsfindung mit einbezogen; im Gegenzug waren sie bereit, härter und länger zu arbeiten als üblich. Denn jetzt hatten sie das Gefühl, sie arbeiteten für sich selbst, für ihre Selbstverwirklichung und Kreativität. Auf diese Weise entstand eine neue Art der Zeitdisziplin. Diese „neoliberale" Zeitdisziplin unterscheidet sich von der älteren, institutionellen Zeitdisziplin dadurch, dass sie nicht vom Chef oder der Stechuhr, sondern von den Arbeitnehmern selbst regiert wird. Diese Selbstdisziplin zielt auf die größtmögliche Auslastung der Zeit statt auf die Befolgung einer Zeitordnung. Der Arbeitnehmer verinnerlicht dieses von der Firma oder dem Markt diktierte Ziel und erhält dafür das vage Versprechen von Selbstbestimmung, Freiheit und Kreativität: „Wir sind Stechuhr und Aufseher in einer Person geworden", stellt Haegens fest. [129] Diese „Stechuhr" ähnelt jedoch eher einer Stoppuhr: Die neoliberale Zeitdisziplin wird von Deadlines und Terminen anstatt von Stunden und Minuten bestimmt. Nicht die Zahl der Arbeitsstunden, sondern die Leistung zählt, die in diesen erbracht wird, und die Deadline. Aufgrund der ständigen Verfügbarkeit und des flexiblen Einsatzes arbeitet der moderne Arbeitnehmer meist härter und mehr, und das auch noch freiwillig. Die neue Zeitdisziplin hebt den Unterschied zwischen Arbeits- und Freizeit auf. Nicht nur, weil man heutzutage überall und immer arbeiten kann, sondern auch, weil es keine offizielle Grenze zwischen Arbeits- und Freizeit mehr gibt. Während früher das institutionelle Zeitreglement die Arbeitnehmer vor Überarbeitung, Ausbeutung und Burn-out schützte, beutet sich der Arbeitnehmer von heute selber aus. Der flexible Umgang mit Arbeits- und Freizeit versetzt ihn in einen ständigen

„Stand-by-Modus". Das wird zusätzlich noch dadurch ermöglicht, dass die Öffnungszeiten von Schulen, staatlichen Einrichtungen, Geschäften, Bibliotheken, Sportstätten und Pflegeheimen flexibler geworden sind. Kinder können zu unterschiedlichen Zeiten zur Schule gebracht werden, Geschäfte schließen erst weit nach Arbeitsschluss, und die Fitnesscenter haben ihre Tore von früh bis spät geöffnet, damit jeder seine Freizeit möglichst nützlich gestalten kann. Die Befreiung von der institutionellen Zeitdisziplin passt den neoliberalen Bestrebungen einer 24-Stunden-Ökonomie prima in den Kram.

Die Gefahr des neuen Arbeitens besteht darin, dass die Menschen damit nicht mehr aufhören können. Junge Arbeitnehmer sind manchmal so ehrgeizig, dass sie sich Tag und Nacht im Arbeitsmodus befinden. Oft sind sie ja auch nur für ein Einzelprojekt angestellt, bei dem sie selbst bestimmen, wann sie ihre Arbeit erledigen und wie effizient. Gerade hier ist deutlich zu sehen, dass je weniger die Umgebung disziplinarisch dazu anhält, zu festen Zeiten mit der Arbeit aufzuhören, man desto mehr geneigt ist, die eigene Selbstdisziplin zu strapazieren, um die Zeit maximal zu nutzen. Es stimmt zwar, dass man ohne Disziplin selten ein Projekt termingerecht beenden kann, aber man darf es auch nicht übertreiben und es nicht an der Disziplin mangeln lassen, rechtzeitig mit der Arbeit aufzuhören. Auf die Dauer hat das negative Folgen für die geistige und körperliche Gesundheit.[130]

Abgesehen vom Mit-dem-Arbeiten-nicht-mehr-aufhören-Können gibt es noch einen weiteren Grund, warum kaum einer den Zeitüberfluss genießen kann. Bei der traditionellen Zeitdisziplin gab es eine deutliche Hierarchie der zu erledigenden Aufgaben: Wichtige Dinge wurden zuerst erledigt, danach die weniger wichtigen. Der Morgen begann mit einigen Stunden Arbeit, gefolgt von einer Kaffeepause. Dieses Ordnungsprinzip ist mit der modernen Zeitdisziplin kaum durchführbar; die Reihenfolge der Tätigkeiten wird jetzt vom Diktat der Deadline bestimmt. Tätigkeiten ohne

Deadline geraten ins Hintertreffen, langfristige Verpflichtungen werden von der Hektik des Alltags verdrängt. Wir hetzen durch den Tag, erledigen alle dringenden Aufgaben und haben doch noch das Gefühl, nichts geschafft zu haben. Mit den Worten von Hartmut Rosa:

> Wir „bekennen" uns zum hohen Wert bestimmter Tätigkeiten oder gar Lebensweisen (z. B. *Spazierengehen am Meer, Theaterbesuche, bürgerschaftliches Engagement, Geige spielen, einen Roman schreiben*), doch findet diese ‚diskursive' Wertordnung kaum eine Reflexion in der in unseren Tätigkeiten zum Ausdruck gebrachten Präferenzordnung.[131]

Laut Rosa bringt der Bewohner der westlichen Länder seine Vorstellung von einem guten Leben selten zur Deckung mit dem Leben, das er dann tatsächlich führt. Die eigenverantwortliche Zeitdisziplin verschärft diesen Missstand, da das Individuum jetzt nicht mehr weiß – wie dies noch bei der institutionell geregelten Zeitdisziplin der Fall war –, was er von den anderen zu erwarten hat. Bei gemeinsamen Zeitordnungen ist das Leben in hohem Maße voraussagbar, und man kann problemlos planen. Ohne gemeinsamen Rhythmus muss sich das Individuum fortwährend auf neue Situationen mit neuen Zeitforderungen einstellen. Eltern, die wissen, dass der Kindergarten jederzeit wegen einer ansteckenden Kinderkrankheit geschlossen werden kann, halten alle Optionen offen; Arbeitnehmer, die damit rechnen müssen, dass sie zu jeder beliebigen Tageszeit zu einer wichtigen Konferenz zitiert werden können, halten sich ihr Arbeitsschema so flexibel wie möglich, und zwar auf Kosten der frei verfügbaren eigenen Zeit. Die wichtigen Dinge bleiben so auf der Strecke. Irgendwann wird man sich ihnen schon zuwenden, sagt man sich – nur wann das sein wird, steht in den Sternen.

Neue zeitliche Disziplinarmechanismen

Es ist ein weitverbreiteter Irrtum zu glauben, dass Menschen freier werden, je weniger Zeit für Produktion, Kommunikation und Transport aufgewendet werden müssen. Doch das Gegenteil ist der Fall, denn die Zeitersparnis führt dazu, dass wir für die wirklich wichtigen Dinge immer weniger Zeit haben. Viele geben der Uhr-Zeit dafür die Schuld und glauben, dass es helfen würde, wenn man den Blick seltener auf die Uhr und öfter auf das eigene Innere richtete. Doch dort finden sie keine Freiheit, sondern nur wieder die Selbstdisziplin, die dem Imperativ gehorcht, in so kurzer Zeit so viel wie möglich zu leisten, so dass sie sich lieber um den Verstand arbeiten als die Zeit anzuhalten.

Dieses Muster kann dadurch durchbrochen werden, dass man die Zeit aus einer anderen Perspektive betrachtet. Bachelards Ansicht, dass Aktivitäten unabhängig voneinander bestehen, es keine Kontinuität gebe und wir selbst die Aktivitäten zu einem Ganzen zusammenschmieden können, indem wir Dinge periodisch wiederholen, fordert dazu auf, nach neuen zeitlichen Disziplinarmechanismen zu suchen. Eine einfache Verabredung, wie jede Woche gemeinsam mit einem Freund Fahrrad zu fahren, kann als Disziplinarmechanismus ausreichen, um den Rest der Woche in voller Freiheit hart arbeiten zu können. Dasselbe gilt für Verabredungen mit geliebten Personen und Familienmitgliedern, zum Beispiel, um zusammen zu frühstücken, zu schlafen oder ins Kino zu gehen. Arbeitgeber können in Absprache mit ihren Angestellten vereinbaren, dass zu bestimmten Zeiten oder an bestimmten Tagen während der Arbeitszeit keine E-Mails geschrieben oder beantwortet werden dürfen.

Die Disziplin, sich in regelmäßig wiederkehrenden Abständen eine Pause zu gönnen, beruht in diesen Fällen auf Verabredungen und Absprachen. Diese Vereinbarungen sind Elemente einer äußerlichen Disziplinierung: Man wird durch seinen Mitmenschen an die

Einhaltung der Vereinbarung erinnert. Ist die Vereinbarung im Sinne aller Beteiligten, kann sie sehr schnell verinnerlicht werden. Für den, der sich daran gewöhnt hat, dreimal pro Woche mit seinem Freund joggen zu gehen, ist dies keine leidige Pflicht mehr, sondern es würde ihm etwas fehlen, wenn ein Gewitterregen ihm einen Strich durch die Rechnung machte.

6

Liebe und Überfluss

Vom Dachzimmerfenster seines Elternhauses in Den Bommel aus warf mein Vater jahrelang schmachtende Blicke auf die andere Straßenseite. Dort wohnte meine Mutter. Erst nachdem er zum Studium in die große Stadt gezogen war, wagte er es, ihr seine Liebe zu gestehen. Die Jungverliebten waren in fast jeder Hinsicht gleichgeartet: Sie waren im selben Dorf geboren, besuchten dieselbe Klasse, gingen in dieselbe Kirche und sprachen denselben Dialekt. Sie heirateten in ihrem Heimatdorf, an einem schönen Julitag. Zehn Monate später hörte man den Schrei eines neuerweckten Lebens in den Grachten in Amsterdam. Die Lebenskurve meiner Eltern, die immer beieinander bleiben sollten, endete in einem gemeinsamen Grab.

Es sieht zwar so aus, als verfügte die Generation meiner Eltern, die ich der Einfachheit halber die „monogame Generation" nennen möchte, über mehr Disziplin als die heutige Generation, die nach der Maxime lebt, dass alles erlaubt sei, solange es Spaß mache und niemandem schade. Doch das stimmt nicht ganz. Die monogame Generation war nur deshalb so diszipliniert, weil sie der strikten Sexualmoral gehorchte, die in der Nachkriegszeit von den Kirchen, den Gewerkschaften und den Politikern vorgegeben worden war. Diese Disziplin entsprang eher der Gehorsamkeit gegenüber den Disziplinarinstitutionen als einer persönlichen Einstellung. Vielleicht wäre die monogame Generation dem heutigen Überfluss an sexuellen Möglichkeiten disziplinarisch überhaupt nicht gewachsen gewesen. Denn im damaligen Kontext, in dem sexuell wenig erlaubt und möglich war, gab es viel weniger Situationen als heute, angesichts derer die jungen Leute sich gezwungen gesehen hätten, die eigenen Triebe zu beherrschen.

Wäre die Treue der monogamen Generation tatsächlich einer persönlichen Disziplin zu verdanken gewesen, dann hätte sich diese erwartungsgemäß auf die nächste Generation übertragen müssen. Dem Verhalten und den Verhaltensregeln der monogamen Eltern folgend hätten die Kinder ein selbstregulierendes Vermögen entwickeln müssen (ein *Über-Ich*, wie Freud das nennt), mit dem sie, einmal erwachsen, ihren Sexualtrieb beherrschen konnten – auch in Zeiten des Überflusses. Doch als der sexuelle Überfluss anbrach, war von einem solchen *Über-Ich* weit und breit nichts zu sehen. 1962 kam die Pille in den Niederlanden auf den Markt und löste eine wahre Sexwelle aus. Die fast auf Null reduzierte Gefahr einer ungewollten Schwangerschaft ließ alles möglich und erlaubt erscheinen. Voller Entsetzen sah die monogame Generation, wie sich ihre Kinder scham- und skrupellos in die Flut der sexuellen Vielfalt stürzten. Diese Vielfalt nahm in den nächsten Jahrzehnten aufgrund der erhöhten Mobilität und durch die Erfindung des Internets sogar noch zu. Somit stellte die sexuelle Befreiung, auf die ein Überangebot an Sex- und Liebesoptionen folgte, höhere Anforderungen an die Selbstdisziplin des Menschen als die Zeit davor.

Die Ehehölle

Eigentlich würde man erwarten, dass ein Überangebot an Sex- und Liebesoptionen der sehnlichste Wunsch aller sei; stattdessen wurden immer öfter Stimmen laut, die behaupteten, die sexuelle Revolution sei das Todesurteil für die Liebe gewesen. Man war der Ansicht, dass der Konsumterror der achtziger und neunziger Jahre in purem Hedonismus und Egoismus endete: Ein Anstieg der Ehescheidungen, Internetsex, Sexindustrie, Frauenhandel, Pädophilie und Teenagermädchen, die ihren Körper verkaufen – alles Auswüchse der sexuellen Freiheit.[132] Kulturkritiker fordern die Rückkehr zur monogamen Beziehung: Man soll sich wieder trauen, sich zu binden.

Dieser Gegensatz zwischen der Bindung an die Monogamie und der ungebundenen sexuellen Freiheit ist eine Widerspiegelung des früher bereits angesprochenen Gegensatzes zwischen der Angst vor der Freiheit und der Angst vor jener Disziplin, wie sie in der Armee, am Arbeitsplatz oder in der Schule herrschte. Die Angst vor spontanem Sex und Liebe bildet das Gegengewicht zur Angst vor einer einengenden Bindung in der Ehe bzw. in einer monogamen Beziehung. In den Sechzigern war man sich dieser Alternativen bewusst, doch die Angst vor der Disziplin war größer als die Angst vor der Freiheit, und vor allem Frauen weigerten sich, den gesellschaftlichen Konventionen, die sie auf ihre Funktionen in der Ehe und Familie reduzierten, länger Folge zu leisten. Sie forderten für sich die Freiheit, sich selbst verwirklichen zu können, in jeder Hinsicht, auch in der sexuellen.

Damals stellten feministische Autorinnen die Unterwerfung der Frau in der Ehe in unmissverständlich harten Worten dar. Betty Friedan, die mit *The Feminine Mystique* (1963; deutsch: *Der Weiblichkeitswahn*, 1966) an der Wiege der zweiten Welle des Feminismus stand, scheute sich nicht davor, die Ehe mit einem Konzentrationslager zu vergleichen. Um zu zeigen, dass Freiheit mehr wert sei als Disziplin (in Form der Einhaltung der herrschenden Sitten), zog sie eine Geschichte von Bruno Bettelheim heran. Bettelheim erzählt darin von einem wahren Ereignis. In einem KZ steht eine Gruppe nackter weiblicher Gefangener vor dem Eingang zur Gaskammer. Ein SS-Offizier entdeckt unter ihnen eine Frau, von der er weiß, dass sie einst eine Tänzerin gewesen ist. Er befiehlt ihr zu tanzen. Sie gehorcht, tanzt auf ihn zu, entreißt ihm seine Pistole und erschießt ihn damit. Die Frau wird sofort hingerichtet.

Friedan teilt Bettelheims Meinung, dass der Tänzerin nicht einmal im Gefängnis die Freiheit vollständig genommen werden konnte, mit der sie sich schließlich befreite. Zwar erkaufte sie sich diese mit einem verfrühten Tod, doch dafür gewann sie ihre Autonomie zurück. Friedan fand, dass die durchschnittliche amerikanische Frau sich davon eine Scheibe abschneiden solle:

> Das amerikanische Vorort-Haus ist nicht wirklich ein Gefängnis, und doch sind die Hausfrauen in ihm gefangen; sie können ihm nur entkommen, wenn sie von ihrer menschlichen Freiheit Gebrauch machen und ihr Selbstwertgefühl wiedererringen. Sie dürfen nicht mehr namenlos, entpersönlicht, manipuliert sein, sondern müssen ihr Lebens auf ein selbstgewähltes Ziel ausrichten. Sie müssen beginnen, geistig erwachsen zu werden.[133]

Friedan war nicht die erste und nicht die einzige Feministin, die die Ehe mit einem Gefängnis, der Hölle oder einem Konzentrationslager verglich. Während der ersten feministischen Welle äußerte die russisch-amerikanische Anarchistin und Feministin Emma Goldman (1869–1940) die Ansicht, dass es keine bessere Beschreibung der Ehe gebe als den Spruch über Dantes Hölle: „Ihr, die ihr eingeht, lasst die Hoffnung schwinden!" (V/9). Schon 1911 zog sie aus den Statistiken die Schlussfolgerung, dass die Ehe zum Scheitern verurteilt sei: Damals scheiterte eine von zwölf Ehen. Heute wird eine von drei Ehen geschieden, eine Entwicklung, die Goldman nicht voraussehen konnte.[134] Auch die Literatur, wobei Ibsens Theaterstücke den Höhepunkt bilden, zeige in ihren Augen nur „the barreness, the monotony, the sordidness, the inadequacy of marriage as a factor for harmony and understanding".[135] Vor allem die Frau sei ein Opfer der Ehe: Sie tausche Namen und Selbstrespekt ein gegen ein Leben als Parasitin. Doch auch Goldman sah einen Hoffnungsschimmer am Horizont. Die erste Welle des Feminismus hatte die Frauen selbstbewusster gemacht, und Goldman hielt es für möglich, dass mit der Zeit „the sacred institution of marriage" untergraben werde. Keine „sentimental lamentation" könne diese Entwicklung aufhalten.[136]

Für viele niederländische Feministinnen der zweiten Generation war Emma Goldman eine Heldin und nicht weniger verdienstvoll als Simone de Beauvoir. Beide, Goldman und de Beauvoir setzten der durch Staat und Kirche sanktionierten Ehehölle die „freie" Liebe entgegen. Doch um diese zu erlangen, musste man sich nicht nur von den „externen Tyrannen" befreien, sondern auch von allen „internen": von der Angst vor der öffentlichen Meinung und vor dem, was Vater, Mutter oder Freundinnen sagen würden. Wenn den Frauen das gelänge, könnten auch sie die wahre Liebe erfahren. Diese beruhe auf der bedingungslosen Hingabe der Liebenden und auf der Befreiung von allen inneren und äußeren Grenzen.[137] „Freie Liebe" sei eine Tautologie, denn wahre Liebe gebe es ohnehin nur in vollkommener Freiheit:

> Love, the strongest and deepest element in all life, the harbinger of hope, of joy, of ecstasy; love, the defier of all laws, of all conventions; love, the freest, the most powerful moulder of human destiny; how can such an all-compelling force be synonymous with that poor little State-and-Church-begotten weed, marriage?[138]

De Beauvoir war ebenfalls schlecht auf die Ehe zu sprechen: „Das Prinzip der Ehe ist obszön. Es verwandelt einen Austausch, der auf spontaner Hinwendung beruhen muß, in Rechte und Pflichten."[139] Wahre Liebe dagegen bestehe ihrer Meinung nach aus gegenseitig gewährten Freiheiten, aus spontaner Zuneigung und aus leidenschaftlicher und ehrlich liebender Hingabe. Feministinnen und Sexualreformer waren Ende der Sechziger nicht nur in den Niederlanden der Meinung, dass die Ehe und die Familie als Institutionen abgeschafft werden sollten.[140]

Der sichere Hafen der Zuneigung

Vor kurzem bat mich eine Philosophiestudentin darum, ihre Masterarbeit über die Liebe zu betreuen. Sie klagte darüber, dass heutzutage alle Beziehungen so vorläufig seien. Es sei so einfach, eine Beziehung zu beenden und gleich eine neue einzugehen. Rechte und Pflichten gebe es bei den heutigen sexuellen Verbindungen nicht mehr. Sie fragte sich, wie denn auf diese Weise eine längere Liebesbeziehung möglich sein solle. Die jungen Frauen um sie herum hätten mit den bitteren Auswirkungen der sexuellen Befreiung zu kämpfen, die die Feministinnen in den sechziger und siebziger Jahren erstritten hätten. Das gab mir zu denken. Woher kam es, dass die jungen Frauen von heute sich gegen die Errungenschaften ihrer Mütter kehrten? Woher kam der Wunsch nach einer monogamen Beziehung, selbst auf Kosten der eigenen Freiheiten? Erkannten sie vielleicht, dass die sexuelle Befreiung nur eine Scheinfreiheit zur Folge hatte, mit der die Männer bei den Frauen leichteres Spiel hatten? In seinem Buch *Staat van verwarring. Het offer van de liefde* (2013, Im Zustand der Verwirrung. Das Opfer der Liebe) versucht der Philosoph Ad Verbrugge (* 1967) eine Antwort auf diese Fragen zu finden. Er bedient sich dazu einer Analyse der Romantrilogie *Fifty Shades of Grey* von E. L. James (2011–2012, deutsch: *Shades of Grey*, 2011–2012). Der Weltbestseller beschreibt die Beziehung zwischen der 22-jährigen Studentin Ana Steele und dem 27-jährigen steinreichen Unternehmer Christian Grey. In der ersten Phase ihrer Beziehung wird Ana von Christian entjungfert, nachdem sie ihm vertraglich zugesichert hat, nichts von dem, was zwischen ihnen beiden geschieht, an die Öffentlichkeit treten zu lassen. Sie überschreitet ihre sexuellen Grenzen widerwillig und erfüllt Christian all seine Wünsche. Doch als er sie mit einem Gürtel schlägt, geht die Beziehung in die Brüche. In der zweiten Phase drehen sich die Rollen um, und Christian ist der Unsichere, der von Ana abhängig ist. Nach Meinung Verbrugges ist das der geheime Traum vieler Frauen: Der einst so mächtige Eroberer liegt der Frau jetzt zu Füßen.[141] Diese Phase endet mit dem Heiratsantrag Christians. Verbrugge interpretiert die Entwicklung dieser Liebesbeziehung so, dass aus dem anfänglich bloß erotischen gegenseitigen Genießen eine feste Beziehung mit einer umfassenden Liebe geworden ist. Die Ehe der beiden bleibt erotisch reizvoll und in jeder Hinsicht intensiv. Als ein Kind geboren wird, läutet diese neue Schicksalsverbundenheit eine neue Phase der Liebe ein. Die hohen Verkaufszahlen des Romans weisen nach Meinung Verbrugges darauf hin, dass jetzt, Anfang des 21. Jahrhunderts, ein „kollektives Verlangen" nach Lebens- und Liebesidealen besteht, die jenseits der freien Liebe der Sechziger oder der Erotikekstase der House-Kultur liegen.[142]

Verbrugge mag es für den Traum vieler Frauen halten, dass ihnen der einstige Eroberer zu Füßen liegt; ich halte es für den Traum vieler Männer, über eine Frau zu verfügen, die ihnen intensiven und bedingungslosen Sex bietet und ihnen gleichzeitig treu ist: die Frau als Hure und Madonna zugleich – wenn auch ohne freudianischen Komplex im Hintergrund.

Ich rate meiner Studentin dann doch lieber davon ab, *Shades of Grey* zu lesen. Feministinnen haben schon immer vor der Lektüre von Unterhaltungsromanen gewarnt, in denen Frauen durch romantische Geschichten zum Heiraten verführt werden sollen. Beabsichtigen die modernen Geschichten über die romantische „freie" Erotik Ähnliches? Sollen Frauen und Männer nicht dazu gebracht werden zu glauben, harter Sex und eine feste Beziehung seien die ideale Kombination – obwohl diese Annahme durch keine Forschung bestätigt wird?[143] Verbrugge hofft, den Widerspruch von sexueller Freiheit und emotionaler Bindung aufheben zu können, indem er die sexuelle Freiheit *innerhalb* der monogamen Ehe zulässt. Er plädiert für die Freiheit, um mit ihrer Hilfe den sicheren Hafen der Zuneigung und der gegenseitigen Verbundenheit aufrechterhalten zu können. Sein Ziel ist es, die Sicherheit der Ehe durch die

intensive Erotik, die wir der sexuellen Befreiung verdanken, gewährleisten zu können.[144]

Was Verbrugge ein „kollektives Verlangen" nach einer neuen
Form der Monogamie nennt, halten die amerikanische Psychologin
Terri Conley und ihre Mitautoren für eine „dominante Kulturideo-
logie". Ihre Forschungen haben ergeben, dass monogame Beziehungen keinesfalls besser seien als nichtmonogame. Die Ergebnisse
ihrer Untersuchung wurden im Mai 2013 in der renommierten Zeitschrift *Personality and Social Psychology Review* veröffentlicht. Kul-
turideologen sähen es zwar gern, aber der Mensch ist von Natur aus
alles andere als monogam. Das hat er mit den meisten Tieren ge-
mein, die ebenfalls nicht ihr ganzes Leben mit demselben Partner
verbringen. Ein weiteres Ergebnis dieser Forschungen ist jedoch
weit wichtiger: Es fehlt jeder empirische Beweis für die Behauptung,
dass die Monogamie für die Qualität einer Beziehung, für den Sex,
für die Gesundheit oder für die Kinder besser sei. Auch die Annahme, dass sie eine engere Bindung zur Folge habe als alle anderen
Beziehungsarten, lässt sich nicht beweisen. Das Umgekehrte trifft
wohl eher zu: Personen, die eine starke Primärbeziehung besitzen,
streben in ihren Liebesbeziehungen nicht unbedingt eine enge Bindung an und leiden aus diesem Grund auch seltener an Eifersucht.
Der einzige Vorzug der monogamen Beziehung liegt den Autoren
zufolge darin, dass die Umwelt der Monogamie gegenüber positiver
eingestellt ist als den anderen Formen des Zusammenlebens. Gerade
wenn man Kinder großziehen muss, kann es von Vorteil sein, sich
nicht mit den Komplikationen und Nebenwirkungen von mehreren
oder wechselnden Beziehungen abplagen zu müssen.[145]

Weder Himmel noch Hölle

Verbrugge hat sich offensichtlich vom Feminismus und von den sexuellen Idealen der Sechziger inspirieren lassen. Jedenfalls klingt

sein Glaube an die freie, erotische Liebe, in der sich die Liebespartner bedingungslos einander hingeben, nicht weniger romantisch als die Ideale jener Zeit. Damals war man der Ansicht, Sex bzw. Liebe müsse „befreit" werden und diese befreite Liebe sei besser als jene Liebe, die sich aus einer ehelichen Verpflichtung ergebe oder von sexuellen Reizen der Umwelt hervorgerufen werde.

Die Ansicht, dass die wahre, freie, dem Inneren des Menschen entspringende Liebe das Gegenteil von der durch Sitte und Moral unterdrückten Liebe sei, lässt Freiheit und Disziplin in der Liebe unvereinbar erscheinen. Die Disziplin ist der Buhmann, der die freie Liebe unmöglich macht. Aus diesem Grund stellen wir uns auch selten die Frage, wie wir in Freiheit genießen können, was der andere uns zu bieten hat.

Doch das heutige Überangebot an Sex und Liebe verlangt von uns, die Aufmerksamkeit auf das zu richten, was bei Sex und Liebe *zwischen* den Menschen vor sich geht, die Grenzen auszutesten und so viel Offenheit wie möglich zu erkunden und die Wünsche unseres Innersten kaum noch zu beachten. Doch das ist leichter gesagt als getan, denn im Grunde glauben wir noch immer an die wahre, freie, von keinen Grenzen beeinträchtigte Liebe.

Warum aber sprechen wir heute noch so gerne und häufig über unser innigstes Verlangen nach uneingeschränktem Sex und freier Liebe? Dieser Grundfrage widmet sich Michel Foucault im ersten Teil seiner Geschichte der Sexualität *(Sexualität und Wahrheit)* mit dem Titel *Der Wille zum Wissen.* Foucault wiederholt die Deutung, dass im Mittelalter der Umgang mit der Sexualität noch recht locker gewesen sei und erst das 17. Jahrhundert diesen stark mit Geboten und Verboten belegt habe. Jeder Sex, der nicht im Zeichen der Fortpflanzung gestanden habe, sei in Verruf geraten. Das sei der erste Bruch in der Geschichte der Sexualität gewesen, worauf ein zweiter Mitte des 20. Jahrhunderts mit der sexuellen Befreiung erfolgt sei.

Diese Geschichte von der Unterdrückung und Befreiung der Sexualität findet noch immer Anhänger. Das erklärt sich Foucault mit dem von ihm so genannten „Gewinn des Sprechers". Wer über die sexuelle Unterdrückung spricht, vergrößert sein Ansehen bereits dadurch, dass er es wagt, öffentlich über Sex zu sprechen; er entzieht sich bis zu einem gewissen Grad der Macht und dem Gesetz. Dieser „Hauch von Revolte" verleiht ein gutes Gefühl:

> Den Mächten widersprechen, die Wahrheit sagen und den Genuß versprechen; Aufklärung, Befreiung und vervielfachte Wollüste aneinanderbinden; einen Diskurs halten, in dem die Wißbegierde, der Wille zur Änderung des Gesetzes und der erhoffte Garten der Lüste verschmelzen – ohne Zweifel liegen hier die Gründe für die Beharrlichkeit, mit der wir vom Sex in Begriffen der Unterdrückung sprechen, und vielleicht erklärt es auch den Marktwert, den nicht allein das besitzt, was sich vom Sex sagen läßt, sondern schon die einfache Tatsache, daß man bereitwillig denen Gehör schenkt, die seine Wirkungen erheben wollen.[146]

Die Frage ist, ob dieser „Gewinn des Sprechers" nicht unberechtigterweise beansprucht wird. Gibt es tatsächlich eine historische Unterdrückung der Sexualität seit dem 17. Jahrhundert? Oder trifft nicht eher zu, dass es überhaupt keine Unterdrückung der Sexualität gibt, sondern die Behauptung von ihrer Unterdrückung nur dazu da ist, aufreizend darüber sprechen zu können? Foucault jedenfalls stellt die „Unterdrückungshypothese" in Frage. Nicht nur, um mehr über die historische Entwicklung des Sprechens über Sex zu erfahren, sondern um zu prüfen, wie es der „Macht" gelingt, in den Mikrobereich von Körper und Seele vorzudringen, Informationen zu sammeln und damit den Menschen in ihrem alltäglichsten und intimsten Bereich zu normiertem und diszipliniertem Verhalten zu zwingen. In dieser Hinsicht ähnelt Foucaults zweiter Teil der Geschichte der Sexualität mit dem Titel *Der Wille zum Wissen* dem zwei Jahre vorher erschienenen *Überwachen und Strafen*.

Foucault weist darauf hin, dass das Verbot der Sexualität keineswegs die wichtigste Motivation ist, um die Geschichte der Sexualität erforschen zu wollen. Er glaubt, dass es überhaupt keinen Prozess der Einschränkung und der Unterdrückung der Sexualität gegeben habe, sondern dass dies nur eine Behauptung der Disziplinarmacht darstellt, weil sie uns auf diese Weise mithilfe des Sprechergewinns dazu verlocken will, alles über unsere intimen sexuellen Erfahrungen zu offenbaren:

> Die modernen Gesellschaften zeichnen sich nicht dadurch aus, daß sie den Sex ins Dunkel verbannen, sondern daß sie unablässig von ihm sprechen und ihn als *das* Geheimnis geltend machen.[147]

Der Mensch gibt also sein Intimstes preis, weil er glaubt, der Sex müsse befreit werden, und zwar dadurch, dass man oft und detailliert über Sex redet, schreibt und liest. Das gesammelte Material dient Psychologen und anderen Humanwissenschaftlern zur Grundlage, um das Sexualverhalten des Menschen besser erforschen zu können. Und je mehr Staat, Wissenschaft und Sozialarbeiter über die Sexualität wissen, desto besser können sie mit sanfter Hand (Schulung, Reklamespots, Aufklärungsprogramme im Fernsehen) das Sexualverhalten des Menschen in Richtung eines „normalen" Sexualverhaltens manipulieren. Diese dominante kulturelle Norm für das richtige Sexleben besteht auch heute noch aus der lebenslangen, monogamen Beziehung, sowohl für Hetero- als auch für Homosexuelle.[148]

Im Jahr 1939 kommentierte Norbert Elias auf ähnliche Weise eine frühere Phase der sexuellen Befreiung des Menschen. Seine Studien über die historischen Wandlungen in der Regulierung des Sexualverhaltens ergaben, dass die Befreiung von gesellschaftlichen Konventionen nicht zwangsläufig eine sexuelle Befreiung zur Folge hatte. Im Gegenteil: Je mehr der Druck von außen nachließ, desto größer wurde der Anspruch an das Individuum. Statt Freiheit regierte jetzt die Selbstdisziplin. Durch die sexuelle Befreiung trug das Individuum eine größere Verantwortung, ohne dass die Verhaltenscodices dadurch an Strenge nachließen.[149] Auf heute übertragen bedeutet das, dass unsere Selbstzwänge bezüglich des Sexualverhaltens größer geworden sind und Normen wie die der lebenslangen Monogamie im Hintergrund nach wie vor bestimmend sind.

Elias weist in diesem Zusammenhang auf die Lockerung der sexuellen Sitten in der Zeit nach dem Ersten Weltkrieg hin. Aus der Nähe betrachtet, schien dies eine revolutionäre Zeit zu sein, in der man sich einer strengen Sexualmoral entledigte; doch aus der Distanz wird klar, dass es sich lediglich „um ein ganz leichtes Zurückfluten, um eine jener kleinen Bewegungen handelt, wie sie aus der Vielschichtigkeit der geschichtlichen Bewegungen innerhalb jeder Stufe des umfassenden Prozesses immer von neuem entstehen".[150] Bei diesen kleinen Bewegungen, die man als Befreiung erfuhr, zeigten die Verhaltenscodices nur eine geringe Veränderung. Als Beispiel führt er die neuen Bade- und Strandgewohnheiten an, die die Frauen dazu brachten, sich weniger sittlich zu kleiden. Die Lockerung dieser Gewohnheiten bedeutete jedoch nicht, dass die Männer sich den Frauen jetzt ungehindert sexuell nähern durften. Im Gegenteil, je lockerer die sexuellen Sitten wurden, desto höhere Erwartungen wurden an das Individuum gestellt, seine Triebe unter Kontrolle zu halten.[151] Auch die angebliche sexuelle Befreiung der Sechziger war für Elias vermutlich nicht mehr als solch eine kleine Verwerfung innerhalb der geschichtlichen Bewegungen, aus denen die menschliche Kultur besteht.[152] Mit wahrer Freiheit oder wahrer freier Liebe hat eine solche Befreiung nichts zu tun, vor allem nicht, wenn man unter Freiheit den „Zustand absoluter, gesellschaftlicher Ungebundenheit und Unabhängigkeit versteht".[153] Der Fortschritt des Zivilisationsprozesses scheint die Individuen eher in eine größere Abhängigkeit von anderen, das heißt von der Gesellschaft, zu versetzen als in eine geringere. Diese zunehmende Eingebundenheit konfrontiert das Individuum mit der Forderung nach mehr Rücksicht. Eine Lockerung der Sitten führt damit nicht nur zu einer größeren sexuellen Freiheit des Einzelnen, sondern auch dazu, dass von ihm mehr Selbstdisziplin erwartet wird.

Freiheit als Selbstdisziplin

Viele würden die moderne Sexualmoral als „frei" bezeichnen: Wir sind „frei", um selbst zu bestimmen, mit wem und wie oft wir Sex haben, wir können „in Freiheit" bestimmen, ob und wann wir Kinder haben wollen, wir sind „frei", eine Liebesbeziehung zu beenden, wir sind „frei", um *Shades of Grey* zu lesen, wir können „freiheraus" mit Freunden, Eltern oder Therapeuten über Sex reden, wir sind so „frei", uns legal Pornofilme aus dem Netz herunterzuladen, wir nehmen uns die Freiheit, bezahlten Sex zu haben, wir lassen uns „frei"-willig für sexuelle Handlungen bezahlen usw. Diese Freiheiten erscheinen uns wie die Früchte der „sexuellen Revolution"; doch sowohl Elias als auch Foucault wollen beweisen, dass wir durch diese Befreiung keineswegs gesellschaftlich unabhängig wurden, sondern seitdem stärker in die Gesellschaft eingebunden sind. Dominante kulturelle Normen ändern sich nicht dadurch, dass man darüber spricht, man ersetzt höchstens eine zwingende Abhängigkeit durch eine weniger zwingende. Dies erfährt man dann als Befreiung, obwohl die gesellschaftliche Abhängigkeit weiterbesteht oder sogar zunimmt, je komplexer die Gesellschaft wird.

Nach der Lektüre von Foucault und Elias komme ich zum Schluss, dass es genauso sinnlos ist, nach den sexuellen Idealen der Sechziger zu leben wie sich von ihnen zu distanzieren. Die monogame, lebenslange Beziehung ist weder Himmel noch Hölle, und das Gleiche gilt für die freie Liebe. Die Monogamie ist nur eine unter zahllosen Varianten sexueller und zwischenmenschlicher Beziehungen, und vermutlich ist das schon seit den Anfängen der Menschheit so. Früher endeten Beziehungen oft nach kurzer Zeit, weil etwa die

geliebte Person ihr Leben auf dem Schlachtfeld ließ oder am Kind-
bettfieber starb oder an all den anderen ungezählten Krankheiten.
Doch damals war es so normal wie heute, dass man danach eine
neue Beziehung einging, mit dem Unterschied, dass man sich heute
meist wegen psychischen oder sozialen Unvereinbarkeiten trennt.

Pluralität in sexuellen oder anderen zwischenmenschlichen Beziehungen bereitet dem Menschen keine Schwierigkeiten. Kommen
in dieser Beziehungsdiversität Freiheit und Disziplin zur Sprache,
dann meist im Zusammenhang mit einer gegenseitigen Übereinkunft. Einigt man sich darauf, eine nichtmonogame Beziehung zu
führen, dann nimmt man sich die Freiheit, auch mit anderen Personen zu schlafen, bringt aber insofern Disziplin auf, als man stets
wieder in die feste Beziehung zurückkehrt. Trifft man die Vereinbarung, Freunde zu sein, die gelegentlich miteinander schlafen,
dann bringt man die Disziplin auf, nicht jeden Tag beim Partner
vor der Tür zu stehen, besitzt aber die Freiheit, sich an den übrigen
Tagen niederzulassen, wo man will. Beim One-Night-Stand genießt
man eine einzige Nacht voller Freiheit, diszipliniert sich aber insofern, als man sich jeden weiteren Kontakt versagt. Verspricht man
sich gegenseitig, monogam zu bleiben, solange man sich liebt, genießen die Partner die Freiheit, die Nächte nicht allein verbringen zu
müssen, unterwerfen sich aber der Disziplin, nicht mit anderen zu
schlafen, wenn sie Lust dazu haben.

Freiheit und Disziplin im Überangebot von sexuellen und anderen zwischenmenschlichen Beziehungsmöglichkeiten unterliegen
der ständigen Reglementierung durch vorherrschende sexuelle
Ideologien oder, wie Verbrugge das nennt, durch kulturelle Bedürfnisse. Wir haben von Foucault gelernt, dass diesen niemand entgehen kann. Dadurch, dass wir viel über unser Sex- und Liebesleben
verlauten lassen, festigen wir diese dominanten Ideologien. Unter
Umständen wird deren Dominanz so stark, dass die Freiheit, davon
abweichen zu können, in Gefahr gerät. Dagegen hilft nur Pluralität.
Das bedeutet, wenn wir über Sex und Liebe reden wollen, dann soll-

ten wir das auf viele verschiedene Weisen und aus vielen verschiedenen Blickwinkeln heraus tun.

Auch meine Studentin änderte im Laufe der Masterarbeit ihre Bedürfnisse. Sie entschied, dass ihre Sehnsucht nach einer festen, monogamen Beziehung sinnlos sei, wenn der passende Partner dazu fehle. Sie ging sogar noch weiter und nahm sich jetzt vor, dass sie, wenn sie jemanden fände und mit ihm eine Beziehung einginge, diese Beziehung beenden und zu neuen Ufern aufbrechen würde, sobald die Liebe daraus verschwunden wäre.

7

Eine Masse Menschen

Der schönste Beweis dafür, dass Menschen ohne Disziplin existieren können, ist, wenn sich spontan eine friedliche Menschenmenge bildet, immer größer wird und nach einigen Tagen sich genauso liebevoll wieder trennt, wie sie sich zusammengefunden hat. In den Sechzigern zeigten junge Menschen, dass eine dicht zusammengedrängte Menschenmasse sich beherrschen konnte. Allerdings ist so etwas eher die Ausnahme als die Regel, denn eine Menschenmenge ordnet sich fast niemals spontan. Geschieht es dennoch, ist dies ein Grund, das Ereignis im Gedächtnis der Menschheit zu speichern.

Musterbeispiel einer solchen spontanen, friedlichen Menschenmenge ist Woodstock, das Popfestival, das vom 15. bis zum 18. August 1969 im amerikanischen White Lake in der Nähe von Woodstock stattfand. Eine halbe Million junge Menschen feierte vier Tage lang Musik, Liebe und Spontaneität, zusammengeführt vom gemeinsamen Widerstand gegen die Elterngeneration und gegen den Krieg in Vietnam. Das Festival war der Beweis dafür, dass sich Menschen ohne große Planung und Reglementierung friedlich versammeln konnten, selbst in so großer Zahl. Für junge Leute in der ganzen Welt ist Woodstock bis heute ein Begriff.

Der Name Woodstock taucht auch im Bericht der Untersuchungskommission zum „Project X Haren" auf. Mit „Project X Haren" werden die Ausschreitungen bezeichnet, zu denen es am 21. September 2012 im nordholländischen Haren unweit von Groningen kam und die Millionenschäden verursachten. Anlass war die Ankündigung eines Mädchens auf Facebook, ihren sechzehnten Geburtstag mit einer Party feiern zu wollen, wobei sie jedoch vergaß, die Einladung mit der Bemerkung „privat" zu versehen.[154] Trotz al-

115

ler Versuche der Eltern, die Einladung rückgängig zu machen, kündigten sechstausend Personen an, zur Party kommen zu wollen. Ein 27-jähriger Mann, der auf einen der Facebook-Berichte reagiert hatte, gab an, dass er gehofft habe, es würde so eine Art Woodstock werden. Woodstock sei ja auch spontan entstanden, und es sei so friedlich, groß und phantastisch gewesen, dass die Leute noch viele Jahre davon gesprochen hätten.[155] Solche Aussagen waren für die Untersuchungskommission Anlass zur Feststellung, dass die Gemeinde Haren wohl zu wenig über die „neue Welt" der Jugendlichen wusste und ganz und gar nicht auf die „Eigendynamik" von sozialen Medien wie Facebook vorbereitet war.[156]

Doch so neu ist die Eigendynamik sozialer Kommunikation nicht, zumindest nicht, wenn man sich im Zusammenhang mit den Krawallen von Haren eines anderen Festivals erinnert, das im selben Jahr wie Woodstock stattfand, doch eine traurige Berühmtheit erlangte: das gewalttätige Festival von Altamont am 6. Dezember 1969. Für viele war dieses Festival der Anfang vom Ende der friedlichen Sechziger. Man könnte meinen, dass Altamont genau so im Gedächtnis der Menschheit verankert ist wie Woodstock. Doch dem ist nicht so: Während Woodstock untrennbar mit Erinnerungen an die Sechziger verbunden ist, ist von Altamont kaum irgendwo die Rede.

Altamont Free Concert

Herauszufinden, warum das Altamont Free Concert in einem Desaster endete, könnte Aufschluss darüber geben, welche Auswirkungen mangelnde Disziplin bei einer riesigen Menschenmenge hat.

Die Rolling Stones waren Mitorganisatoren des Festivals. Die Band gehörte zusammen mit Bob Dylan und den Beatles zur musikalischen Avantgarde der Sechziger. Festivals waren eine ausgezeichnete Gelegenheit, die Ideale von Freiheit und Liebe und den Widerstand gegen den Vietnamkrieg mit sehr vielen Leuten zu teilen. Die Stones waren zuvor bereits im Londoner Hyde Park gratis vor einer Viertelmillion Menschen aufgetreten. Das Love-In in Woodstock hatte gezeigt, dass die Jugend in ihrer Rebellion gegen die „etablierte Ordnung" erfolgreich sein konnte. Was wäre schöner, als die Amerikatournee, die im November 1969 in Colorado begonnen hatte, mit einem Festivalkonzert zu beenden?

Der Fotograf Ethan A. Russell begleitete damals die Band und beschrieb mehr als dreißig Jahre später die Erwartungen, mit denen alle Teilnehmer zum Festival angereist waren:

> Das Altamontkonzert schien logischerweise ein weiterer Höhepunkt der Hippiebewegung zu werden. Seit Anfang der Sechziger hatte diese ja stets zugenommen, war größer, besser, *higher* geworden. *We were stardust. We were golden.* Wir würden in den Garten von Altamont zurückkehren. [157]

Schon bei den Vorbereitungen drohte das Projekt zunächst zu scheitern, denn die Gemeindeverwaltung verweigerte die Zustimmung für den geplanten Austragungsort. Aber das Problem löste sich, als ein Grundbesitzer die Hügel von Altamont als Veranstaltungsstätte zur Verfügung stellte. Einwände, der Platz sei zu offen, die Landschaft zu unwirtlich und es gebe keine Parkplätze, wurden von der Organisation weggewischt. Weitere Probleme missachtete die Organisation auf sträfliche Weise: Es gab keine Absperrgitter und kaum Toiletten, außerdem war das Podium zu niedrig, um das Publikum am Hochklettern zu hindern. Fatal war jedoch die Entscheidung, die *Hells Angels* damit zu beauftragen, auf ihre unkonventionelle Art für Sicherheit zu sorgen. Das hatten sie bereits bei mehreren regimekritischen Demonstrationen in San Francisco getan. Die *Hells Angels* hatten sich mit der Zeit ein neues, friedliches Image aufgebaut, und da „die neue Weltordnung" niemanden ausschloss, waren die Mitglieder des einst als gewalttätig berüchtigten Rockerclubs willkommen.

Am Tag des Konzerts, am 6. Dezember 1969, hatte sich eine Menschenmenge von 300.000 Besuchern versammelt, von denen die meisten bereits nach kürzester Zeit unter Alkohol- und Drogeneinfluss standen. Es hatte von Anfang an Schlägereien gegeben, und als sich der Auftritt der Stones ankündigte, schlugen die *Hells Angels* brutal auf die Menge ein, als diese die Bühne zu stürmen drohte. Während die Stones spielten, wurde der achtzehnjährige Meredith Hunter aus Oakland von einem *Hells Angel* mit drei Messerstichen getötet. Hunter hatte kurz vorher noch geholfen, die Bühne für die Stones zu räumen, doch als er sich von den *Hells Angels* umringt sah, fühlte er sich bedroht und zog einen Revolver. Die Stones setzten ihr Konzert ungehindert fort und flüchteten, kaum war die letzte Note ihrer Songs verklungen, in einen bereitstehenden Helikopter.

Die traurige Bilanz des Altamont Free Concerts waren vier Tote: Zwei Personen wurden Opfer eines Autounfalls, eine Person ertrank und eine wurde ermordet. Darüber hinaus gab es hunderte Verwundete. Der Schock war groß, die Enttäuschung auch: Die Stones verloren kein einziges Wort über die Geschehnisse, es gab weder eine öffentliche Erklärung noch eine Entschuldigung.

Die Menschenmasse

Was war in Altamont schief gelaufen? Was lehren uns Altamont und Woodstock über Freiheit und Disziplin im Überfluss einer dichtgedrängten Menschenmenge? Die Menschenmenge in Altamont existierte im Grunde bereits, bevor sie sich in Altamont versammelte, denn zahlreiche junge Menschen wurden durch den Wunsch vereint, gegen die Autoritäten aufzubegehren und eine neue Gesellschafts- und Weltordnung zu stiften. Inspiriert wurden sie dabei von Werken wie Marcuses extrem populärem Buch *One-Dimensional Man*. Der Forderung nach einer neuen Weltordnung gaben sie auch dadurch Ausdruck, dass sie sich massenhaft versammelten, denn alle hatten das Gefühl, dass etwas in der Luft lag; man spürte, dass etwas geschehen musste, und da wollte jeder dabei sein.

Macht und Autoritäten hatten damals überall an Einfluss und Ansehen verloren, und die Verachtung für den Staatsapparat gehöre „zu den mächtigsten verursachenden Kräften einer Revolution", schreibt Hannah Arendt in ihrer Studie *On Revolution* (1963; deutsch: *Über die Revolution*, 1965).[158] Eine Menschenmasse bildet sich ihrer Aussage nach nicht, weil zur Revolution (oder zur Party) aufgerufen wird, sondern weil bei einem Großteil der Bevölkerung Unzufriedenheit über die Staatsmacht herrscht und der Respekt vor ihr schwindet. So war die Menschenmasse, die die Französische Revolution unterstützte, getrieben von der Unzufriedenheit über die ärmlichen Lebensumstände, während die Menschen, die nach Altamont und Woodstock strömten, ihre Unzufriedenheit über den Vietnamkrieg und die Lebenswelt ihrer Eltern einte. Die Untersuchungskommission zum „Projekt X Haren" stellte fest, dass die an den Ausschreitungen beteiligten jungen Leute wenig Respekt vor dem Gesetz hatten und nur über ein geringes gesellschaftliches Verantwortungsgefühl verfügten.[159]

Ist eine Masse einmal in Bewegung geraten, lässt sie sich nur mit Mühe aufhalten – das erfuhren die Gemeinde und die Polizei von Haren. Die jungen Leute von Haren folgten nicht dem Aufruf, eine Party zu feiern, und konnten deshalb auch nicht durch die Gegenankündigung („Es gibt keine Party") gestoppt werden. Diesen Mechanismus, dass eine einmal in Bewegung geratene Menschenmenge sich nicht mehr aufhalten lässt, hatten die Organisatoren von Altamont verstanden: Weil viele sich ein zweites Woodstock nicht entgehen lassen wollten, hatten sie sich schon eine Woche vor dem Festival auf den Weg gemacht. Das Konzert wegen der ungünstigen Bedingungen des Veranstaltungsorts abzusagen, hätte gar keinen Zweck gehabt, denn das Ruder ließ sich zu diesem Zeitpunkt nicht mehr umlegen.

Große Menschenmengen sind wie riesige Kreuzfahrtschiffe –

einmal in Fahrt, sind sie kaum vom einmal eingeschlagenen Kurs abzubringen, geschweige denn in kürzerer Zeit zu stoppen. Jedes Element der Masse wird mitgezogen, ohne Einfluss auf das Geschehen. Wer sich jemals inmitten einer solchen Masse befand, weiß, wie es ist, Kräften ausgeliefert zu sein, die eigenen Gesetzen zu folgen scheinen. Erst nachdem man einer solchen Masse entronnen ist, kehren die Erfahrung der Individualität und damit auch die Kontrollfähigkeit zurück.

In seiner sozialpsychologischen Studie *Masse und Macht* (1960) beschreibt Elias Canetti die Hauptmerkmale einer Masse. Zunächst besitzt eine Masse keine natürlichen Grenzen, weshalb sie immer weiter wächst, es sei denn, man setzt dem Wachstum künstliche Grenzen. Zweitens herrscht in einer Masse absolute Gleichheit. „Ein Kopf ist ein Kopf, ein Arm ist ein Arm, auf Unterschiede zwischen ihnen kommt es nicht an."[160] Diese Gleichheit ist dafür verantwortlich, dass Menschen zur Masse werden können. Drittens strebt die Masse zu immer größerer Dichte. Dichte garantiert, dass sich keiner dazwischendrängen und die Menge dadurch nicht auseinanderfallen kann. Zwar fürchtet sich der Mensch normalerweise vor der Berührung durch Unbekannte, doch diese Furcht verkehrt sich in einer Menschenmenge ins Gegenteil: Die Körper werden aneinandergepresst, wodurch die dichte Masse zu einem einzigen Körper wird. In der Verdichtung fallen alle Unterschiede weg, sogar die zwischen Männern und Frauen. Die Aufhebung der Berührungsfurcht ist ein Kennzeichen der Masse: „Je heftiger die Menschen sich aneinanderpressen, um so sicherer fühlen sie, daß sie keine Angst voreinander haben."[161] Diese Verdichtung birgt jedoch die höchste Gefahr: den Augenblick der Entladung. Die Entladung erfolgt entweder in Form der panischen Zerstreuung der Menschenmenge, im Aufbegehren gegen die Polizeikräfte oder aber friedlich in Form der Erleichterung: der glückliche Moment, wo sich alle als ihresgleichen erfahren, keiner sich *mehr* wert fühlt als der andere oder *weniger*.[162] Und schließlich braucht die Masse eine Richtung. Ohne Ziel würde die

Bewegung der Masse ins Leere gehen. Das Ziel ist für alle identisch, es liegt außerhalb der einzelnen Person. Ob der Endpunkt nun Haren, Woodstock oder Altamont lautet: Solange die Masse ein gemeinschaftliches Ziel hat, ist die Bewegung nicht aufzuhalten.

Nach Canettis Theorie beurteilt, besaß die Menschenansammlung in Altamont alle Eigenschaften einer Menschenmasse. Zwei Elemente seiner Theorie trugen hier vor allem zur gewalttätigen Entladung bei: das unersättliche Wachstum der Masse und die zunehmende Verdichtung mit dem Podium als Zentrum. Je größer die Masse und je zentraler der Verdichtungspunkt ist, desto größer die zentripetale Kraft. Es ist dann nicht mehr die Frage, ob es zu einer Entladung kommt oder nicht, sondern nur noch, wann sie erfolgt.

Offene und geschlossene Massen

Trotzdem ist nicht jede Masse unkontrollierbar. Es gibt zahllose Beispiele von Massen, die Musterbeispiele der Kontrolliertheit sind. Der entscheidende Faktor für die Kontrollierbarkeit einer Masse ist Canetti zufolge die Frage, ob sie offen oder geschlossen ist.

Die Massen, die Richtung Altamont, Woodstock und Haren strömten, würde Canetti als offene Massen bezeichnen. Kennzeichen dafür sind, dass die Masse sich „spontan" und ungehindert ausbreiten kann, ihr weder durch Raum noch durch Zeit Grenzen gesetzt sind, damit die Zahl der Menschen, die sich der Masse zugesellen will, dadurch nicht beschränkt werden kann.

Die offene Masse widerspricht der Vorstellung, dass Menschen sich in geschlossenen Räumen wie Kirchen, Musiktempeln, Arenen, Kongresshallen oder Fußballstadien versammeln. Offene Massen streben eine größtmögliche Zahl von Teilnehmern an und wollen alle erreichen können.[163] Gratis-Konzerte wie Woodstock oder Altamont entsprechen diesem unstillbaren Hunger nach Menschen. Unentgeltliche Open-Air-Konzerte werden immer größer und größer.

Die offene Masse hat meist ein Ziel: z. B. Haren, Altamont oder
Woodstock. Hat sie das Ziel erreicht, wird die Masse „ausgebremst".
Im Normalfall schwillt sie jetzt immer weiter an und verdichtet sich.
Von jetzt an zählt nur noch die Erwartung, was passieren wird. Anfangs geduldet sich die Masse noch, doch mit der Zunahme der
Dichte wächst die Spannung und bewegt sich auf die unvermeid-
liche „Entladung" zu, auf den Applaus vielleicht, der bei einem Pop-
konzert enthusiastisch den Leadsänger willkommen heißt, oder
beim Fußball auf den Moment, wenn der Pokal vor den Fans in die
Luft gehoben wird. Eine Masse hat erst dann ihren Zweck erfüllt,
wenn eintritt, weswegen sie sich versammelt hat. Doch wenn keiner
weiß, worauf man eigentlich wartet, wie in Haren, dann wird es
gefährlich. Ein unerwartetes Ereignis wie das Knallen eines Sekt-
korkens oder das Klirren einer eingeschlagenen Fensterscheibe kann
die Entladung herbeiführen. Solange es keine Entladung gibt – egal,
wie diese aussieht –, wird sich eine Masse nicht zerstreuen.

Die offene Masse ist nach Canetti auf dreierlei Art undiszipliniert. Zunächst ist das *Verhalten der Individuen* in der Masse undiszipliniert. Die Außerkraftsetzung der Berührungsfurcht ruft beim
Individuum das Gefühl von Freiheit hervor. Dicht aneinander-
gedrängt überschreitet das Individuum die Grenzen seiner Person
und wird eins mit den anderen. Die Grenzüberschreitung erregt
den Wunsch, auch andere Grenzen zu überschreiten, und zwar zusammen mit den übrigen Elementen der Masse, die mithilfe von
Alkohol- und Drogenkonsum, Gewalt oder Zerstörung dazu gebracht werden. Zudem ist die *Masse als Körper* undiszipliniert. Die
offene Masse weiß weder, wann sie entsteht, noch weiß sie, was der
Auslöser ihrer Entladung sein wird oder wann sie sich auflösen wird.
Auf der Ebene der Masse gibt es keine Form von Selbstregie oder
Selbstkontrolle. Schließlich wird die offene Masse *nicht von außen*
diszipliniert, denn sie definiert sich ja gerade dadurch als offene
Masse, dass keine Absperrung ihr eine Grenze setzt oder sie in kleinere Einheiten zerteilt. Auch die Zeit ist nicht begrenzt, wie zum

Beispiel beim Fußballspiel oder Marathon. Und Ordnungskräfte, die qua Funktion außerhalb der Masse stehen müssten, gibt es auch nicht. Bei einer offenen Masse fehlt jede höhere Machtinstanz, denn in ihr sind alle gleich.

Der Unterschied zwischen persönlicher und institutioneller Disziplin, auf den ich bereits hingewiesen habe, findet hier seine Entsprechung im Unterschied zwischen der personengebundenen Disziplin der Individuen innerhalb einer Masse bzw. der „persönlichen" Disziplin der Masse und der institutionellen Disziplin, die die Masse von außen kontrolliert. Canetti erwog jedoch nicht die Möglichkeit, dass die Masse oder das Individuum eine Disziplin verinnerlichen könnte, die auch dann weiterexistiert, wenn die externe Disziplinierung wegfällt.

Es stellt sich die Frage, inwiefern Canettis Theorie von der Undiszipliniertheit der offenen Masse durch Phänomene wie Woodstock, Altamont oder Haren bestätigt wird. Bei einer offenen Masse, die als spontan und unbegrenzt definiert wird, fehlt per definitionem die von außen auferlegte Disziplin. Sobald diese äußere Disziplin in Erscheinung tritt, setzt sie alles daran, die offene Masse in eine geschlossene zu verwandeln. Es trifft jedoch nicht immer zu, dass in einer offenen Masse jegliche personengebundene Disziplin fehlt. Besucher und Künstler von Woodstock machten gegenteilige Erfahrungen. Der Einzelne – war es nun der Sänger einer Band oder ein Dichter – war durchaus imstande, über die Musik oder die Worte bei der Masse das Gefühl einer gemeinsamen Spiritualität hervorzurufen.[164] Woodstock war durchzogen von der positiven Stimmung seiner Besucher, die dabei sein wollten, wenn die neue Welt, deren Anwesenheit sie überall zu spüren glaubten, Realität werden sollte. In Altamont jedoch herrschte durchweg eine negative Stimmung, nicht zuletzt hervorgerufen von der trostlosen Landschaft und dem kalten Wetter.

Auch mit der Disziplinlosigkeit des Individuums in der Masse verhält es sich nicht so schwarz-weiß, wie Canetti uns das glauben machen will. Die Untersuchungskommission „Projekt X Haren" fand heraus, dass die physische Identifikation mit der Masse nicht zwangsläufig zu einer psychischen Identifikation führen muss. Alle Elemente einer Menschenmenge können sich zwar wie ein einziger Körper verhalten, doch muss man daraus nicht zwangsläufig schließen, dass das einzelne Individuum in der Masse dasselbe empfindet wie der Rest. Menschen haben die unterschiedlichsten Gründe, warum sie sich in einer Menschenmenge befinden, und deshalb verhalten sie sich auch unterschiedlich. Aus psychologischer Sicht fühlen sich die einzelnen Individuen meist erst dann dazu veranlasst, sich mit der Masse zu identifizieren, wenn dies durch irgendeinen Umstand plötzlich *erforderlich* ist. Zum Beispiel dann, wenn eine andere Menschenmenge sich der Masse, in der das Individuum sich befindet, nähert, etwa ein Einsatzteam der Polizei. Dann nimmt die Masse unter dem Einfluss einer zweiten Partei eine neue Identität an.[165]

Woodstock widerlegt übrigens auch Canettis zweite Behauptung, dass die offene Masse als Körper undiszipliniert sei. Der friedliche Verlauf des Festivals zeugt davon, dass eine gemeinschaftlich erfahrene Spiritualität oder pazifistische Lebenseinstellung eine Menschenmenge disziplinieren kann. Eine ähnliche Disziplinierung fand bei vorwiegend friedlichen Aktionen der weltweiten Occupy-Bewegung im Jahr 2011 statt; dort einigte der gemeinsame Protest gegen die ungerechte Verteilung von Reichtum die Menschen. Im Gegensatz zu Canetti bin ich der Meinung, dass sich auch eine offene Masse diszipliniert verhalten kann, vorausgesetzt, die Individuen der Masse sind durch eine positive Stimmung, eine gute Atmosphäre oder ein friedliches Ideal vereint.

Altamont war wie Woodstock eine offene Masse, aber im Unterschied zu Woodstock fehlte hier der disziplinierende Einfluss, wie er beispielsweise von einer guten Stimmung ausgeht. Die offene Masse von Altamont war auf allen drei Ebenen undiszipliniert: Individuen verhielten sich unter Alkohol- und Drogeneinfluss gewalttätig oder unkontrollierbar; die Masse verdichtete sich zunehmend, während sie auf den Auftritt der Stones wartete – worin der Moment der Entladung hätte bestehen können. Sie wusste also nicht, wann sie sich wieder auflösen würde. Außerdem fehlte die Disziplinierung von außen. Die Gefahren, die von einer solch offenen Masse ausgehen, wurden von den Stones, aber auch von anderen Künstlern jener Zeit vollkommen unterschätzt. Die Wirklichkeit hatte die träumende Generation der Sechziger eingeholt. Ian Stewart, ein Rolling Stone der ersten Stunde, rieb sich schon bald nach Altamont die Augen. Die Zeit für große Popfestivals war plötzlich vorbei, und man hätte glauben können, der Hippie-Unsinn mit seiner Flower Power, den Love-Ins und den LSD-Trips sei nur ein Traum gewesen.[166]

Heutzutage unterschätzt man in der Welt der Popfestivals die potentiellen Kräfte einer Masse nicht mehr, der Glaube an die freie, spontane Masse wurde vom Verlangen nach Sicherheit abgelöst. Heutige Besucher von Massenveranstaltungen akzeptieren durchaus zahlreiche Sicherheitsmaßnahmen, und zwar in der nicht immer berechtigten Überzeugung, dass diese der eigenen Sicherheit dienten.

Die Niederlande sind in der ganzen Welt dafür bekannt, Massenveranstaltungen wie *Pinkpop* oder *Lowlands* reibungslos organisieren zu können. Hier funktioniert die Disziplinierung so ausgezeichnet, dass nicht nur die Sicherheit garantiert ist, sondern die jungen Festivalbesucher auch noch das Gefühl haben, eine Zeit der Freiheit und Sorglosigkeit zu erleben.[167]

Autoritativ

Was aber sollen wir von derart raffinierten Taktiken halten, mit denen nicht nur die Organisatoren von Popfestivals, sondern auch die Polizei und andere Instanzen des Staats heute größere Menschenmengen überwachen? Reicht das Argument der Sicherheit aus, um jede mehr oder weniger spontane Masse in kürzester Zeit mit Überwachungsapparaturen, Absperrungen, Lichtsignalen oder Einheiten der Bereitschaftspolizei in eine geschlossene Masse zu verwandeln? Muss jeder Flashmob, jeder Facebook-Aufruf zu einer Party gleich die Disziplinarinstanzen des Staates auf den Plan rufen?

Im Untersuchungsprotokoll zum „Project X Haren" steht eine Bemerkung, die zu denken gibt. Dort heißt es, dass die jungen Leute sich heute von jenen spontanen Zusammenkünften stärker angesprochen fühlen, die sich vollkommen aus eigener Kraft heraus organisieren.[168] Bei der reibungslosen Organisation von Festivals und Konzerten fehlt ihnen die Spontaneität, das Unerwartete und das Experimentelle: alles Dinge, die für Jugendliche gerade attraktiv sind. Dieses Argument der Kommission könnte man als „autoritativ" bezeichnen, ein Begriff, den Max Horkheimer in seinem Essay *Autorität und Familie* (1936) prägte. Er bezeichnet damit ein Erziehungsverhältnis, in dem das Kind von den Eltern Autorität einfordert. Diese Theorie wurde in den sechziger und siebziger Jahren von der amerikanischen Entwicklungspsychologin Diana Baumrind (*1927) weiterentwickelt und besagt, dass bei der „autoritativen" Erziehung die Mitte zu finden ist zwischen der autoritären und der antiautoritären Haltung. Man bietet den Kindern und Heranwachsenden zwar eine Struktur, das heißt Regeln und Vorschriften, geht aber gleichzeitig stark auf ihre Wünsche und Bedürfnisse ein. Auf der Suche nach einem solchen Gleichgewicht zwischen autoritär und antiautoritär, zwischen Disziplin und Freiheit, trennt die Kommission die Gesellschaft in zwei Welten, und zwar in eine Welt mit Spielraum, wo junge Menschen ungehindert tun und lassen können, was sie wollen, und in eine Welt, in der die Jugendlichen und ihre Eltern vom Staat fordern, dass sie dies in Sicherheit tun können. Beiden Forderungen zugleich kann nur ein „autoritativer" Staat nachkommen. Der Ratschlag der Kommission lautet deshalb: „Es müssen klare Bedingungen für Sicherheitsmaßnahmen geschaffen

werden, deren Regeln deutlich sichtbar sein und konsequent angewendet werden müssen. Innerhalb dieser Sicherheitsmaßnahmen
sollte ein Spielraum verfügbar sein."[169] Der Unterschied zwischen
der Auffassung vom autoritativen Staat und von der autoritativen
Erziehung besteht darin, dass bei den staatlichen Maßnahmen die
Bedürfnisse der Jugendlichen zwar berücksichtigt werden, diese jedoch selbst nicht an der Erarbeitung dieser Maßnahmen beteiligt
sind. Festivalorganisatoren überlassen die Strukturierung selten
den jungen Leuten selbst. Ist also die von der Regierung in Anspruch genommene autoritative Haltung im Grunde nicht eine moderne Form von Marcuses repressiver Toleranz? Die Struktur und
die Regeln, denen eine Menschenmenge folgen muss, wurden nicht
im Voraus durch einen „Vertrag" geregelt. Der Festivalbesucher geht
mit der Organisation keineswegs einen Vertrag ein, sondern er hat
die organisatorische Disziplinierung notgedrungen zu akzeptieren.

Auch bei den Krönungsfeierlichkeiten anlässlich der Thronbesteigung von König Willem-Alexander am 20. April 2013 schloss
die Gemeinde Amsterdam mit den Besuchern dieser Festivität
keineswegs einen Vertrag über deren Rechte und Pflichten ab. Die
Besucher mussten stillschweigend und vielleicht auch mit einigem
Widerwillen akzeptieren, dass die öffentlichen Plätze mit Kameras
überwacht wurden, dass man die Signale aller in einem bestimmten
Bereich befindlichen Handys verfolgte und dass die Behörden die
Besucher durch Apps, Informationsschilder und Lichtsignale in eine
von ihnen vorgegebene Richtung steuerten. Zwar gewährte man der
Menschenmenge in einem gewissen Spielraum etwas Spontaneität,
doch die Grenzen dieses Spielraums waren von vornherein autoritär
gesetzt. Für den Fall eines fehlenden Vertrags, in welchem die Einschränkung der Rechte des Individuums durch die Disziplin geregelt wird, nimmt Foucault es sich heraus, von einem „Gegenrecht"
zu sprechen:

Wo sie und solange sie ihre Kontrolle ausüben und die Asymmetrien ihrer Macht ins Spiel bringen, vollziehen die Disziplinen jedenfalls eine Suspension des Rechts, die zwar niemals total ist, aber auch niemals ganz eingestellt wird. Wie geregelt und institutionalisiert sie auch sein mag, in ihrem tatsächlichen Mechanismus ist die Disziplin immer ein „Gegenrecht".[170]

Foucaults Gegenrecht birgt die Gefahr in sich, dass die Autoritäten mithilfe der Disziplin Ziele erreichen wollen, denen die Individuen in einer Masse nicht zustimmen, denen sie sich aber auch nicht entziehen können. So kann man unter Einsatz von Lichtsignalen eine Masse von Fußballfans in eine bestimmte Richtung lenken, obwohl der Einzelne lieber in die entgegengesetzte Richtung gehen würde.

Die Techniken von Polizei und Staat zur Massenüberwachung gehen bis ins 18. Jahrhundert zurück. Damals führten die Behörden diese ein, um „das Ordnen menschlicher Vielfältigkeiten sicher[zu] stellen".[171] Der Grund dafür ist zweifellos das große Bevölkerungswachstum der damaligen Zeit. Das Ziel war, mehr Menschen und Menschenmassen überwachen zu können.

Das hat sich bis heute nicht geändert. Außer in den sechziger Jahren, wo die Babyboomer von Disziplin nichts wissen wollten, zwang das explodierende Bevölkerungswachstum in der Nachkriegszeit die Behörden dazu, größere Menschenmassen disziplinieren zu können. Das Bemerkenswerte an der Disziplin, die sich seit dem 18. Jahrhundert entwickelte und die bis zum heutigen Tag verfeinert wird, ist nicht die Ordnung an sich, sondern die Art und Weise, wie diese Ordnung zustande kommt. Die Taktiken, die eingesetzt werden, um eine Masse zu disziplinieren, sollen sowohl ökonomisch wie politisch betrachtet so wenig Aufwand wie möglich erfordern, gleichzeitig aber höchst effizient und umfassend sein und den Profit der Institutionen, in denen die Disziplin angewendet wird (Fußballstadien, Musikbühnen, Dancefestivals, Schul- und

Ausbildungsstätten), vergrößern. Das macht es erforderlich, die Wünsche der Teilnehmer der Massenzusammenkunft zu berücksichtigen.

Trotzdem ist Foucault der Ansicht, dass Disziplin die Probleme im Zusammenhang mit Massenphänomenen nicht lösen, sondern höchstens verdrängen könne:

> [D]arum ist die Disziplin festsetzend; sie bringt Bewegungen zum Stillstand oder unter Regeln; sie löst Verwirrungen und kompakte Zusammenballungen in sichere Kreisläufe und kalkulierte Verteilungen auf. Sie muß auch all die Kräfte bewältigen, die sich mit der Bildung einer organisierten Vielfalt formieren; sie muß die Wirkungen der Gegenmacht neutralisieren, die der beherrschenden Macht Widerstand entgegensetzen: Unruhen, Aufstände, spontane Organisationen, Zusammenschlüsse – alle Formen horizontaler Verbindung. [172]

Die Krawalle in Haren haben gezeigt, dass die Disziplinarmaßnahmen der Autoritäten auch heute nicht immer ausreichen, um spontane Protestaktionen von jungen Leuten im Vorfeld unterbinden zu können. Das stimmt deshalb optimistisch, weil man es sich eigentlich gar nicht vorstellen mag, wie eine Gesellschaft aussehen würde, in der so etwas möglich wäre. In diesem Fall nämlich würde der Staat oder die Polizei wie in einem totalitären Regime über die Macht verfügen, Menschenmassen für jedes erwünschte Ziel zu mobilisieren, egal wie moralisch oder sozial verwerflich dieses Ziel wäre. Eines ist sicher: Eine geschlossene, perfekt disziplinierte Masse ist genauso gefährlich wie eine offene, undisziplinierte.

Demokratische Mitbestimmung

Mit Woodstock und den anderen Hippiefestivals scheint sich das Ideal einer aus innerem Frieden, Liebe und Spiritualität spontan entstehenden Masse verwirklicht zu haben. Doch auch die heutigen Jugendlichen empfinden ähnlich positive Gefühle wie die *good vibrations* der jungen Leute von damals. Man kann diese Gefühle nicht messen, doch man hört es oft, dass Jugendliche von Erfahrungen positiven Gemeinschaftsgefühls berichten.

Angesicht der Ereignisse von Altamont oder Haren braucht man nicht gleich den Glauben an die Möglichkeit einer spontanen, friedlichen Massenversammlung aufzugeben. Doch sollte man die Gefahren einer solchen offenen, undisziplinierten Masse nicht unterschätzen. Wenn aber der Staat jede offene Masse sofort in eine geschlossene, überwachte Masse umwandeln würde, etwa dadurch, dass er den Transport zum Veranstaltungsort begrenzt oder die Masse aufsplittet, dann wären spontane und kreative Zusammenkünfte von großen Menschengruppen unmöglich. Es ist somit klar, dass Freiheit und Disziplin in einem widersprüchlichen Verhältnis zueinander stehen. Zwar ist es durchaus möglich, dass die disziplinierte Organisation eines Massenevents bei den Teilnehmern das positive Gefühl von Freiheit heraufbeschwört, doch sobald die Organisation zu streng gehandhabt wird, werden sich die Besucher gegängelt fühlen. Bei einer spontanen, offenen, undisziplinierten Masse ohne jegliche, eingreifende Disziplin ist die Möglichkeit, Freiheit zu erfahren, zwar ungleich größer, aber auch die Gefahr des Ausbruchs von Krawallen oder Gewalt.

Die Frage, ob mehr Freiheit oder mehr Disziplin, stellt sich auch heute noch für jeden Bürger. Die Untersuchungskommission „Project X Haren" kam zum Schluss, dass die Bürger zwar gerne die Autoritäten in Frage stellen und Freiheit bzw. Spontaneität für sich einfordern, doch dass sie, sobald ein Unglück passiert, eine Masse entgleist und große Schäden verursacht werden wie in Haren oder es sogar Todesopfer gibt wie bei den Strandkrawallen von Hoek van Holland, ganz schnell die Behörden dafür verantwortlich machen. An den Staat ergeht die schwierige Aufgabe, dies dadurch zu verhindern, dass er Grenzen setzt, die dem Bürger jedoch noch genügend Spielraum lassen.

Die Kehrseite der autoritativen Form der Disziplinierung besteht darin, dass diejenigen, die diszipliniert werden, kein Mitbestimmungsrecht haben. In einer Demokratie müsste dies jedoch geradezu eine Voraussetzung sein, will man die Gefahr einer geschlossenen Masse, die blind moralisch verwerflichen Befehlen gehorcht, bannen. Je raffinierter und unsichtbarer die Disziplinarmechanismen sind (zum Beispiel bei der Nachverfolgung der Handysignale), desto wichtiger sind demokratische Prozesse, bei denen die Risiken einer totalitären Disziplin gegen die Risiken eines spontanen Festivals oder einer Project-X-Party abgewogen werden.

8

Eine gesellschaftliche Kluft – Selbstdisziplin: ja oder nein

Kurz vor ihrem Tod warnte Mitch Winehouse seine alkoholkranke Tochter Amy vor dem Überfluss an Alkohol, von dem sie überall umgeben sein werde: In jeder Bar, auf jeder Bühne, überall lauere die Versuchung. Nur eins helfe dagegen: Selbstdisziplin. Mit dem Trinken könne sie nur aufhören, wenn sie es wirklich wolle. Amy war sich ihrer Willensschwäche jedoch bewusst und bat die Barkeeper ständig, ihr unter keinen Umständen einen Drink einzuschenken. Trotz aller Vorsichtsmaßnahmen starb die Sängerin am 23. Juli 2011 in ihrer Londoner Wohnung an einer Überdosis Alkohol.

Wie aber gelingt es den meisten Menschen, in einer Gesellschaft zu überleben, in der Alkohol, Drogen und Nahrung im Übermaß vorhanden und deren disziplinierenden Strukturen und Gewohnheiten verschwunden sind? Offensichtlich setzen Staat und Gesellschaft voraus, dass das Individuum trotz des allgemeinen Disziplinabbaus in der Gesellschaft über genügend verinnerlichte Kontrollmaßnahmen verfügt, um den Verführungen durch Alkohol, Nahrungsmittel oder Sexualität widerstehen zu können. Die Erwartung, dass der Mensch sich in allen möglichen Lebensbereichen selbst diszipliniert, stellt im Grunde ein Paradox dar. Das hat mehrere Gründe. Zunächst fällt es dem Individuum in einer Überflussgesellschaft, in der Staat, Eltern und Schule kaum Grenzen zu setzen wagen, viel schwerer, sich unter Kontrolle zu halten, als in einer Umgebung, in der strikte Regeln herrschen. Es muss die Grenzen erst kennenlernen, um sie nicht zu übertreten. Außerdem kann man von einem Individuum kaum erwarten, sich dem Lustprinzip zu versagen, wenn es zu Hause keine Selbstdisziplin gelernt hat. Amy Winehouse bekam von Hause aus die Lust am Singen mit, aber keiner hat ihr beigebracht, ihre Sucht nach Alkohol und Aufmerksamkeit im Zaum zu halten.[173]

Wie ich bereits ausgeführt habe, besitzt der Mensch Selbstdisziplin nicht von Natur aus. Sie wird ihm erst während des Heranwachsens von den Eltern oder Erziehern vorgegeben und vorgelebt, worauf er sie dann verinnerlicht. Was aber, wenn Eltern und Erzieher gar nicht diszipliniert sind, wenn sie den Kindern keine Verhaltensregeln beibringen wollen und wenn weder auf der Schule noch zu Hause feste Gewohnheiten oder Lebensregeln herrschen? Forschungen haben ergeben, dass diszipliniertes Verhalten sich in früher Kindheit formt. In dieser Zeit wird festgelegt, ob der Erwachsene Selbstdisziplin aufbringen wird oder nicht. Dies wiederum hat Folgen für sein gesamtes weiteres Leben. Wer nicht schon als Kind gelernt hat, sich zu disziplinieren, der kann dies meist auch als Erwachsener nicht.

Die differenzierte Gesellschaft

Es ist unbestritten, dass es zwischen der Selbstdisziplin und der Wahrscheinlichkeit, ein gesundes und erfolgreiches Leben zu führen, einen Zusammenhang gibt. Damit besitzt das Phänomen Selbstdisziplin außer der individuellen auch eine gesellschaftliche Komponente. Politisch wird das Ganze schließlich durch den Umstand, dass die Wahrscheinlichkeit für ein Kind, von Hause aus Selbstdisziplin mitzubekommen, gesellschaftlich ungleich verteilt ist. Dieses gesellschaftliche Ungleichgewicht wieder ins rechte Lot zu bringen, ist Aufgabe der Politik.

In einer Gesellschaft wie unserer, die auf einer Kultur der Selbstdisziplin beruht, unterscheiden sich Menschen mit und Menschen ohne Selbstdisziplin hinsichtlich ihres Wohlstands und ihres Gesundheitszustands deutlich voneinander, und zwar abhängig davon, wie sehr diese Gesellschaft dem Überfluss ausgesetzt ist und wie die Menschen darin gegen Verführungen geschützt sind.

Wie aber kommt es dazu, dass eine gesellschaftliche Gruppe über mehr Selbstdisziplin verfügt als die andere? Norbert Elias behauptet in seinem Essay *Über die Zeit* (1984), dass die Menschen von Natur aus keine hemmungslosen Wesen sind. Zwar werden sie nicht mit Selbstdisziplin geboren, sind aber durchaus mit dem Vermögen ausgestattet, diese zu lernen. Dieses Vermögen ist notwendig, um als Individuum oder Gruppe längere Zeit existieren zu können. Je größer und differenzierter eine Gesellschaft ist, desto höher sind die Anforderungen an die Selbstdisziplin ihrer Mitglieder. Jede Gruppe stellt eine Beziehung „zwischen zwei oder mehreren Geschehensabläufen" her, „von denen sie einen als Bezugsrahmen oder Maßstab für den oder die anderen standardisiert".[174]

In seinem früher entstandenen Werk *Über den Prozeß der Zivilisation* legt Elias dar, dass Menschen in Westeuropa sich im Laufe der Jahrhunderte immer mehr zivilisierten. Sie nehmen stärker Rücksicht aufeinander und lernen, ihre Triebe und Affekte zu beherrschen. Diese zunehmende Zivilisierung verläuft parallel zu den geschichtlichen Wandlungen in der westlichen Gesellschaft, in deren Verlauf die Menschen immer weniger eine Bedrohung füreinander darstellen. Der unmittelbare Zwang mithilfe der Androhung von körperlicher Gewalt wird durch friedlichere Formen des Zwangs ersetzt, die sich auf die Vermehrung von Geld oder Prestige richten. Das Gewaltmonopol geht auf bestimmte Gruppen wie Armee und Polizei über und verschwindet „in der Kulisse des Alltags". Von dort aus übt es einen beständigen Druck auf das Leben des unbewaffneten Individuums aus und zwingt es zur Selbstbeherrschung. Das heißt, „die ganze Monopolorganisation der Gewalttat steht jetzt nur noch am Rande des gesellschaftlichen Alltags Wache als eine Kontrollorganisation für das Verhalten des Einzelnen."[175]

Zeitgleich zur Pazifizierung des normalen Lebens erfolgt eine zunehmende Differenzierung des gesellschaftlichen Lebens. Menschen werden bei all ihren Tätigkeiten stets abhängiger voneinander, sowohl in alltäglichen Dingen als auch in komplexeren Angelegenheiten wie der Rechtsprechung oder der Schulerziehung. Um deren reibungslosen Ablauf zu gewähren, müssen die Verhaltensweisen der Menschen ständig aufeinander abgestimmt und die Gesamtheit aller Handlungen exakter organisiert werden. Das erfordert eine Reorganisation der gesellschaftlichen Ordnung: Neben den Institutionen, die das Gewaltmonopol besitzen, entstehen stabile Zentralorgane, die dafür sorgen, dass die Menschen von Kindheit an diszipliniert werden.

> Erst mit der Ausbildung solcher stabiler Monopolinstitute stellt sich jene gesellschaftliche Prägeapparatur her, die den Einzelnen von klein auf an ein beständiges und genau geregeltes An-sich-Halten gewöhnt; erst im Zusammenhang mit ihr bildet sich in dem Individuum eine stabilere, zum guten Teil automatisch arbeitende Selbstkontrollapparatur.[176]

Diese friedliche Situation lässt den Zwang also nicht verschwinden, sondern ruft andere, friedlichere Formen des Zwangs hervor. Mit Foucault könnte man sagen, dass mit der Geburt dieser Zentralorgane eine positive Macht entsteht, die die Menschen zu diszipliniertem Verhalten führt. Doch im Unterschied zu Foucault deutet Elias diese Zunahme der Disziplinierung nicht negativ. Hinter dem Zivilisationsprozess verbirgt sich seiner Meinung nach keine rationale Planung, keine Notwendigkeit oder anonyme Macht. Der Zivilisationsprozess „wird blind in Gang gesetzt und in Gang gehalten durch die Eigendynamik eines Beziehungsgeflechts, durch spezifische Veränderungen der Art, in der die Menschen miteinander zu leben gehalten sind".[177] Der Wandel im menschlichen Verhalten wird begleitet von Veränderungen in der Gesellschaft, welche wiederum erst durch das Verhalten der Menschen ermöglicht werden.

Bezüglich der Kluft zwischen Menschen, die über einen Selbstzwang verfügen und jenen, denen es an Selbstkontrolle mangelt,
stellt Elias fest, dass Menschen mit einer besseren Affekt- und Trieb-
kontrolle in einer ausdifferenzierten Gesellschaft im Vorteil sind.
Mehr noch: Individuen, bei denen die Zivilisierung nicht gelingt,
sind in einer solchen Gesellschaft eine Gefahr für sich und die anderen. Diese Aussage deckt sich mit der Feststellung Max Webers, dass
die Protestanten Ende des 19. Jahrhunderts über bessere gesellschaftliche Voraussetzungen verfügten, weil sie den Hedonismus
verteufelten und ihren Kindern ein bis dahin unbekanntes Maß an
Selbstdisziplin beibrachten. Der Prozentsatz von Protestanten unter
den Kapitalbesitzern in Führungspositionen und beim höheren Fir-
menpersonal war außergewöhnlich hoch.[178]

Durch die Säkularisation der letzten Jahrzehnte ist die protestantische Erziehung mit ihrer strengen Selbstdisziplin aus der Mode
geraten. Heutzutage wird die Selbstdisziplin höchstens noch in eli-
tären Privatschulen gelehrt, deren Schüler bereits von ihren erfolgreichen Eltern lernten, wohin Selbstdisziplin führen kann – eine Erkenntnis, die sie zweifellos auch ihren Kindern weitergeben werden.
Ein Mensch, der dieses Privileg nicht genießen durfte, ist gegen unsere Zeit des Überflusses schlecht gewappnet. Er verfügt weder über
eine erlernte Disziplin noch über den Glauben an sie. Ihm mangelt
es am gesellschaftlichen Umfeld, das ihn protegiert und ermuntert,
und er genießt schon gar nicht den Schutz des Staates. Er hat an
allen gesellschaftlichen Fronten das Nachsehen.

Die Persönlichkeitspsychologie bestätigt, dass Personen, die ihre
Affekte beherrschen können, in einer ausdifferenzierten Gesellschaft wie unserer im Vorteil sind. Das *Big-Five-* oder Fünf-Fak-
toren-Modell beschreibt die Grundstruktur unseres Denkens,
Fühlens und Verhaltens anhand von fünf unveränderlichen Persön-
lichkeitsmerkmalen. Eines dieser Merkmale lautet „Gewissenhaf-
tigkeit" und ist eng mit der Selbstdisziplin verwandt. Zur Ge-
wissenhaftigkeit gehören Disziplin, Zielstrebigkeit, Selbstkontrolle,

Verantwortungsgefühl für andere, ein starkes Arbeitsethos, Organisiertheit und die Bereitschaft, Regeln einzuhalten. Wenn jemand hohe Gewissenhaftigkeitswerte besitzt, dann ist dies ein Indiz dafür, dass er es im Leben weit bringen wird.[179] Diese fünf Persönlichkeitsmerkmale sind so gut wie unveränderlich.[180] Das erklärt auch, warum es nach Meinung von Psychologen so schwierig ist, diszipliniertes Verhalten zu entwickeln, wenn es einem als Kind nicht beigebracht wurde. Was Hänschen nicht lernt, lernt Hans nimmermehr. Zwar kann man seine Personenmerkmale verbessern oder erweitern, aber wesentlich verändern lassen sie sich nach der Pubertät nicht mehr.

Trotzdem fordert die Gesellschaft, und ihr voran die selbstdisziplinierte Elite, dass sich auch die weniger Privilegierten inmitten des Überflusses zu beherrschen wissen. Tun sie dies nicht, dann macht diese Elite die Minderprivilegierten selbst für ihre Situation verantwortlich. Kaum einer kommt auf die Idee, dass die gesellschaftlichen Zustände die Ursache dafür sein könnten.

Neue soziale Leitern

Welche Mechanismen überbrücken die Kluft zwischen Menschen mit und Menschen ohne Selbstdisziplin? Und welche vergrößern sie? Elias hält in historischer Hinsicht die *Integration* und die *Assimilation* für die wichtigsten Mechanismen, die den Unterschied zwischen den gesellschaftlich mehr oder weniger erfolgreichen Bevölkerungsgruppen nivellieren. Integration bedeutet, dass die unteren Schichten einer Gesellschaft in das Beziehungsgeflecht der Gesellschaft aufgenommen werden. Dies geschieht meist durch Assimilation, was bedeutet, dass die unteren Klassen die Verhaltensweisen der funktionellen Oberschicht, bestehend aus Richtern, Ärzten, Bürgermeistern und anderen gesellschaftlich einflussreichen Gruppen, imitieren. Durch Integration und Assimilation hat sich der Abstand zwischen der Ober- und der Unterschicht in den letzten Jahrhunderten verkleinert; die Verhaltensmuster gleichen sich immer mehr an.

Doch trifft die Analyse des Ein- und Anpassens auch für unsere heutige Gesellschaft zu? Hier wuchs ja in jeder Schicht der Wohlstand, während die Disziplin gesellschaftlich abgebaut wurde? Mit der Disziplin verringerte sich die Verpflichtung zum Gehorsam gegenüber den vielen gesellschaftlichen und kirchlichen Verhaltensregeln und wurde durch vermehrte persönliche Freiheit und Selbstbestimmung in allen Lebensbereichen ersetzt. Doch Selbstdisziplin ist nicht immer von Vorteil; man kann sich mit ihr auch ins eigene Fleisch schneiden. Elias wäre vermutlich heute der Ansicht, dass die Theorie von der Ein- und Anpassung auch für die moderne Gesellschaft gilt. Das wage ich allerdings zu bezweifeln.

Dennoch will ich versuchen, Elias' Gedankengang zu folgen. Er würde wohl die Phase der gesellschaftlichen Entwicklung, in der wir uns heute befinden, als „zweite Phase" des Aufstiegs bezeichnen. Der oben beschriebenen ersten Phase der Integration und der Assimilation folgt eine zweite der Abstoßung und der Trennung. In der ersten Phase bleibt die aufsteigende Gruppe der höheren Schicht gegenüber inferior, egal, wie sehr sie sich ihrem Vorbild anzunähern vermag. In der zweiten Phase gewinnt die aufsteigende Gruppe immer mehr an gesellschaftlicher Macht und Selbstvertrauen.

Die Emanzipation der aufsteigenden Gruppe ruft bei der höheren Gruppe große Zurückhaltung hervor, infolgedessen sie sich mehr und mehr von der Unterschicht absondert – in unserer heutigen Zeit zum Beispiel dadurch, dass sie ihre Kinder auf Eliteschulen schickt. In dieser zweiten Phase werden die Kontraste zwischen Hoch und Niedrig größer, weil beide aufgrund des wachsenden Selbstbewusstseins die Unterschiede betonen wollen. Die Mitglieder der Oberschicht regulieren Verhalten und Affekte noch stärker, während die Unterschicht mehr und mehr auf eine Akzeptanz ihrer eigenen Verhaltensweisen pocht. Diese zwei Phasen wechseln einander ständig ab oder vermischen sich so, dass Hoch und Niedrig sich gelegentlich annähern, um sich dann wieder voneinander zu entfernen. Die Oberschicht kommt bei Elias in Sachen Disziplin besser weg. Selbst wenn Abkömmlinge aus der Unterschicht sich bis zur Oberschicht hocharbeiten, bleibt deren Selbstwertgefühl seiner Ansicht nach geringer als das Selbstbewusstsein der höheren Schicht, weil die Aufsteiger, allen Anstrengungen zum Trotz, sich immer minderwertig fühlen und sich demnach verhalten.[181]

Die gesellschaftlichen Wandlungen der letzten Jahrzehnte widersprechen Elias' Theorie der zweiten Phase. Ein Beispiel dafür ist die „Celebrity-Kultur", bei der sich alles um die Präsenz in den Medien, um Namens- und Gesichtsbekanntheit dreht.[182] Menschen, die sich aufgrund einer außergewöhnlichen Begabung auszeichnen, werden berühmt und bewundert. Manche dieser Prominenten verfügen nicht einmal über irgendwelche Talente und sind nur deshalb berühmt, weil sie berühmt sind. Durch die modernen Medien ist eine „neue Leiter" der sozialen Mobilität entstanden, die für Angehörige der niedrigeren sozialen Klassen leichter zu besteigen ist als die Leiter von Studium und Diplom. Schönheit, Unbefangenheit oder Ausstrahlung funktionieren auf dem Bildschirm eben besser als Selbstdisziplin oder „höhere" geistige Kompetenz. Man braucht nicht diszipliniert oder intelligent zu sein, um ein Star zu werden.[183]

Gesellschaftliche Anerkennung ist heute mehr eine Frage des Zufalls oder des Glücks als eine von Herkunft oder Ausbildung. Man kann heute reich und berühmt werden, ohne dass man dazu in eine der funktionell höheren Klassen aufsteigen muss. In der Star-Kultur kann gerade ein Mangel an Disziplin der Grund für die Prominenz sein, wie man am Beispiel von Amy Winehouse sehen kann.

Eine zweite Veränderung, die darauf hinweist, dass die Unterschicht gegenwärtig weniger Veranlassung zum gesellschaftlichen Aufstieg verspürt, hängt mit dem Wandel in der Oberschicht zusammen: Zwar gibt es noch immer die Oberschicht, die sich durch

Distinktion von den anderen absondern will, doch ein Teil von ihr identifiziert sich neuerdings mit den Verhaltensweisen, der Musik, der Kleidung oder anderen kulturellen Äußerungen der unteren Gesellschaftsklassen. Zudem muss gesagt werden, dass die Oberschicht sich keineswegs ethischer verhält, als es der Unterschicht zugeschrieben wird.

Historisch betrachtet ist es durchaus möglich, dass ab einem gewissen allgemeinen Wohlstand in der Gesellschaft der Aufstieg von der niedrigen zur hohen Bevölkerungsschicht weniger gewollt wird, weil der bloße Status der Berühmtheit, auch wenn er nur wenigen Menschen vergönnt ist, erstrebenswerter erscheint als der hohe gesellschaftliche Status. So gründet das Ansehen so mancher Fernsehrichter mehr auf ihren Fernsehauftritten als auf ihrer alltäglichen Arbeit, Herkunft oder Ausbildung.

Eines der Phänomene, die auf die Stagnation des Aufstiegsprozesses verweisen, ist das weltweit um sich greifende Übergewicht, das wie eine Epidemie vor allem bildungsarme Menschen betrifft. Übergewichtige Menschen nehmen sich seltener die vorwiegend schlanken Angehörigen der funktionellen Oberschicht zum Vorbild und sind resistenter gegen die hohe Zahl von Aufklärungskampagnen, denen sie ausgesetzt sind. Sie haben oft andere Prioritäten in ihrem Leben als die Reduktion ihres Übergewichts.[184] In den Niederlanden ist es sogar so, dass leicht übergewichtige Männer öfter behaupten, glücklich und mental gesund zu sein, als Männer mit Normalgewicht.[185]

Doch wenn die Normen für ein gutes Leben nicht mehr von der funktionellen Oberschicht diktiert werden, dann fehlt die Motivation für die sozial schwächeren Gruppen, aufsteigen zu wollen. Selbstdisziplin, auch die Genussmittel betreffend, hat damit ebenfalls als nachahmenswerte Tugend ausgedient, was dazu führt, dass die Zahl der Übergewichtigen in unserer Überflussgesellschaft ständig steigt und mit ihr die Gefahr von Alkoholsucht, Gesundheitsproblemen und einer geringeren Lebenserwartung. Auf diese Weise klafft die soziale Schere zwischen Menschen mit und Menschen ohne Disziplin immer weiter auseinander.

Ein „vernünftigerer" Zivilisationsprozess

Was können wir dagegen tun? Elias ist der Meinung, es reiche bereits, den Mechanismus des menschlichen Beziehungsgeflechts und der daraus entstandenen Ordnung zu verstehen, aber auch den dadurch verursachten historischen Wandel während des Zivilisationsprozesses zu begreifen. Die Eigendynamik des Beziehungsgeflechts ließe dann etwas „Vernünftigeres" entstehen, „etwas im Sinne unserer Bedürfnisse und Zwecke besser Funktionierendes":

> Denn gerade im Zusammenhang mit dem Zivilisationsprozeß gibt das blinde Spiel der Verflechtungsmechanismen selbst allmählich einen größeren Spielraum zu planmäßigen Eingriffen in das Verflechtungsgewebe und den psychischen Habitus, zu Eingriffen auf Grund der Kenntnis ihrer ungeplanten Gesetzmäßigkeiten.[186]

Wir finden also bei Elias kein Plädoyer für eine postdisziplinäre oder postzivilisierte Gesellschaft, höchstens einen Aufruf, das Verflechtungsgewebe aus gesellschaftlichen und psychischen Veränderungen den Bedürfnissen und Zielen der Individuen, Gruppen und Gemeinschaften anzupassen. Während Foucault davon auszugehen scheint, dass eine postdisziplinäre Gesellschaft besser sei als eine disziplinäre, betont Elias, dass ohne stabile Disziplinarinstitutionen die Ausbildung einer „automatisch und blind arbeitende[n] Selbstkontrollapparatur"[187] beinahe unmöglich sei.

> Keine Gesellschaft kann bestehen ohne eine Kanalisierung der individuellen Triebe und Affekte, ohne eine ganz bestimmte Regelung des individuellen Verhaltens.[188]

Wenn Institutionen instabil werden, führt das zu einem allgemeinen Disziplinabbau, der für die niedrigeren sozialökonomischen Klassen nachteiliger ist als für die höheren. Das liegt daran, dass sozial Schwache in solchen Fällen nicht wie Mitglieder der Oberschicht auf die sozialen Verbindungen ihrer Gesellschaftsklasse zurückgreifen können und auch nicht über deren Selbstdisziplin verfügen. Grund genug also, um sich auf die Suche nach neuen Formen der Disziplin zu machen, mit deren Hilfe wir den Zivilisationsprozess „vernünftiger" gestalten können, und sei es auch nur, um das Auseinanderklaffen der gesellschaftlichen Schere zwischen Menschen mit und ohne Selbstdisziplin nicht noch zu vergrößern.

Teil 3
Reaktion

9

Die Schuld
des Neoliberalismus

Bevor ich mich auf die Suche nach neuen Formen der Disziplin mache, möchte ich mich jedoch jenen Denkern zuwenden, die die Ideale der Achtundsechziger wie Freiheit, antiautoritäre Erziehung, freien Umgang mit Sex und Drogen hochhalten, es allerdings bedauern, dass diese auch zu Exzessen geführt haben. Eine Reihe von niederländischen linksorientierten Philosophen bekennen sich noch immer zu diesen alten Idealen, verachten jedoch deren Pervertierung zum neuen Wertesystem des Egoismus, der mangelnden sozialen Verantwortung,[189] des Konsumismus und der Prestige- und Karrieresucht. Denn direkte Folgen davon seien zunehmende soziale Ungleichheit, soziale Ausgrenzung, Verschlechterung der zwischenmenschlichen Beziehungen, geringeres Gemeinschaftsgefühl, Intoleranz gegenüber abweichendem Verhalten, Betrug, Korruption, Ungerechtigkeit, ökologische Katastrophen und grassierendes Übergewicht.[190]

Den linken Denkern ist gemeinsam, dass sie den Kapitalismus des freien Marktes für diese negativen Entwicklungen verantwortlich machen. Sie bezeichnen den gegenwärtigen Kapitalismus als „Neoliberalismus" oder „postindustriellen Kapitalismus". Die marxistische, antiklassenkämpferische Rhetorik der Achtundsechziger wurde abgelöst von einer konsumkritischen Argumentation, die sich gegen die modernen Auswüchse des freien Marktes richtet. Demnach führte die Ideologie der freien Marktwirtschaft dazu, dass seit den achtziger Jahren immer mehr Aufgaben des Staates auf private Unternehmen übertragen wurden, man das Prinzip des Sozialstaats aufgab und die Bürger zu übermäßigem Konsum ermunterte.

Wettbewerb wurde zu einer lobenswerten Sache, die skrupellose Wahrung des Eigeninteresses eine Tugend. Zwar wurde ein umfangreiches Prüf- und Kontrollsystem entwickelt, das einen fairen Wettbewerb und die Freiheit des „freien" Marktes gewährleisten sollte, jedoch zahlreiche negative Nebenwirkungen hatte: Die neoliberale Marktwirtschaft setzte alles daran, uns glauben zu machen, Freiheit liege nicht in der Befriedigung normalmenschlicher Bedürfnisse, sondern darin, in übermäßigen Wettbewerb zu den Mitmenschen zu treten und übermäßig viel besitzen zu wollen. Gleichzeitig wurde der Bürger unter dem Vorwand der Freiheit und Gleichheit immer raffinierteren Formen der Disziplinierung unterworfen, die ihn dazu bringen sollen, allein sein Eigeninteresse zu vertreten und so den Gesetzen des „freien" Marktes und des „freien" Wettbewerbs Vorschub zu leisten.

Das „fette Ich"

Der niederländische Philosoph Harry Kunneman (* 1948) reduziert den Verrat an den Idealen der Achtundsechziger auf das Schlagwort des „fetten Ichs". Beim fetten Ich handelt es sich um einen gierigen, satten Menschen mit einer unersättlichen Sucht nach Konsum und Anerkennung. Er ist egoistisch, gleichgültig, plump, mitunter sogar aggressiv, unempfindlich gegenüber Kritik und ständig darauf aus, seine Mitmenschen auszubooten oder zu übertreffen. Er ist nie zufrieden, will immer mehr, und weil ihm dies versagt ist, leidet er unter ständigen Frustrationen.[191] Kunneman führt die Zunahme von fetten Ichs auf die Verführungen des postindustriellen Kapitalismus und dessen Konsumgesellschaft zurück. An deren Anfang standen einst normale menschliche Bedürfnisse, doch wurden diese künstlich so vergrößert, dass unsere Kontrollmechanismen einem Übermaß an Konsum nicht mehr gewachsen sind. Abhängigkeiten vielfacher Art sind die Folge: Genusssucht, Übergewicht, Alkoholismus, Kaufzwang, Sucht nach Anerkennung und Macht, *workaholism* und sexuelle Promiskuität.[192] Die Entstehung des fetten Ichs verdanken wir auch dem Wettbewerbsdenken und der Leistungsmoral des Marktkapitalismus, denn wenn selbst immaterielle Aspekte des Lebens von der Marktlogik bestimmt werden, dann ist jeder Mensch ein Konkurrent und das Eigeninteresse hat Priorität. Ein fettes Ich futtert sich seinen Wanst auf Kosten anderer an, so fasst Kunneman den Typus zusammen.[193]

Die Moral des fetten Ichs geht davon aus, dass jedes Mitglied der Gesellschaft aus Eigeninteresse handelt und dass der Wettbewerb unter den Mitgliedern bessere Leistungen zur Folge hat. Habsucht und Neid sind in dieser Moral keine unerwünschten Charaktereigenschaften, sondern bringen den Menschen weiter. Im Zentrum des Neoliberalismus steht nach Meinung der beiden Philosophen der Mensch als Unternehmer, der aus seinem persönlichen Kapital den höchstmöglichen Profit schlagen möchte. Durch Selbstoptimierung, sowohl körperlicher als auch mentaler Art, leistet er mehr und wird somit ein stärkerer Player im ökonomischen Markt.

Michel Foucault vertritt in seinen Vorlesungen, die er 1978–1979 am *Collège de France* hielt, die Auffassung, dass jeder Mensch ein Unternehmer seiner selbst sei, und führt als Referenz den amerikanischen Neoliberalismus an. Dieser sei in den dreißiger Jahren als Reaktion auf die starke staatliche Regulierung des *New Deal* von Präsident Roosevelt entstanden. Der Neoliberalismus entwickelte die „Theorie des Humankapitals"[194], wonach der Mensch sein eigenes „Kapital" ist, weil seine körperlichen und geistigen Fähigkeiten ihm ein zukünftiges Einkommen ermöglichen. Wie fähig und sachverständig jemand in seiner Arbeit ist, ist in dieser Theorie ausschließlich von der Person selbst abhängig. Foucault beschreibt diese Einheit von Arbeiter und Fähigkeiten als „Maschine […], aber eine Maschine im positiven Sinne, da es sich um eine Maschine handelt, die etwas produziert, und zwar einen Einkommensstrom".[195]

Die Auffassung, dass der fähige Arbeiter eine Maschine ist, in die investiert werden kann, macht ihn zu einem Unternehmer seiner selbst; er ist sein eigenes Kapital, sein eigener Produzent und seine eigene Einkommensquelle. Dadurch, dass der neoliberale *Homo oeconomicus* in sich selbst investiert, erhöhen sich seine Erfolgschancen auf dem freien Markt. Im Falle des Erfolgs kann er dann wieder in seine Person investieren, wodurch sich seine Erfolgschancen wieder vermehren. Das Besondere am *homo oeconomicus* ist, dass er durch den Konsum „auf der Grundlage des verfügbaren Kapitals seine eigene Befriedigung produziert".[196] Der amerikanische Neoliberalismus hat seine Ideologie bis in Bereiche ausgedehnt, die bisher von den Gesetzen der Marktwirtschaft verschont geblieben waren, wie die Ehe und die Kindererziehung.[197]

Der niederländische Philosoph Achterhuis stimmt mit Foucault überein, dass Amerika ein „Generator" utopischer Ideen sei. Kleinen Ländern mit offener Ökonomie wie den Niederlanden und Belgien bleibt eigentlich gar nichts anderes übrig, als sich dem Weltmarkt anzupassen, „der durch die Hegemonie der Vereinigten Staaten immer stärkere neoliberale Züge annimmt".[198] Wenn wir dennoch unseren eigenen Weg gehen und unsere eigene Richtung einschlagen wollen, dann müssen wir, so fordert Achterhuis, den freien Markt als „große utopische Geschichte" betrachten und uns eine kritische Meinung darüber bilden. Der Psychologe Verhaeghe dagegen fragt sich, aus welchem Grund wir der Leistungsgesellschaft skeptisch gegenüberstehen sollen. Warum sollten wir etwas dagegen haben, dass alle die gleichen Chancen haben und dass der, der sich am meisten anstrengt, auch die höhere Belohnung dafür erhält? Das ist eben das Prinzip einer Leistungsgesellschaft, in der der Wettbewerb unter den Menschen zunächst zur gesunden Moral des Verdienstes führt und damit die Möglichkeit begünstigt, durch persönlichen Einsatz die eigenen Geschicke zu lenken. Doch nach dieser ersten positiven Phase, in der scheinbar Chancengleichheit herrscht, folgt die Desillusion. Es zeigt sich nämlich, dass nicht alle die gleichen Voraussetzungen besitzen. Außerdem bildet sich nach einer Weile erneut eine Elite, die die weniger Leistungsfähigen ausschließt. Diese Phase wird dann abgelöst von einer dritten Phase, in der es kaum noch möglich ist, mit harter Arbeit viel Geld zu verdienen, weil die Hochleistungselite willkürlich bestimmt, wer der Beste ist und nach welchen Regeln das zu beurteilen ist.[199]

Wer sich dem Wettbewerb entzieht, dem droht die Gefahr der sozialen Isolation. Das jedenfalls geben alle Kapitalismuskritiker zu bedenken. Er gilt als *Loser* und man zeigt mit dem Finger auf ihn.[200] Die niederländische Wissenschaftsphilosophin Trude Dehue (* 1951) untersuchte die sogenannte „Depressions-Epidemie" dieser Tage und fand heraus, dass die Gründe für eine Depression vielfach in der Verachtung zu suchen sind, mit der sozial schwache Menschen konfrontiert werden. Diese untergräbt deren Selbstbewusstsein, was oft in einer Depression endet. Viele Menschen sind mit dem Auftrag zur Selbstoptimierung überfordert, ein enormer Anstieg diagnostizierter Depressionen in den westlichen Ländern sei die Folge davon:

Ein strikt neoliberales System überantwortet viele Menschen dem eigenen Los, weil die Entschuldigung dieser „Loser", man habe eine ungünstigere Ausgangsposition als andere, nicht akzeptiert wird. Die Elite ist der Ansicht, dass diese Menschen einfach darin versagt hätten, nicht arbeitslos, behindert oder krank zu werden. Sie meinen ohnehin, solche Leute hätten besser daran getan, gleich eine untergeordnete, weniger anspruchsvolle Arbeit anzunehmen. Ein System, das den Menschen lehrt, sets das Eigeninteresse voranzustellen, lehrt diesen automatisch auch, dass ihm im Notfall keiner helfen würde. So etwas können nur wahre Sieger ertragen, da sie überzeugt sind, niemals auf die Hilfe anderer angewiesen sein zu müssen.[201]

Auch Verhaeghe stellt fest, dass die Zahl der Depressionsdiagnosen, der Alkoholabhängigen und der Sozialphobien in der neoliberalen Gesellschaft signifikant gestiegen ist, doch scheut er sich davor, einen direkten kausalen Zusammenhang zwischen dem neoliberalen Wirtschaftssystem und der Zunahme an psychischen Störungen zu ziehen. Es sei jedoch nicht zu leugnen, dass dieses Wirtschaftssystem die Einkommensunterschiede vergrößert, was nachweislich große Auswirkungen auf die Gesundheit hat.[202]

Kunneman beobachtet, dass in der heutigen Wettbewerbsgesellschaft jeder Bürger gewissermaßen die Pflicht hat, den größtmöglichen Profit aus sich herauszuschlagen. Das gelte sogar für den Körper. Um maximale Akzeptanz zu erhalten, reibungslos zu funktionieren und ständig Höchstleistungen erbringen zu können, wird von ihm erwartet, dass er seine Gesundheit, Vitalität und Arbeitskraft pflegt.[203] Diese Pflicht zur Selbstoptimierung des eigenen Körpers macht uns nach Meinung des britischen Soziologen Nikolas Rose zu „biologischen Bürgern":

Today, we are required to be flexible, to be in continuous training, lifelong learning, to undergo perpetual assessment, continual incitement to buy, constantly to improve oneself, to monitor our health, to manage our risk. And such obligations extend to our genetic susceptibilities: hence the active responsible biological citizen must engage in a constant work of self-evaluation and the modulation of conduct, diet, lifestyle, and drug regime, in response to the changing requirement of the susceptible body.[204]

Diese biologisch begründete „freiwillige Verpflichtung zur Selbstoptimierung" ruft neue Formen der Selbstdisziplin hervor, die keine Affekte, Leidenschaften oder sexuellen Wünsche unter Kontrolle halten müsste, sondern dem Körper im Kampf um Anerkennung und Wettbewerbsvorteil bis hinunter zur molekularen Ebene Höchstleistungen abringen soll. „Wir haben entdeckt, dass wir die Biologie sogar noch im intimsten Bereich verbessern können", so Dehue.[205]

Doppelte Disziplinierung

Im neoliberalen Wirtschaftssystem ist eine merkwürdige Paradoxie zu beobachten. Es setzt dem freien Markt ein immenses Regelwerk, ein intensives Kontrollsystem und eine lähmende Verwaltung entgegen.[206] Kritiker beklagen, dass die traditionellen öffentlichen Leistungsträger (Verkehr, kommunale Versorgungsbetriebe, Gesundheits- und Bildungswesen) einem weitverzweigten Netz marktwirtschaftlicher Kontroll- und Disziplinarmaßnahmen unterliegen.

Auch dazu finden sich in Foucaults Vorlesungen über den Neoliberalismus theoretische Überlegungen. Bereits Ende der siebziger Jahre erkannte der französische Philosoph, dass die ständige Wahrung des Eigeninteresses durch neue Formen der Disziplinierung im Zaum gehalten wird. Der Neoliberalismus unterscheidet sich vom klassischen Liberalismus dadurch, dass er dessen *Laisser-faire* durch einen Wettbewerb mit deutlicher Struktur und strengen, formalen Spielregeln ersetzte. Die Staatsgewalt im neoliberalistischen System besteht in seinen Augen aus „eine[r] aktive[n], wachsame[n] und intervenierende[n] Regierung".[207]

Das von Achterhuis und Verhaeghe erwähnte Paradox einer freien Marktwirtschaft mit starken Kontroll- und Disziplinierungsinstanzen lässt sich vielleicht am besten anhand des Leistungssports illustrieren. Die Freiheit, sich im Wettstreit fair mit anderen messen zu können, wird hier mithilfe eines engen Netzwerks von Kontrollinstanzen gewährleistet, zum Beispiel durch die rigide gehandhabten Dopingkontrollen der 1999 gegründeten Welt-Anti-Doping-Agentur (WADA), die weltweit das Doping im Leistungssport bekämpft. So sehen wir einerseits den Leistungssport als Körperkultur, wobei der Leib durch Ernährung, Training, Technologie und mentale Einstellung unendlich optimiert wird, doch andererseits wird die Freiheit des Leistungssportlers durch streng disziplinierende Auflagen empfindlich eingegrenzt. So muss er sieben Tage pro Woche jederzeit für willkürlich durchgeführte Urin- und Bluttests verfügbar sein und ständig einen biologischen Pass (mit dopingfreien Blutwerten zum Vergleich) mit sich führen.

Der Leistungssportler des 21. Jahrhunderts stellt seinen Körper der Wissenschaft bereits zu Lebzeiten zur Verfügung, er wird überwacht, klassifiziert und diszipliniert. Die fortwährende Androhung von Sanktionen hält ihn am Gängelband.[208] Verantwortlich dafür ist die Auffassung vom sauberen und vom schmutzigen Körper. Ein Sieg mit einem schmutzigen Körper ist kein Sieg, denn dieser ist nicht aus eigener Kraft erzielt worden. Nur ein sauberer Sieger darf auf Lob, Anerkennung, Prestige und Preisgeld hoffen.

Ähnliches geschieht übrigens auch in der Wissenschaft, wo neoliberales Gedankengut einen mörderischen Wettbewerb unter den Wissenschaftlern heraufbeschworen hat. Erfolgreich ist hier, wer wenig schläft, überall auftaucht, wo es wichtig ist, die meisten Überstunden macht, wichtige Kontakte unterhält, die meisten Publikationen in den wichtigsten Zeitschriften aufzuweisen hat und die höchsten Drittmittelbeträge in Form von Forschungsgeldern eintreiben kann. Die Motivation eines Wissenschaftlers liegt häufig nicht mehr darin, die Wahrheit zu finden, sondern nur noch darin, sein Eigeninteresse durchzusetzen.[209] Doch auch in der Wissenschaft muss der Wettbewerb *fair* ablaufen. Wie beim Sport wurde aus diesem Grund ein komplexes System von Kontrollmechanismen entwickelt, bei dem möglichst gleiche Ausgangsbedingungen geschaffen werden sollen. Herkunft, Geschlecht und Geburtsort dürfen in der Qualitätsbeurteilung eines einzelnen Wissenschaftlers keine Rolle spielen. Um die Leistungen dennoch gerecht beurteilen zu können, werden die Qualitäten und Leistungen der Wissenschaftler individuell quantifiziert. Ein Mittel dazu ist die qualitative Klassifizierung der wissenschaftlichen Zeitschriften, in denen die Wissenschaftler ihre Ergebnisse publizieren. Sie wurden in A-, B- oder C-Zeitschriften eingeteilt, wobei A das höchste Niveau darstellt und C das niedrigste. Je mehr wissenschaftliche A-Publikationen ein Wissenschaftler aufzuweisen hat und je öfter er aus diesen zitiert wird, desto höher wird sein Einfluss veranschlagt (ausgedrückt im sogenannten Hirschfaktor oder *h-Index*). Anhand dieser Quantifizierung werden die Leistungen der Wissenschaftler objektiv miteinander verglichen, und es kann festgestellt werden, wer in diesem spezifischen Wettbewerb zu den Siegern und wer zu den Verlierern zu zählen ist. Doch der niederländische Kulturphilosoph René Boomkens (* 1954) sieht in diesem Prozess der Quantifizierung und in dem daraus resultierenden Vergleich eine negative „zweifache Disziplinierung" eines Mitglieds des Wissenschaftsbetriebs. Es wird so getan, als entspringe jede Tätigkeit eines Wissenschaftlers einer freien individuellen Entscheidung und die Ergebnisse ließen sich deshalb ganz einfach quantitativ bemessen. Doch man übersieht, dass das, was ursprünglich Freiheit und Gleichheit gewähren sollte, ins Gegenteil umschlägt: in eine permanente Kontrolle und in ein gnadenloses Beurteilungssystem.[210] Wie im Sport wird auch in der Wissenschaft die neoliberale, auf Höchstleistung getrimmte Selbstdisziplin mit einem strengen Kontroll- und Disziplinierungssystem kombiniert, das den Teilnehmern des Wettbewerbs einen fairen „Kampf" gewährleisten soll. Ähnliches geschieht übrigens auch im Bildungssystem und im Kunstbetrieb.

Moralische Werte

Nach dieser scharfen Kritik von Seiten der Kapitalismuskritiker dürfte wohl ein Plädoyer für die Abschaffung der kapitalistischen Marktwirtschaft fällig sein. Doch nichts liegt mir ferner als das. Nicht einmal Achterhuis, einer der heftigsten Kritiker der neoliberalen Ideologie, hegt die Absicht, den freien Markt zu beseitigen. Im Gegenteil: Er hält ihn für einen Garanten des guten Lebens. Doch er ist der Ansicht, dass der Markt und die Bürgergesellschaft bzw. der Staat wieder ins Gleichgewicht gebracht werden müssen, was nicht ökonomisch oder politisch zu erreichen ist, sondern durch eine neue

Ethik: Markt und Staat sollen sich den Werten der *civil society*, der bürgerlichen Gesellschaft, unterordnen, und zwar unter Einsatz der vier berühmten philosophischen Kardinaltugenden.[211] Dabei handelt es sich um die *praktische Weisheit*, mit deren Hilfe die Verbindungen zwischen Markt und bürgerlichem Staat verstärkt werden sollen; um die *Tapferkeit*, mit der man sich den Auswüchsen der neoliberalen Logik widersetzt; um die *Selbstbeherrschung und das Gefühl für das Maß*, damit wir uns nicht von den utopischen Versprechungen des Marktes verführen lassen; und schließlich um das *Gerechtigkeitsgefühl*, das jedem gibt, was ihm zusteht.[212] Mit seiner Hoffnung auf die Moral steht Achterhuis nicht allein; auch Kunneman und Verhaeghe argumentieren in diese Richtung. Sie sind alles andere als Utopisten. Ihre Vorschläge sind nicht mehr als tastende Versuche, ein gesellschaftliches System mitzugestalten, in dem die Begierden des Menschen auf nicht-gewalttätige, vorzugsweise horizontale Weise von Mitmenschen, demokratischen Institutionen und gelegentlich sogar vom Markt in Grenzen gehalten werden.

Doch können die Tugenden der Kapitalismuskritiker unserer Gesellschaft tatsächlich zu den notwendigen neuen Formen der Disziplin verhelfen? Ohne politische Veränderungen, die die Stärkung der Selbstdisziplin in den sozial schwachen Bevölkerungsschichten zum Ziel haben, wird der Ruf nach moralischen Werten vor allem bei jenen auf Zustimmung stoßen, die bereits über genügend Selbstdisziplin verfügen, und von jenen nicht gehört werden, die die Disziplin am nötigsten haben.

Neue horizontale Grenzen

Stimmt denn die Behauptung der Kapitalismuskritiker überhaupt, wonach der Neoliberalismus die Freiheitsideale der Achtundsechziger dadurch verraten habe, dass er die Ideologie des unbedingten Egoismus vertritt? Gäbe es tatsächlich weniger Egoismus, wenn man der Marktwirtschaft nicht den Freiraum gelassen hätte, derart entscheidend in das gesellschaftliche und politische System einzugreifen? Leider können wir die Zeit nicht zurückdrehen, um zu sehen, wie sich die Gesellschaft ohne den Neoliberalismus entwickelt hätte. Ich halte es jedoch für falsch zu behaupten, ohne die freie Marktwirtschaft wäre es heute um die Disziplin und die Freiheit in unserer Gesellschaft besser bestellt.

Der Disziplinabbau in den Sechzigern und Siebzigern führte dazu, dass die Individuen ihre Wünsche rücksichtslos wahr machen wollten, was vor allem deshalb nicht ungefährlich war, weil das menschliche Begehren, wie Aristoteles zu bedenken gibt, von Natur aus unbegrenzt ist. Nur wenigen war damals klar, dass die Aufhebung der alten Grenzen eine Suche nach neuen Formen der Zügelung des Begehrens notwendig machen würde. Vermutlich ist das indirekt der Grund dafür, dass die freie Marktwirtschaft einen umfangreichen Kontrollapparat nötig machte, der die gegenseitigen Verpflichtungen zwischen Bürger, Staat und Wirtschaft regelt.

Die Kapitalismuskritiker haben uns dankenswerterweise die Augen dafür geöffnet, dass sich seit dem Abbau der Disziplinarhierarchien in den Sechzigern und Siebzigern die Disziplin im Grunde nicht verringert, sondern im Gegenteil erhöht hat, und zwar durch neue, neoliberale Disziplinformen, die ganz und gar dem Profitdenken untergeordnet sind. Allerdings haben sie übersehen, dass die Achtundsechziger diese neoliberale Disziplin mitzuverantworten haben, weil sie die traditionellen Formen der Disziplin zwar abgeschafft, aber nicht durch neue Formen der Disziplin ersetzt haben. Das heißt, die Achtundsechziger tragen für den heutigen Konsumismus und die neoliberale Wettbewerbswirtschaft nicht weniger die Schuld als der Neoliberalismus selbst. Vermutlich wäre auch ohne das neoliberale Wirtschaftssystem die maßlose Gesellschaft von heute entstanden; es ist aber durchaus möglich, dass sich deren Exzesse dann nicht im Bereich des Konsums, sondern im Bereich der Gewalt abgespielt hätten.

Nach fast fünf Jahrzehnten des Disziplinabbaus entscheiden sich die Kapitalismuskritiker nun dafür, nach neuen Grenzen zu suchen. Doch tun sie das nicht dort, wo man es aufgrund ihrer Einstellung am ehesten erwarten würde. Sie visieren keineswegs einen Wandel des politischen oder ökonomischen Systems an, sondern zielen auf die Sphäre *außerhalb* von Markt und Staat: auf die Privatsphäre, das heißt, auf das persönliche Beziehungsnetz des Individuums und auf die bürgerliche Gemeinschaft.[213] Man beabsichtigt, horizontale Grenzen zu ziehen, indem man sich auf moralische, für ein gutes Leben unverzichtbare Werte beruft.[214] Ob das ausreicht, um den neoliberalen Exzessen Einhalt gebieten zu können, wird sich erweisen. Die Kapitalismuskritiker jedenfalls sind verständlicherweise vorsichtig mit allzu großen utopischen Erwartungen. Es wundert einen jedoch, dass keiner sich die entscheidende Frage stellt, nämlich ob es in unserer Gesellschaft überhaupt noch zwischenmenschliche Beziehungen oder Verhaltensweisen gibt, die nicht vom freien Markt geregelt werden.

10

Die Befriedigend-Kultur

Der allgemein zu beobachtende Disziplinmangel bei den heutigen Studenten hat in den Niederlanden einen eigenen Namen: die Befriedigend-Kultur. Studenten leisten heute weniger und brauchen länger für ihr Studium, als manchem von uns lieb ist. Außerdem gibt es zu viele Studienabbrecher. Den Studenten ist das egal. Ihnen reicht es, wenn sie nach fünf Jahren ihr Bachelorstudium mit der Note „befriedigend" beenden. Der Staat dagegen setzt die Hochschulen unter Druck, damit diese die Studienleistungen verbessern. Dadurch ließen sich nämlich die Kosten für die wissenschaftliche Lehre enorm senken.

Universitäten und Hochschulen geben diesen Druck an die Studenten weiter, indem sie neue, strengere Anforderungen stellen. Die Erasmus-Universität in Rotterdam verlangte von den Erstsemestern, das erste Jahr gleich beim ersten Anlauf zu schaffen. Wem das nicht gelingt, erhält eine negative Beurteilung und darf sein Studium nicht fortsetzen. Eine in Auftrag gegebene Pilotstudie kam zum Ergebnis, dass nach der Einführung dieser Maßnahme die Leistungen merklich stiegen: Bedeutend mehr Studenten schlossen nun das erste Jahr mit Erfolg ab, in manchen Studiengängen lag die Erfolgsquote bei den Erstsemestern sogar höher als bei den Studenten, die für dieselben Leistungen zwei Jahre Zeit gehabt hatten.[215] Neue Disziplinarmaßnahmen trafen jedoch auch die Dozenten: Sie sollten strenger auftreten, die Studenten mit Aufgaben und Tests bei der Stange halten, die Möglichkeiten zur Prüfungswiederholung einschränken und die Qualität von Unterricht und Studienbegleitung verbessern. Die Philosophiestudenten wehrten sich gegen diese Infantilisierung des Studienbetriebs, und der niederländische Studentenverband fragte sich, ob die Ursache für das positive Ergebnis nicht auf eine laxere Handhabung des Benotungssystems zurückzuführen sei.

Doch das ist nur ein exemplarisches Beispiel für die neue Zucht und Ordnung, die neuerdings nicht nur in den Niederlanden, sondern im öffentlichen Leben vieler westlicher Gemeinschaften zu beobachten ist. Auch auf anderen Gebieten, wie im Gesundheitswesen, im Bildungssystem, in der Wirtschaft und in der Rechtsprechung, weht ein spürbar schärferer Wind.

Unter den Fürsprechern dieser neuen Zucht und Ordnung finden sich Namen wie Theodore Dalrymple, Roger Scruton, Francis Fukuyama, Ad Verbrugge und Frits Bolkestein. Allen gemeinsam ist die pessimistische Sicht auf die heutige Kultur. Sie sind der Ansicht, dass diese sich in einer Krise befinde, allmählich verloren gehe oder schon in den letzten Zügen liege. Und mit der Kultur sei das ganze sittliche Leben in Gefahr: Die Menschen werden immer unhöflicher, unmoralischer und gewalttätiger. Sie sehen eine direkte Verbindung zwischen dem Verlust an Kultur, dem zunehmenden Mangel an sozialem Zusammenhalt und der Gewalt in der Gesellschaft.

Die Kulturpessimisten sind der nostalgischen Überzeugung, dass früher alles besser gewesen sei. Mit „früher" meinen sie die Zeit vor den Sechzigern, denn diese ersetzten das Vertrauen auf die Autoritäten durch den Glauben ans Individuum. Sie halten die Achtundsechziger für die Verursacher der heutigen moralischen Krise. Damit müssen diese Denker dem zugeordnet werden, was Noortje Thijssen den „Destruktivitätsdiskurs" nennt. Dieser besagt, dass die sechziger Jahre eine zerstörerische Entwicklung in Gang gesetzt haben, deren Folgen noch heute spürbar sind. Oft klingt in diesem Diskurs auch ein „restauratives Verlangen" nach den fünfziger Jahren mit.[216] Man sieht die Zeit für einen Umschwung gekommen. Der Kulturverlust müsse unbedingt rückgängig gemacht und Hierarchien wieder eingeführt werden: Eltern sollen ihren Kindern wie früher Selbstdisziplin, Verantwortungsgefühl und Kultur beibringen. Schüler sollen mehr auswendig lernen, pünktlich zur Schule kommen und tun, was der Lehrer sagt. Studenten sollen mehr Zeit in ihr Studium stecken und weniger auf Partys gehen, damit sie das Examen gleich beim ersten und nicht erst beim zweiten Anlauf schaffen. Und Verbrecher müssen schärfer bestraft werden. Mit diesen Maßnahmen hoffen die Kulturpessimisten, den Schaden, den die Ideale der Achtundsechziger in den Köpfen der Menschen angerichtet haben, wieder gutmachen zu können.

Ein Misthaufen

Worin aber besteht der von den Kulturkritikern diagnostizierte kulturelle Untergang? Auf welchen philosophischen Theorien gründen sie ihre Plädoyers für eine Erneuerung von Zucht und Ordnung und Disziplin? Einer der einflussreichsten Kulturkritiker ist der britische Gefängnisarzt und Psychiater Theodore Dalrymple (* 1949). Seine Erfahrungen mit „der Unterschicht", die er während seiner Arbeit in britischen Gefängnissen und Problemvierteln machte, beschreibt er in Büchern mit klingenden Titeln wie *Life at the Bottom: The Worldview That Makes the Underclass* (2001), *Spoilt Rotten: The Toxic Cult of Sentimentality* (2010) und *Litter: How Other People's Rubbish Shapes Our Life* (2011). Vor allem mit seinem eigenen Land geht er dabei hart ins Gericht. Mit fast sechzig Millionen Einwohnern ist Großbritannien Dalrymple zufolge heute „a swamp of sentimentality whose aesthetic, intellectual and moral correlates are dishonesty, vulgarity and barbarity".[217] In materieller Hinsicht mag das Land in den letzten Jahrzehnten vielleicht reicher geworden sein, doch in moralischer Hinsicht sei es in vielen Bereichen verarmt.

Dalrymple erforscht in seiner Studie die Unterschicht im Allgemeinen und die Insassen der Gefängnisse und Bewohner der Problemviertel im Besonderen. In seinen Augen sind diese böse, unhöflich, alkohol-, medikamenten- oder drogenabhängig, sie stehlen, prügeln und machen zu allem Überfluss die Gesellschaft für ihr Verhalten verantwortlich anstatt sich selbst. Würde sich dieses „barbarische" Verhalten nur auf die Unterschicht beschränken, könne man das ja noch mit einem Schulterzucken abtun. Aber das sei nicht der Fall. Durch die soziale Mobilität dringe dieses Verhalten immer mehr in die höheren Gesellschaftsschichten ein, und zwar – was Dalrymple besonders beunruhigt – mit einer „erschreckenden" Geschwindigkeit. Die Oberschicht, das Königshaus eingeschlossen, kokettiere immer öfter mit den Moden aus der Gosse: Sie hören Rap-Musik und andere *lower-class*-Musik, tragen die Kleidung der Unterschicht, Piercings und Tätowierungen. Auch das „katastrophale Muster" der menschlichen Beziehungen, wie es in der Unterschicht üblich sei, greife in der Oberschicht vermehrt um sich: Promiskuität, Scheidungen und Alleinerziehende seien heutzutage in allen Bevölkerungsschichten normal. Das Schlimmste aber sei, dass sich in diesem Misthaufen niemand mehr für sein eigenes Schicksal verantwortlich fühle. Die Menschen hielten sich für hilflose Opfer und seien extrem verwöhnt. Die den Briten früher zugeschriebenen Eigenschaften wie Höflichkeit, Stolz und Unabhängigkeit seien verschwunden und durch Larmoyanz und faule Ausreden für Unhöflichkeit und kriminelles Verhalten ersetzt worden. „The collapse of the British character has been as swift and complete as the collapse of British power."[218]

Ad Verbrugge teilt Dalrymples kulturpessimistische Theorien. Als Vorsitzender des Vereins „Beter Onderwijs Nederland" (Zur Verbesserung des Unterrichts in den Niederlanden) und als Autor des Buches *Tijd van onbehagen* (2005; *Zeit des Unbehagens*) behauptet auch er, dass der heutige Bürger zu verwöhnt sei. Er verlange ultimatives Glück, Sicherheit, Komfort, Autonomie, ohne jedoch bereit zu sein, etwas dafür zu tun oder einen Preis dafür zu zahlen. Der moderne Mensch stellt die individuelle, persönliche Freiheit über alles, mit fatalen Folgen: „Weil die Gesellschaft die individuelle persönliche Freiheit absolut setzt, bringt sie ein kulturloses Pack hervor, das durch asoziales Verhalten und Gewalt gekennzeichnet ist."[219]

Dieses „Pack" setzt sich auch bei ihm vorwiegend aus den Angehörigen der Unterschicht zusammen, denn in diesem Milieu seien Tugenden wie Rechtschaffenheit, Gemeinschaftssinn und Verantwortungsgefühl kaum noch vorhanden. Doch er gibt zu, dass auch das Bildungsbürgertum in den letzten Jahrzehnten immer mehr an Kultur und Intellektualität eingebüßt habe, abgestumpft und nur noch mit sich selbst beschäftigt sei.

Verbrugge scheint in seiner Kritik am maßlosen Individualismus mit dem Lager der Kapitalismuskritiker zu sympathisieren. Doch er behauptet, im Gegensatz zu den im vorigen Kapitel behandelten linken Denkern, dass das Achtundsechziger-Ideal der persönlichen Freiheit nicht durch die Grundsätze des Neoliberalismus zum allgegenwärtigen Egoismus pervertiert worden ist, sondern dass der Neoliberalismus eine direkte Folge jenes freiheitlichen Ideals sei. Die Propagierung der Individualität führe zu übersteigertem Konsumverhalten, Konsumismus, und dieser wiederum zu einer Zunahme von Gewalt und Korruption, zu Disziplinmangel, zur Verschlechterung des Schulwesens, zum Schwund der Allgemeinbildung und zu Familienproblemen. Das mangelnde Interesse am Wohl und Wehe des anderen habe sogar zur Folge, dass der Wille zur Fortpflanzung erlösche. Jeder sei zu sehr mit sich selbst beschäftigt und habe keine Zeit mehr, die Kultur an die nächste Generation weiterzugeben. Die Gründe dafür sieht Verbrugge jedoch nicht nur in der Verinnerlichung der individuellen Freiheit, sondern vor allem darin, dass sich der moderne Europäer nicht mehr in erster Linie als rechtschaffenes Gemeinschaftswesen versteht: „Man ist nicht mehr beseelt von einer Kultur, die über Einzelinteressen hinausgeht, sondern man hat an sich selbst genug."[220] Ohne Kultur zerbricht die Gesellschaft und endet in Chaos und Gewalt.

Der Untergang der Kultur offenbare sich, so die Kulturkritiker allgemein, vor allem in der Erziehung der Kinder. Sie scheitere gleich an zwei Fronten: Die erste Front ist die Familie. Moderne Familien zerbrechen weitaus häufiger, als dies früher der Fall war, außerdem bestehe kein hierarchisches Verhältnis mehr zwischen den Eltern und den Kindern. Die Eltern wollen ihre Kinder zu frei erziehen. Die hohe Zahl zerrütteter Familien ängstigt die Kulturkritiker, denn die Familien sind der Hort der Kultur; hier wird sie von einer Generation auf die nächste übertragen. Der amerikanische Politikwissenschaftler Francis Fukuyama (* 1952), der dem Kulturwandel der Sechziger nicht weniger negativ gegenübersteht als Dalrymple und Verbrugge, aber angesichts der Neunziger und der Jahre danach optimistisch ist, hält den in sämtlichen westlichen Gesellschaften zu beobachtenden Zerfall der Familie für die Hauptursache „der großen Zersetzung". Nur in einer intakten Familie lernt das Kind, sich auf feste soziale Beziehungen einzulassen, wodurch gemeinsame Werte und ein Vertrauen in die soziale Ordnung geschaffen werden. Ohne das soziale Kapital einer intakten Familie werden Kinder zu Egoisten, handeln nur noch im eigenen Interesse und scheren sich nicht um die Gemeinschaft, in der sie leben.[221] Auch Verbrugge stößt sich an Eltern, die lieber Party und Karriere machen wollen als zu Hause zu bleiben. Er sieht in der Familie ebenfalls die Basis, auf der ein Mensch Sozialverhalten und Vertrauen in die Gemeinschaft lernen muss. Wenn dann auch noch der Kampf an der zweiten Front, dem Bildungssystem, verloren zu gehen droht, ist das der Anfang vom Ende.

Dalrymple ist der Ansicht, dass in der modernen Erziehung alles auf eine Konfrontation zwischen dem Willen der Eltern und dem Willen des Kindes hinauslaufe. Das Kind erfahre dabei, dass Grenzen nur eine willkürliche Setzung jener sind, die eben größer und stärker sind. Daraus resultiere ein „statement of disrespect in the face of what he supposes to be authority": „His fragile ego demands that he dominate all social interactions and submit to no convention".[222] Das Erziehungssystem sollte eigentlich den Eltern helfen, den zunehmenden Egoismus der Kinder einzuschränken. Doch die Kulturpessimisten halten auch das für gescheitert. Der niederländische konservative Politiker Frits Bolkestein (* 1933) spricht den anderen Kulturpessimisten aus dem Herzen, wenn er bedauert, dass mit der antiautoritären Erziehung die moralische Hierarchie zwischen Lehrern und Schülern, Eltern und Kindern aufgelöst wurde. Stattdessen sei die Erlebniswelt des Kindes zur Norm erhoben worden. Lehrer und Lehrerinnen werden mit Vornamen angesprochen und die Schultafel habe man auch noch abgeschafft. Man habe sich auf das Niveau der Kinder herabgelassen, statt die Kinder auf das Niveau der Erwachsenen zu heben. Jetzt, so Bolkestein, müssen wir uns mit den Früchten dieser Entwicklung herumschlagen.[223]

Dalrymple stimmt in diese Klage über das Schulwesen mit ein. Auch er beklagt, dass man den Klassenverband aufgelöst habe, die Kinder nur noch spielend statt vom Lehrer lernen und die Schultafel und das Auswendiglernen verschwunden seien.[224] Er verurteilt die „romantische Sentimentalität" im heutigen Erziehungswesen, die auf dem Irrtum beruhe, dass Kinder spontan und aus sich selbst heraus auf hohem Niveau lernen könnten.[225] Dalrymple zielt mit seiner Kritik auf den Philosophen und Reformpädagogen John Dewey (1859–1952), der der Ansicht war, dass Eltern und Lehrer den Kindern nicht ihre Ziele aufdrängen sollen, sondern dass das Lernen im Unterricht auf den Erfahrungen der Schüler beruhen müsse.[226] Dalrymple macht solche Ansichten für den miserablen Zustand des (britischen) Schulsystems verantwortlich. Die Abschaffung der Orthographie, weil man eine verbindliche Schreib- und Sprechweise nicht mehr für nötig halte, tue ein Übriges. Und wer die Kinder nicht mehr kritisiere, weil er der Überzeugung sei, auf diese Weise einen Minderwertigkeitskomplex bei ihnen hervorzurufen, der nähre zwar die Selbstliebe der Kinder, aber auf Kosten des allgemeinen Unterrichtsniveaus.

In seinem Essay *Culture Counts: Faith and Feeling in a World Besieged* (2007) ärgert sich der kulturkritische britische Philosoph Roger Scruton (* 1944) darüber, dass die Schüler von heute anhand von J. K. Rowlings *Harry Potter* in die Literatur eingeführt werden sollen. Er glaubt jedoch nicht, dass man auf diese Weise zu hoher Literatur finde; er schlägt den umgekehrten Weg vor: Die Schüler sollen sofort mit der höchsten Literatur bekannt gemacht werden, mit Dickens, Shakespeare oder Brontë, und diese am besten auch gleich auswendig lernen. Dadurch würde die Literatur ganz allmählich Teil ihrer Erfahrungswelt. Wenn man das Niveau des Kindes zum alleinigen Maßstab erhebe und vergesse, was die Menschheit im Lauf der Zeit gelernt hat, dann sei das eine Gefahr für die ganze westliche Kultur. Das müsse vermieden werden, meint Scruton, denn: „Western culture is our highest moral resource, in a world that has come through to modernity. It contains the knowledge what to feel, in a world where feeling is in constant danger of losing its way."[227] Die Kulturpessimisten sind der Ansicht, dass die zu lasche Erziehung und die zu sehr auf das Kind bezogene Unterrichtsmethode für die heutige Malaise an den Universitäten verantwortlich sind. Kinder lernen nur noch, wie sie sich selber verwirklichen können. Sie lernen keine Disziplin, Jahreszahlen, Orthographie oder Grammatik mehr, außerdem können sie nicht mehr kopfrechnen, von der Kenntnis hoher Literatur, Musik oder Kunst ganz zu schweigen.

Die Achtundsechziger sind an allem schuld

Die Kulturpessimisten geben die Schuld der Generation der Sechziger und Siebziger. Diese hegte die naive und romantische Vorstellung, dass jeder Mensch gut sei und die freie Selbstverwirklichung dieser natürlichen Gutheit zwangsläufig zu ihrem Recht verhelfe. Kinder sollen sich deshalb ohne gesellschaftlichen Druck spontan und ungehindert äußern dürfen und weder in ihren Gefühlen noch in ihrer Sexualität eingeschränkt werden. Diese Gedanken seien zwar bereits in der Romantik des 18. Jahrhunderts formuliert worden, doch nie zuvor sei versucht worden, diese Idee in so umfassendem Maße und bedenkenlos umzusetzen.

Was die Kulturpessimisten den Achtundsechzigern am meisten übel nehmen, ist, dass sie durch ihr Misstrauen gegen alle Formen der Macht auch all jene autoritären Institutionen untergraben haben, die Träger der kulturellen Bildung sind, das heißt Familie, Schule, Rechtsstaat und sämtliche Institutionen der Bildungs- und Kulturpolitik. Die konservativen Kulturpessimisten sehen darin einen Rückschritt hinter das, was die Kultur seit ihren Anfängen erreicht habe. Sie wollen den autoritären Vater wiederhaben, der am Kopfende des Tisches sitzt und seinen Kindern Disziplin und Manieren beibringt, und verpönen das alleinerziehende Elternteil, das mit seinen Sprösslingen die Mahlzeiten vor dem Fernseher einnimmt. Sie wollen das Fräulein Lehrerin vor der Klasse und nicht die tobenden Kinder in einem antiautoritären Tohuwabohu.

Das Schlimmste aber für sie ist, dass die Linken die Folgen ihres Denkens nicht wahrhaben wollen. Die Intellektuellen unter ihnen hätten sich der Tatsache bewusst sein müssen, dass solche Ideale nur für die Oberschicht tragbar waren, in deren Leben sie einfach etwas frischen Wind brachten. Doch während die Oberschicht es vermochte, die Selbstdisziplin auch angesichts von Freiheit und Überfluss aufrechtzuerhalten, war die Unterschicht damit überfordert. In diesem Teil der Bevölkerung entstand dadurch „the kind of fear, jealousy, violence and general social breakdown that severely circumscribes liberty in much more important directions", so Dalrymple.[228] Er geht sogar so weit, die Zunahme von Gewalt und Verbrechen in Großbritannien den ehemals romantischen und sentimentalen Ideen der Linksintellektuellen zur Last zu legen: „They should have known better", schreibt er, „but always preferred to avert their gaze. They considered the purity of their ideas to be more important than the actual consequences of their ideas. I know of no egotism more profound."[229]

Auch Verbrugge hält die Achtundsechziger für die großen

Schuldigen. Ihnen sei allein das Individuum wichtig gewesen, an Kultur hätten sie kein Interesse gehabt. Die Folgen davon seien Kulturverlust und schrankenloser „Konsumentismus". Er glaubt nicht an die „Wahlfreiheit" des Individuums inmitten der Produktschwemme. Seiner Ansicht nach sind die Wünsche der Konsumenten nicht Ausdruck ihrer inneren Bedürfnisse oder Wünsche, sondern ein Produkt äußerer Einflüsse. In unserer Wohlstandsgesellschaft bestehen diese vorwiegend aus den Kräften des Marktes. Die Ideale des freien, nur an das eigene Ich gebundenen Lebens der Sechziger führten seiner Meinung nach direkt in die hemmungslose Konsumsucht. Ohne Marcuse zu erwähnen, zieht er eine direkte Verbindung zur Entstehung des eindimensionalen Menschen:

> Obwohl damals der Konsumentismus der kapitalistischen Gesellschaft und die Eindimensionalität des modernen Massenmenschen heftig kritisiert wurden, ist es doch eine Ironie der Geschichte, dass der Kulturwandel der sechziger und siebziger Jahre die unerhörte Dominanz dieser kapitalistischen Konsumgesellschaft überhaupt erst ermöglichte.[230]

Die notwendige Wende

Die Ideale der sechziger Jahre mögen noch so idyllisch anmuten, die Kulturpessimisten sehen nur deren angeblich negativen Folgen: wachsende Kriminalität, sinnlose Gewalt, Langeweile, Reizbarkeit, Übergewicht, Unhöflichkeit, öffentliches Urinieren, Komasaufen, Vandalismus, Kinderpornographie, sexuelle Exzesse, Burn-out, Unterrichtsausfall, Erziehungsprobleme, den sozialen Verfall ganzer Viertel und dauernde Konflikte zwischen verschiedenen Bevölkerungsgruppen. Und als Krönung des Ganzen habe die intellek-

tuelle, linke Elite es geschafft, der Unterschicht das einzige Heilmittel gegen den ganzen Schlamassel vorzuenthalten: die Erkenntnis, für das eigene Schicksal verantwortlich zu sein. Die Linken
haben den Menschen eingeredet, ein Opfer der gesellschaftlichen
Bedingungen zu sein, denn sie machen die Gesellschaft für die
Kluft zwischen Oben und Unten verantwortlich und sehen in der
neoliberalen Maxime, jeder sei seines eigenen Glückes Schmied,
ein Vorurteil, das viele unverdienterweise zu Verlierern stemple.

Die Kulturpessimisten wollen alle genannten Missstände ändern. Die Unterschicht und im Grunde auch die Oberschicht sollen
von den krankhaften Auswüchsen der Sechziger geheilt werden.
Maßnahmen wie Einschränkung der persönlichen Freiheit, die Abschaffung der antiautoritären Erziehung sowie die Reglementierung
von Sex-, Alkohol- und Drogenkonsum durch Normen und Werte
sollen die erwünschte Wende herbeiführen. Die Bürger sollen auch
wieder häufiger für ihre Vergehen haftbar gemacht werden, die Polizei viel stärker präsent sein und die Gesetze strenger gehandhabt
werden. Man müsse die Eltern wieder stärker in die Pflicht nehmen,
und der Bürger solle den öffentlichen Raum verstärkt selbst in Ordnung halten. Selbst kleinste Vergehen wie das Ausspucken eines
Kaugummis dürfen nicht mehr ungeahndet bleiben, fordert Dalrymple. Er schlägt eine Kaugummisteuer vor, aus deren Einkünften
man die Straßenreinigung bezahlen könne. Wenn das nicht zum
gewünschten Ergebnis führe, dann solle man Kaugummis gleich
ganz verbieten.[231]

Linksintellektuelle halten dagegen, dass man damit die persönliche Freiheit beschneide. Doch Dalrymple wischt dieses Argument
leichthändig vom Tisch, indem er dagegenhält, dass die Freiheit des
Bürgers nur durch eine zuverlässige Polizeimacht zu gewährleisten
sei.[232] Auch Verbrugge hält eine Einschränkung der Freiheit für notwendig, um der durch die Theorien der Sechziger in Bedrängnis
geratenen „wirklichen Freiheit" wieder zu ihrem Recht zu verhelfen.
Wer gegen diese Einschränkungen ist, verhalte sich in seinen Augen

wie jemand, der die Feuerwehr für den Wasserschaden verklagt und verkennt, dass sein Haus gerade abbrennt.[233]

Die Kulturpessimisten wollen die Auswirkungen der antiautoritären Erziehung und der sexuellen Revolution rückgängig machen und damit die Gesellschaft retten. Erstens durch die Wiedereinsetzung der traditionellen Familienformen und zweitens durch die Rückkehr von Disziplin und Ordnung im Unterricht. In der traditionellen Form der Familie lernt das Kind Disziplin. Gleichzeitig wird verhindert, dass die Familien auseinanderfallen und Kinder vernachlässigt werden. Der sexuellen Freiheit wird ein Riegel vorgeschoben, denn die Eltern entscheiden sich jetzt bewusst für die Familie. Kinder leben dann endlich wieder in geordneten Verhältnissen. Dazu gehört auch die Einnahme gemeinsamer Mahlzeiten.

Auch im Unterricht müsse Disziplin und Ordnung erneut Einzug halten, um den Kindern wieder Selbstdisziplin, Selbstbeherrschung und Konzentration beizubringen. Das Manifest des niederländischen Vereins *Beter Onderwijs Nederland* schlägt zu diesem Zweck eine „ruhige und ordentliche Lernumgebung" vor, „mit klaren Verhältnissen und Aufgaben, so dass der Schüler oder Student weiß, woran er ist und was von ihm erwartet wird". Der Dozent und Lehrer soll, nach Meinung der Autoren des Manifests, wieder derjenige sein, der von den Schülern und Studenten etwas fordert, statt umgekehrt. Die Kinder sollen lernen, „zuzuhören, etwas auswendig zu lernen und im Kopf zu rechnen". Diese Maßnahmen werden die Ausdauer des Kindes verbessern, es lernt zu denken, wodurch es auch komplexeren Lernstoff problemlos bewältigen kann. Eltern sollen in diesem Unterrichtssystem an ihre Erziehungspflichten erinnert werden.[234]

Simpel und unwahr

Diese Wende, die die Kulturpessimisten anstreben, ist unverhohlen restaurativ. Den traditionellen Disziplinarinstanzen wie Familie, Schule, Polizei und Staat soll mehr Macht zukommen, persönliche Freiheiten auf dem Gebiet von Sex, Drogen und Alkohol sollen eingeschränkt und die kulturelle Elite für den Rest der Bevölkerung wieder zum guten Vorbild werden.

Trotz aller Eloquenz, mit der die Kulturpessimisten ihre Sicht auf den Disziplinmangel in der heutigen Gesellschaft zum Ausdruck bringen, klingen sie nicht wirklich überzeugend. Ihre Gesellschaftsdiagnose ist dafür zu simpel und ihre Lösung in Form von Rückkehr zu Zucht und Ordnung zu wenig durchdacht.

Zunächst trifft es nicht zu, dass das heutige Schulsystem schlechter ist als das frühere, zumindest nicht in den Niederlanden. Die meisten Niederländer halten ihr Schulsystem für gut, nur eine verschwindend geringe Anzahl von zwei Prozent hält es für schlecht.[235] Auch im objektiven Vergleich mit anderen Ländern steht das niederländische Schulsystem gut da. Langzeitforschungen von Sozialforschungsinstituten ergaben für die Niederlande eine hohe Lebensqualität. Danach hat sich vor allem die Lebenssituation von Alleinstehenden und Personen mit niedrigem Bildungsniveau in den letzten Jahren entscheidend verbessert.[236]

Nahezu 95 Prozent der niederländischen Eltern zeigen sich mit der Erziehung der Kinder zufrieden. Und tatsächlich verbringen sie heute mehr Zeit mit ihren Kindern als früher, und die Mehrheit sorgt für ein geregeltes Leben. Der moderne Erziehungsstil von heute ist eher autoritativ als autoritär, die Kinder werden nicht mehr zum Gehorsam erzogen, sondern zu autonomem Verhalten. Entgegen der Behauptung der Kulturpessimisten erfahren vor allem die Kinder in sozial schwachen Familien eine autoritäre Erziehung. Die Erziehung und die Entwicklung der meisten niederländischen Kinder verlaufen problemlos.[237] Auch das Unterrichtswesen befindet sich in einem guten Zustand. Auch im internationalen Vergleich schneiden die Niederlande gut ab. Der hohe Lebensstandard führt dazu, dass die Niederländer oft Sport treiben, häufig kulturelle Einrichtungen besuchen und viele verschiedene Medien benutzen. Das alles sollte die Kulturpessimisten eigentlich optimistisch stimmen.

Anlass zur Sorge ist jedoch der empirisch festgestellte ungesunde Lebensstil der Menschen aus den sozial schwachen Bereichen der Gesellschaft. Zwar raucht man und trinkt Alkohol quer durch alle Schichten und ernährt sich im Allgemeinen zu übermäßig, doch in der Unterschicht geschieht dies überproportional häufig. Aus diesen Gründen sind die Gesundheitsprobleme dort gravierender als anderswo, und kein Programm konnte dies bisher ändern. Dasselbe gilt für den Umgang mit der Sexualität. Junge Mädchen aus bildungsschwachem Milieu werden häufiger unerwünscht schwanger, Geschlechtskrankheiten kommen ebenfalls öfter vor. Außerdem sind hier mehr psychosoziale Problemfälle zu verzeichnen. [238]

Die Kulturpessimisten mögen in manchen Dingen Recht haben, doch ihre Diagnosen sind schlichtweg zu simpel. Keineswegs kann der ungesunde Lebensstil von Teilen der Bevölkerung den Ideen der sechziger Jahre zur Last gelegt werden. Diese konnten schwerlich so viel Einfluss gehabt haben, dass sie eine ganze Gesellschaft in einen Misthaufen verwandeln konnten. Verantwortlich für den ungesunden Lebenswandel sind ein Überangebot an billigen Lebensmitteln, an Alkohol, Drogen und leicht verfügbarer Sexualität und das Verschwinden der traditionellen Zeitordnung, wodurch fast alle Konsumartikel Tag und Nacht zur Verfügung stehen. Auch die These, die Ideale der Achtundsechziger hätten geradewegs zum Konsumismus und Wettbewerbsdenken der freien Marktwirtschaft geführt, geht von einem zu großen Einfluss linker Ideen auf die Gesellschaft aus. Vermutlich wäre die neoliberalistische Konsumgesellschaft auch ohne die linke Bewegung der sechziger und siebziger Jahre so und nicht anders entstanden.

Alle Herrlichkeiten des Lebens

Was bedeutet das nun für die anvisierte Wiedereinführung von Zucht und Ordnung? Das Ziel der Kulturpessimisten – mehr hohe Kultur, weniger platten Genuss – in allen Ehren, aber ich halte das für eine Illusion. Die jungen Menschen von heute lernen, selbständig zu denken, für ihr Handeln Verantwortung zu übernehmen und alles auszudiskutieren. Das ist gut für die Kinder, gut für die Eltern und gut für das Bildungssystem.

Zucht und Ordnung wieder einzuführen wäre innerhalb unserer modernen Gesellschaft kontraproduktiv: Studenten, die durch Bevormundung zu besseren Studienergebnissen gebracht werden sollen, lernen vor allem, zu tun, was von ihnen verlangt wird, und Deadlines einzuhalten. Sie unterwerfen sich der institutionellen Disziplin, ohne dass dabei ihre Selbstdisziplin geschult wird. Doch in der modernen Gesellschaft voller Verführungen und mit wenig Autorität haben sie diese gerade besonders nötig. Ein weiteres Risiko der Restitution von Zucht und Ordnung ist die damit verbundene soziale Isolation. Studenten, die das erste Studienjahr nicht gleich im ersten Anlauf schaffen, verwirken ihr Recht auf ein Studienfach ihrer Wahl. Spräche man einen der Kulturpessimisten auf dieses Problem an, würde er entgegnen, dass die Studenten das selber zu verantworten haben: Dann hätten sie halt härter arbeiten sollen. Dass die jungen Leute vielleicht durch die vielen Ablenkungen der modernen Welt vom Erreichen ihres Lernziels abgehalten werden könnten, kommt ihm nicht in den Sinn. Dabei haben die jungen Leute etwas Verständnis bitter nötig, denn gerade in der Zeit des Heranwachsens ist es schwierig, all den Herrlichkeiten des Lebens zu widerstehen. Zum Glück gibt es noch andere Mittel als Zucht und Ordnung, um sich gegen solche Gefahren zu wappnen.

11

Üben, üben und nochmals üben

„Haben Sie Vorbilder?", fragte ich während einer Gesprächsrunde über das Thema Eitelkeit den scheidenden Direktor der Internationalen Philosophieschule von Leusden. „Ich nehme mir Menschen zum Vorbild, die etwas besser können als ich", gab er zur Antwort. „Nelson Mandela zum Beispiel. Er ist ein großes Vorbild. Sein Format werde ich niemals erreichen können, aber ich kann mich bemühen. Der Unterschied zwischen ihm und mir macht mich zu dem, der ich bin." Die Antwort des Direktors ist eine vorbildhafte Illustration dessen, was der deutsche Philosoph Peter Sloterdijk eine „Vertikalspannung" nennt. Der Niveauunterschied zwischen Mandela und dem Normalmenschen schafft eine Spannung, die uns in Richtung Mandela emporzieht.

Jede Kultur ist von Gegensätzen bestimmt, erklärt Sloterdijk in seinem Buch *Du mußt dein Leben ändern* (2009)[239] und denkt an den Unterschied zwischen hohem und niedrigem Niveau, Vollkommenheit und Unvollkommenheit, tapfer und feige, mächtig und machtlos oder Überfluss und Mangel. Das hohe Niveau gilt mehr als das niedere und ist deshalb erstrebenswerter. Der Mensch strebt zum Höheren, es ist der „Attraktor", das Niedere, das Abstoßende, wird meistens gemieden. Solange es Menschen gibt, werden sie unter solchen „Vertikalspannungen" stehen, denn: „Wo immer man Menschenwesen begegnet, sind sie in Leistungsfelder und Statusklassen eingebettet."[240]

Sloterdijk ist außerdem der Meinung, dass die sechziger Jahre der Vertikalspannung nichts anhaben konnten. Der Bund, den die Barbarei und die Popularität damals schlossen, führte zwar dazu, dass die Popularkultur bis in die höchsten Schichten vordrang, doch Sloterdijk spricht in diesem Zusammenhang höchstens von einer „Kulturkrise". Er sieht keine Anzeichen für das Verschwinden der vertikalen Spannung. Damit reiht er sich in die Riege der Kulturpessimisten ein, wie wir sie bereits kennengelernt haben, doch er sieht den Ausweg aus der Misere nicht in der Wiedereinführung von Zucht und Ordnung, sondern in der Aufforderung an das Individuum, sein eigenes Leben zu ändern. Die Veränderung ist das Streben nach einer höheren Ebene, und zwar durch Übung. „Übung" ist für Sloterdijk „jede Operation, durch welche die Qualifikation des Handelnden zur nächsten Ausführung der gleichen Operation erhalten oder verbessert wird, sei sie als Übung deklariert oder nicht."[241] In dieser Übung werden Handlungen oder Aktivitäten über einen längeren Zeitraum wiederholt und trainiert, wodurch sie verbessert oder wenigstens auf gleichem Niveau gehalten werden.

Das Bemerkenswerte an dieser Aufforderung, sein Leben zu ändern, ist, dass dieser Befehl nicht von einem Gott oder einem Lehrmeister ausgesprochen, sondern von den „Attraktoren" vorgegeben wird. Das Vorbild für solch einen Attraktor ist für Sloterdijk ein antiker Athletenkörper, der uns deshalb anspricht, weil er Disziplin und Schönheit in einer außergewöhnlichen sportlichen Leistung zusammenführt. Durch seinen Vorbildcharakter wirkt der Körper des siegreichen Champions auf den Betrachter wie eine Art Gott ein, der zu ihm sagt: „Du musst dein Leben ändern!" und dabei gleichzeitig aufzeigt, wie dies geschehen soll.[242]

Auch Mandela ist solch ein Attraktor, nicht weil er dazu aufruft, uns zu verändern, sondern weil er ein Vorbild ist, eine Ikone. Sein Gesicht strahlte Autorität aus. Mandela verband moralische Schönheit und Disziplin zu einem außerordentlichen Führungsstil, der zum Nacheifern anregt.

Sloterdijk ist nicht der Einzige, der allgemein dazu auffordert, mittels Übung nach Höherem zu streben. Ähnliche Ideen finden wir bei Nietzsche, Foucault oder Wilhelm Schmid.

Kulturkrise

Der Blick der Übe-Philosophen ist auf den positiven Attraktor gerichtet. Am besten, so scheinen sie sagen zu wollen, bringt man der Situation, der man entkommen will, so wenig Aufmerksamkeit wie möglich entgegen. Doch bei einigen dieser Philosophen lässt sich die Ausgangssituation immerhin erahnen: Es ist der Mangel an Selbstdisziplin. In seinem Werk *Het leven als kunstwerk* bedauert Joep Dohmen (* 1949) beispielsweise, dass die Abkehr von der autoritären Moral heutzutage zu weit gegangen sei. Mit der Disziplin habe man sich auch von der Selbstdisziplin und der Selbstbeschränkung distanziert. Die Folgen davon könnten wir täglich sehen. Viele Menschen kennen ihre Grenzen nicht mehr, sie überschätzen sich, sind reizbar, weil sie nicht gelernt haben, ihre Affekte zu beherrschen. Sie haben ihre Bedürfnisse nicht unter Kontrolle, regen sich zu schnell auf, nehmen sich nicht mehr die Zeit, in Ruhe über etwas nachzudenken, und reden nicht mehr miteinander. Selbstbereicherung und Komasaufen sind Zeichen einer wachsenden Maßlosigkeit in unserer Gesellschaft. Es besteht kein Zweifel, dass unsere Genusskultur und Überflussgesellschaft dringend wieder der Tugenden der Mäßigung und der Selbstdisziplin bedarf. Dohmen sieht die Zeit für eine neue Lebenskunstmoral gekommen, in der das sich stetig übende Leben im Mittelpunkt steht.[243]

Peter Sloterdijks kritischer Ausgangspunkt war die Feststellung einer „Kulturrevolution nach unten", die das 20. Jahrhundert beherrscht habe und auch jetzt im 21. Jahrhundert noch andauere. Angefangen hat sie mit dem „barbarischen Faktor" früherer Zeiten: „Barbaren" hatten keinen Respekt vor den Leistungen anderer, waren Vandalen, achteten weder Statusunterschiede noch Rangordnungen oder Hierarchien. Dieses Barbarentum offenbart sich heutzutage „in den Kostümen der invasiven Vulgarität", die über die Popularkultur in alle Bereiche des Alltagslebens vordringt. Die Ver-

treter der Hochkultur haben diese Barbarei insofern zu verantworten, als sie vorübergehend ebenfalls diese niedere Kultur adaptiert
und sich als Verteidiger der Kulturlosigkeit verstanden haben.[244]
Eine üble Folge dieser abwärts führenden Kulturrevolution ist die
Außerkraftsetzung des Vorbilds, wodurch die Einsicht in die Notwendigkeit eines übenden Lebens fehlt. Wenn alle gleich aussehen
und es keine Mandelas mehr gibt, zu denen wir aufblicken können,
dann fehlen uns die Attraktoren, die uns emporziehen. Das Üben
wird dann überflüssig, wir sind zufrieden mit dem, wie und wer
wir sind.

Üben

Übe-Philosophen halten es also mit der Aufwärtsbewegung. Den
Blick nach unten zu richten ist eine Form der Aufmerksamkeit für
das Niedrige. Der Mensch kann sich ihrer Meinung nach besser auf-
richten, nach oben blicken und die Kraft der Attraktoren auf sich
einwirken lassen. Die Aussicht auf das Erreichen eines Ziels verleiht
ausreichend Motivation, den Weg nach oben einzuschlagen und
weiterzuverfolgen.

Zielgruppe dieser Übe-Lehre sind Menschen, die aus ihrem Leben ein Kunstwerk machen, sich ändern und sich erheben wollen.
Dies versuchen sie anhand von Übungen, egal welcher Art, solange
sie nur dazu beitragen, dass man sich zum Besseren entwickelt.
Übungen liefern naturgemäß erst in der Wiederholung Resultate.

In seinem Werk *Philosophie der Lebenskunst* beschreibt Wilhelm
Schmid (* 1953), wie aus regelmäßiger Übung eine Gewohnheit
wird. Nehmen wir uns tatsächlich Mandela zum Vorbild, dann verwandeln wir uns vielleicht dadurch, dass wir über eine längere Zeit
und immer wieder seine Beharrlichkeit imitieren, in einen ähnlich
moralisch hochstehenden Menschen. Durch die wiederholte Übung
bereitet uns diese Beharrlichkeit dann mit der Zeit keine Mühe

mehr. Vorteil des Übens ist, dass man sich nicht immer von Neuem zu entscheiden braucht. Man fasst ein einziges Mal den Entschluss, sich durch die Übung eine bestimmte neue Gewohnheit anzueignen, und hofft, dass sich diese irgendwann „von selbst versteht und ohne Mühe, ohne weiteres Nachdenken abläuft und in der Zeit verankert wird".[245]

Üben kann man in allen Lebensbereichen: Wir können uns durch den Sport körperlich üben, aber auch geistig, moralisch oder sozial. Die Entscheidung für eine Übung hängt vom Ziel ab, das heißt vom Attraktor. Sloterdijk unterscheidet – in Anlehnung an Friedrich Nietzsche – zwischen „gesundem" und „krankem" Üben. Gesund sind jene Menschen, die sich mit guten Askesen steigern wollen, während die Kranken „mit schlimmen Askesen auf Rache sinnen".[246] Was mit „gesund" gemeint ist, darüber lässt sich weder Sloterdijk noch Nietzsche deutlich aus. Klar ist nur, dass sich der Mensch durch manche Übungen erheben kann, während er durch andere herabgezogen wird. Der Unterschied zwischen beiden liegt nicht nur in der Intention des Übenden, sondern auch in der Form der Wiederholung. Wenn die Wiederholung zum Trott wird, ist die Gefahr groß, dass dieser Mensch durch die Übung eher herab- als emporgezogen wird.

Dohmen erkennt im Üben das Potential, sich dadurch auch schlechte Verhaltensweisen wie zu viel Alkohol zu trinken, Aggression, moralische Verwerflichkeit oder Willensschwäche abzugewöhnen. Er fordert, wie übrigens fast alle Übe-Philosophen, den Leser direkt auf: „Du musst immer weiter üben, um gute Gewohnheiten zu entwickeln und von deinem neugeordneten Selbst aus die Probleme anzugehen."[247]

Attraktoren, Trainer und Trainingsprogramme

Woher weiß der übende Mensch, woran er sich orientieren soll? Die Übe-Philosophen stellen ihm zahlreiche Fragen: Wer ist dein Attraktor? Welches Trainingsziel hast du dir für dein Leben gesetzt? Was willst du an dir ändern? Welche Gewohnheiten sollen dein weiteres Leben bestimmen? Wer eine Antwort auf diese Fragen will, der muss seine alten Gewohnheiten ablegen und sich nach neuen umsehen. Dadurch wird er sich zwangsläufig aus einem (durch bequem gewordene Gewohnheiten) *geübten* Menschen in einen *übenden* Menschen verwandeln. In einer mit Ausrufezeichen gespickten Passage bei Sloterdijk liest sich das so:

> Gib deine Anhänglichkeit an bequeme Lebensweisen auf […], beweise, daß dir der Unterschied zwischen Vollkommenem und Unvollkommenem nicht gleichgültig ist, führe uns vor, daß Leistung – Exzellenz, *areté*, *virtù* – für dich keine Fremdworte geblieben sind, gib zu, daß für dich Motive zu neuen Anstrengungen existieren! […] mißtraue dem Philister in dir, der meint, du seist, wie du bist, schon ziemlich in Ordnung! […] Ergreife die Gelegenheit, mit einem Gott zu trainieren![248]

Der Gott ist bei Sloterdijk in diesem Fall nicht der allmächtige Schöpfer, sondern ein göttlicher Athlet, ein göttlicher Schriftsteller oder ein anderer Attraktor, der übrigens auch aus einem Gegenstand bestehen kann. Für den Sportler kann der Attraktor ein olympischer Goldmedaillenträger sein, für den Schriftsteller ein literarischer Held wie James Joyce und für den Philosophen Geistesgrößen wie Hannah Arendt oder Michel Foucault. Wer die Chance erhält, mit solchen „Göttern" zu trainieren, ist verrückt, wenn er die Gelegenheit ungenutzt verstreichen lässt.

Doch außer einer vertikalen Kraft braucht der Übende weitere Personen, die ihn bei seinem Ziel unterstützen. Eine junge Fußballerin kann ihr Ziel genau kennen und mit aller Macht trainieren, doch ohne einen Trainer, der will, dass sie will, besteht die Gefahr, das Ziel zu verfehlen. Darin liegt Sloterdijks Meinung nach die Funktion eines Trainers: „Mein Trainer ist derjenige, der will, daß ich will – er verkörpert die Stimme, die mir sagen darf: Du mußt dein Leben ändern!"[249]

Ich erinnere mich in diesem Zusammenhang an eine Kollegin der Philosophischen Fakultät, die mich dazu aufforderte, Studentinnen öfter zum Wollen zu ermuntern als ich es bisher getan hatte. Sie war der Ansicht, dass sich dadurch deren Chancen, einen höhergestellten universitären Posten zu ergattern, vermehren würden. Im Grunde verlangte sie, dass erfahrene Wissenschaftlerinnen den Studentinnen als Trainerinnen aktiv beistehen sollen und wollen, dass jene wollen.

Beim Sport erstellen Trainer für die Übenden Trainingsprogramme. Solche Programme finden sich jedoch nicht nur im Sport, sondern auch in der Kunst, der Philosophie und der Religion.[250] Während im Sport strenge Trainings- und Diätprogramme die Sportler physisch und psychisch stets leistungsfähiger und somit erfolgreicher machen sollen, führen die Übungen in den Ateliers zu künstlerischer Meisterschaft. In den Klöstern verpflichten ein strenges Zeitreglement, Rituale und Ordensregeln die Gläubigen dazu, jeder Handlung und jedem Wort eine besondere Aufmerksamkeit entgegenzubringen, und in der Philosophie erwartet der Lehrer, dass die Schüler durch Denkübungen zu Wahrheit und Erkenntnis gelangen. In diesen positiven bzw. „gesunden" Übungsprogrammen bildet die Wiederholung eine Basis für die Aneignung neuer Fähigkeiten, Techniken, Theorien, Gewohnheiten oder Tugenden.

Der menschliche Mangel

Die Entdeckung, dass die Wiederholung die Basis ist für die Beherrschung der Wiederholung nennt Sloterdijk die „Premiere der anthropotechnischen Differenz".[251] Es ist der Auftakt zur Selbstveränderung, weg von dem, was man als sein mangelhaftes Ich erkennt. Doch um sich die Übe-Philosophie und die damit verbundene Form der Disziplin genau vorstellen zu können, sollten wir uns zunächst das Menschenbild dieser Philosophie näher ansehen.

Die Übe-Philosophie geht davon aus, dass der Mensch ein unvollkommenes Wesen ist. Das ist logisch, denn wäre der Mensch vollkommen, bräuchte er sich nicht zu verbessern. Der übende Mensch muss seine Unvollkommenheit also zuerst erkennen: Wer seine Grenzen und Beschränkungen nicht kennt, wird sich nie zur Übung bequemen. Ein Beispiel für eine solche Unvollkommenheit liefert Sloterdijk mit der eindrucksvollen Lebensgeschichte von Carl Herrmann Unthan (1848–1929), einem virtuosen Geigenspieler, der ohne Arme geboren wurde. Mit sechs Jahren entdeckte Unthan, dass er mit seinen Füßen die Geige spielen konnte, wenn diese auf einer Kiste auf dem Boden befestigt wurde. Die Zehen seines rechten Fußes drückte er auf die Saiten und mit dem linken Fuß führte er den Geigenbogen. Er übte so diszipliniert, dass er das Leipziger Konservatorium besuchen durfte, wo er schließlich ein immer größeres Repertoire an schwierigen Stücken beherrschen lernte. Mit zwanzig gab er bereits erste Konzerte in Deutschland und kurz danach trat er in der ganzen Welt auf.[252]

Sloterdijk will mit dieser Geschichte nicht sagen, dass man nur etwas erreichen könne, wenn man behindert sei. Wenn die Motivation des Strebens nach Besserem aus der Kompensation einer Behinderung bestehen würde, strebten nicht sehr viele Menschen danach, sich zu verbessern. Doch wer erkennt, dass der Mensch ein unvollkommenes Wesen ist und somit alle Menschen unter irgendeiner „Behinderung" leiden, an den ergeht die Forderung, eine vollkommenere Existenz anzustreben. Mängel machen den Menschen für Vertikalspannungen empfänglich, die ihn zu Anstrengungen ermuntern und unter günstigen Umständen bessere Lebensleistungen zur Folge haben.[253] Sloterdijk nennt den menschlichen Mangel eine „subtile[n] Insuffizienz, die älter und freier ist als die Sünde", und fährt fort: „Sie ist mein innerstes Noch-nicht. In meinem bewußtesten Moment werde ich vom absoluten Einspruch gegen meinen *status quo* betroffen: Meine Veränderung ist das eine, das not tut."[254] Auch Dohmen, Schmid und der niederländische Philosoph René Gude (1957–2015) sehen im menschlichen Mangel die Erklärung für das menschliche Streben nach Erfüllung, Vollkommenheit und Vortrefflichkeit. Oder mit den Worten von Gude:

> Wenn wir nicht alle irgendwie *Loser* wären, also einen Mangel hätten, dann bräuchten wir diesen nicht zu kompensieren. Aber heutzutage versucht jeder angestrengt, seine Mängel los zu werden. Egal, ob wir mehr wissen wollen, mehr können wollen oder ob in uns das Verlangen nach mehr Liebe und Gemeinsamkeit herrscht: Wir sind ständig dabei, uns zu verbessern. Es gibt immer einen Club, dem man nicht angehört, es gibt immer Dinge, die man noch nicht kann.[255]

In den Augen der Übe-Philosophen ist der Mensch also ganz offensichtlich ein unvollkommener und darum übender Organismus. Das war er immer und das wird er auch immer bleiben.[256]

Askesis

Die modernen Übe-Philosophen befinden sich am Ende einer langen Tradition, die über Foucault und Nietzsche, um nur zwei zu nennen, zurückreicht bis ins griechische Altertum. Für Foucault war Philosophie eine Lebensweise: eine Suche nach Wahrheit, die einen selbst betrifft (Selbstreflexion, Selbsterforschung, Selbsterkenntnis), die Entwicklung von „Formen der ethischen Arbeit oder Ausarbeitung, die man an sich selber vornimmt", mit dem Zweck, „zu versuchen, sich selber zum moralischen Subjekt seiner Lebensführung umzuformen".[257]

Das Üben oder Arbeiten an sich selbst – die Askesis, was auf Griechisch „Übung" oder „Training" bedeutet – gehören zu den „Künsten der Existenz", die typisch für die griechische und griechisch-römische Kultur der Antike sind. Im *Gebrauch der Lüste*, dem zweiten Teil seiner Geschichte der Sexualität, beschreibt Foucault die Existenzkünste als „gewusste und gewollte Praktiken", mit denen der freie griechische Bürger nicht nur Verhaltensregeln für sich selbst erstellt hat, sondern auch versuchte, sich selbst zu verändern und aus seinem Leben ein Kunstwerk zu machen.[258]

In seiner Zuwendung zur altgriechischen Askesis ließ sich der französische Philosoph zweifellos von Friedrich Nietzsche inspirieren, für den das „asketische Ideal" die elementarste Basis des menschlichen Willens war. Im dritten Buch von *Zur Genealogie der Moral* (1887) schreibt Nietzsche, dass das asketische Ideal das beste Mittel gegen den *horror vacui* sei, gegen die Angst vor der Leere. Erst durch die Askese, die zielgerichtete Übung, den zielgerichteten Verzicht oder durch das Leiden bekommt das Leben einen Sinn: „[L]ieber will der Mensch das Nichts wollen, als nicht wollen". Ohne Ziel, ohne asketisches Ideal, hat der Mensch, „das Thier Mensch", keinen Sinn.[259] Auch bei Nietzsche muss das Ziel ein höheres sein: Der Mensch muss sich selbst besiegen, er muss über sich hinaussteigen, um ein höherer Mensch zu werden, ein *Übermensch*. Beständiges Üben und tägliches Arbeiten an sich selbst sind notwendig, um die erste Natur, mit der wir auf die Welt kommen, zu überwinden und durch eine zweite Natur zu ersetzen.[260] In *Menschliches, Allzumenschliches* (1878) nennt er dies die „Nöthigste Gymnastik":

Durch den Mangel an kleiner Selbstbeherrschung bröckelt die Fähigkeit zur grossen an. Jeder Tag ist schlecht benutzt und eine Gefahr für den nächsten, an dem man nicht wenigstens einmal sich Etwas im Kleinen versagt hat: diese Gymnastik ist unentbehrlich, wenn man sich die Freude, sein eigener Herr zu sein, erhalten will.[261]

Der wahre Asket achtet weder auf den Nächsten, den Gegner oder Untergebenen, er will nicht besser sein als seinesgleichen, ihm ist der „Triumph [...] über sich selber" das Wichtigste.[262] Sein Blick ist nicht nach außen, sondern nach innen gerichtet, so dass er seine eigenen Unvollkommenheiten erkennen kann. Diese Unvollkommenheiten geben seinem Leben einen Sinn; sie sind bei Nietzsche die strebende Kraft hinter dem Willen, sich selber zu erheben und sich selber „Stil" zu verleihen. In *Die fröhliche Wissenschaft* (1882) drückt er seine Dankbarkeit gegenüber der Unvollkommenheit mit folgenden Worten aus:

Ja, ich bin allem meinem Elend und Kranksein, und was nur immer unvollkommen an mir ist, – im untersten Grunde meiner Seele erkenntlich gesinnt, weil dergleichen mir hundert Hinterthüren lässt, durch die ich den dauernden Gewohnheiten entrinnen kann.[263]

Natürlich macht sich Nietzsche daraufhin auf die Suche nach neuen Gewohnheiten, die ihn näher ans Ziel der Selbsterhebung und Makellosigkeit bringen. Mit seiner anfänglichen Würdigung von Elend, Krankheit und Unvollkommenheit ist Nietzsches asketisches Ideal ein Ideal voller Härte und Grausamkeit. Sein Asketismus ist keine freundliche Tugend, sondern eine unerbittliche Haltung gegen sich selbst und das Leiden.[264] Nur wer hart gegen sich selbst ist, vermag das Leid als notwendige Bedingung für die Selbstüberwindung zu akzeptieren. Ohne Härte kann er niemals die Kraft für das tägliche Üben aufbringen, ohne Härte ist ihm das hohe Ziel verwehrt.

Nach Meinung Sloterdijks umfasst Nietzsche mit seinem asketischen Ideal in einer unerhörten Synopse das „Kontinuum der Hochkulturen, das dreitausendjährige Reich der geistigen Übungen, der

Selbstdressuren, der Selbsterhöhungen und Selbstversenkungen, kurzum das Universum der metaphysisch codierten Vertikalspannungen".[265] Damit rettet er die Vertikalspannung auch jenseits der Erkenntnis, dass Gott tot sei, und die Askese wird mehr zu einem Training des Körpers als des Geistes. Das macht ihn zu einem Vorboten des späteren, nichtspiritualistischen Asketismus und der damit verwandten Formen wie „Physiotechniken und Psychotechniken, aus Diätologien und selbstbezüglichen Trainings, mithin all der Formen selbstbezüglichen Übens und Arbeitens an der eigenen vitalen Form".[266]

Vertikale Verbindungen

Anders als die Kapitalismuskritiker suchen die Übe-Philosophen die Disziplin nicht in neuen horizontalen Beschränkungen, sondern in neuem vertikalen Aufstreben. Ihre Aufforderung richtet sich ans Individuum, an das „Du": *Du* musst *dich* selbst üben, um Höheres zu erreichen. Dieses Du darf durch niemanden in seinem Streben nach Höherem gehindert werden. Horizontale Grenzen sind deshalb verwerflich. Ein gutes Beispiel dafür ist die Reaktion des Übe-Philosophen Dohmen auf die öffentliche Klage eines Mitphilosophen darüber, dass seine Frau ihn verlassen habe:

> Falls es so ist, dass die Frau unseres verlassenen Philosophen über ihr Leben ausführlich nachgedacht und ihre Ehe einer kritischen Prüfung unterzogen hat, bevor sie zum Schluss kam, dass eine Zukunft ohne Ehemann besser wäre als mit, dann befindet sich unser Philosoph nicht im Recht. Dann muss er ihre Entscheidung respektieren und den Verlust mannhaft tragen.[267]

Das asketische Ideal schreibt vor, dass die höheren Ziele wichtiger sind als normale, menschliche Beziehungen, und so erlaubt es der

Übe-Philosoph, andere Menschen im Austausch für ein hohes Ziel zu verlassen. Der Mann, der verlassen wird, muss das wie ein Held tragen, denn wenn er nur ein bisschen Nietzscheaner ist, weiß er, dass man eine Misere pflegen muss, weil sie neue erstrebenswerte Ziele in sich birgt.

Mir fällt es schwer, mich mit der Härte, der Grausamkeit und der Mannhaftigkeit dieses übe-philosophischen Ideals abzufinden. Warum soll man nicht zugeben dürfen, dass es weh tut, wenn man verlassen wird? Warum sollte man nicht losheulen dürfen, mit den Füßen aufstampfen und voller Wehmut sein? Und warum soll man nicht akzeptieren dürfen, dass eine intime Beziehung unter Umständen horizontale Grenzen setzt, die das Erreichen des höheren Zieles vereiteln können? Die Orientierung auf das Individuum ist schuld daran, dass das Üben der Übe-Philosophen Freundschaften so wenig förderlich ist.[268] Der Grund dafür liegt in der Idee von der naturgemäßen menschlichen Unvollkommenheit. Wenn man sich selbst für unvollkommen hält, ist man zwangsläufig unzufrieden mit sich selbst. Man ergreift die erstbeste Gelegenheit, um diese Unzufriedenheit loszuwerden und sich emporziehen zu lassen. Im Grunde ist diese Argumentation zu vergleichen mit dem christlichen Konzept der Erbsünde. Sloterdijk versucht, diesen Gedanken zu umgehen, indem er von der bereits erwähnten „subtilen Insuffizienz" spricht, die älter und freier sei als die Sünde. Die Unvollkommenheit biete sich einem somit weniger als Sünde denn als Versprechen dar: als „innerste[s] Noch-nicht". Denn: „Änderst du daraufhin dein Leben wirklich, tust du nichts anderes, als was du selber mit deinem besten Willen willst, sobald du spürst, wie eine für dich gültige Vertikalspannung dein Leben aus den Angeln hebt."[269] Die alte und freie Unvollkommenheit liefert somit eine ausgezeichnete Legitimation, den Ehepartner zu verlassen, ohne mit der Wimper zu zucken.

Augenscheinlich ist diese Übe-Philosophie vor allem für besonders mannhafte Typen geeignet, die genau wissen, was sie wollen, und die sich stets verbessern wollen. Menschen, die am ständigen Üben kein Interesse haben, sind folglich selber schuld, wenn sie keinen Erfolg haben. Die Grausamkeit und die arrogante Überheblichkeit dieser Auffassung drücken sich in Sloterdijks Behauptung aus, wonach in der vorhandenen oder nicht vorhandenen Bereitschaft zum Üben mit großer Wahrscheinlichkeit die Ursache der menschlichen Ungleichheit liegt:

> Daß der Grund der Ungleichheit zwischen den Menschen in ihren Askesen liegen könnte – in der Verschiedenheit ihrer Stellungnahmen zu den Herausforderungen des übenden Lebens: dieser Gedanke ist in der Geschichte der Nachforschungen über die letzten Ursachen der Verschiedenheit zwischen Menschen nie formuliert worden.[270]

Hat die Mannhaftigkeit Sloterdijk blind gemacht für die Überlegung, dass das Unvermögen zu üben vielleicht auf einer Chancenungleichheit oder auf reinem Pech beruht? Wie bereits in früheren Kapiteln dargestellt, ist das Vermögen, sich selbst zu verbessern, ungleich verteilt. Nicht jeder ist imstande, etwas Besseres aus sich zu machen, egal wie sehr er oder sie übt. Und auch nicht jeder trifft auf einen Lehrmeister, hat einen Coach oder Eltern, die wollen, dass er „aufsteigen" will. Und schließlich verfügt nicht jeder über die ökonomischen und sozialen Mittel und Möglichkeiten, um die eigene „Insuffizienz" oder Unzufriedenheit in Besseres umzuwandeln.

Um den Menschen in der heutigen Überflussgesellschaft im Bemühen um neue Umgangsformen mit Freiheit und Disziplin zu unterstützen, braucht es mehr als nur eine Aufforderung zum Üben und zur Veränderung. Und vielleicht sollten wir die neuen Formen der Disziplin doch lieber in Bereichen suchen, die uns näher sind als die einsamen Höhen von Nelson Mandela.

Teil 4
Neue Formen der Disziplin

12

Die Delegierung der Disziplin ans nichtmenschliche Netz

Am Ende ihres Romans *NW* bedankt sich die britische Schriftstellerin Zadie Smith bei *Freedom* und *SelfControl*. Sie habe durch die beiden eine Menge Zeit gewonnen. *Freedom* und *SelfControl* sind keine Freunde von ihr, sondern Apps, das heißt Softwareapplikationen für das Smartphone oder den Computer. Mit *Freedom* und *SelfControl* kann man sein E-Mail-Programm, Facebook oder sogar den gesamten Internetzugang für eine bestimmte Zeit blockieren, so dass man in Ruhe arbeiten kann. Es ist unmöglich, die Blockade zwischenzeitlich aufzuheben; man muss warten, bis die eingestellte Zeit erreicht ist.[271]

Zadie Smith ist nicht die Einzige, die auf diese Weise ihre Disziplin an eine Fremdinstanz delegiert: Immer mehr Schriftsteller benutzen diese oder ähnliche Apps, um sich gegen die Verlockungen von Facebook, Twitter oder E-Mail zu schützen, weil gerade sie sich besonders leicht verführen lassen, denn der Computer ist Schreibgerät und Internetzugang in einem. Sobald sie das eine wollen, bekommen sie das andere automatisch dazu.

„Komm schon, Zadie, beherrsch dich. Sorry, aber das ist doch lächerlich! Schalte den Computer aus und schreib mit der Hand", so reagierte der Schriftsteller Will Self auf Smiths Geständnis, dass sie Apps brauche, um die Schreibdisziplin aufrechtzuerhalten.[272] Er ist der Meinung, dass Disziplin aus dem Innern kommen sollte. Das kümmert Smith wenig; sie geht sogar noch weiter und gesteht, dass sie nicht nur künstlich den Internetzugang blockiert, sondern ihr Smartphone gelegentlich auch hinter den Schrank wirft, um nicht in Versuchung zu geraten. Smith ähnelt darin Amy Winehouse, die bei ihren Auftritten den Barmann darum bat, ihr unter keinen Umständen Alkohol auszuschenken. Winehouse wusste, dass ihr Verlangen nach Alkohol größer war als ihre Willenskraft. Was beide Künstlerinnen gemeinsam haben, ist die Tatsache, dass sie die Disziplin, die sie brauchen, um gegen Verführung gewappnet zu sein, nicht aus sich selbst aufbringen können, sondern sie an andere Instanzen *delegieren*, Winehouse an eine andere Person, Smith an eine technische Erfindung.

Göttliche Verlockungen

Dass man die Disziplin an einen anderen oder etwas anderes delegiert, hat eine lange Tradition. Von Odysseus wird erzählt, dass er die Disziplin, die er brauchte, um dem göttlichen Gesang der Sirenen zu widerstehen, seiner Schiffsbesatzung überließ. Die Sirenen lockten mit ihrem Gesang Seeleute in Richtung ihrer Insel, wo deren Boote an den Klippen zerschellten. Als Odysseus und seine Männer sich der Insel der Sirenen näherten, verstopfte er seinen Männern die Ohren mit Bienenwachs und ließ sich von ihnen an den Schiffsmast fesseln. Einmal festgebunden, konnte er flehen, wie er wollte, seine Männer befreiten ihn erst, nachdem sie die Insel, deren Ufer mit Skeletten übersät war, hinter sich gelassen hatten (*Odyssee*, 12. Gesang).

Nicht einmal ein mutiger Krieger wie Odysseus konnte den göttlichen Klängen der Sirenen widerstehen, was jedoch kein Grund ist, Odysseus als disziplinlosen Schwächling darzustellen. Homer wollte mit seiner inzwischen dreitausend Jahre alten Geschichte zeigen, dass es Versuchungen gibt, denen man durch keinen noch so großen Willen widerstehen kann. Angesichts solcher übermenschlicher Verlockungen wie dem Gesang der Sirenen muss man zu Tricks greifen.

Zu einem ähnlichen, nicht minder amüsanten Trick wie Odysseus griff der französische Schriftsteller Victor Hugo. Wenn er nicht schreiben konnte und seinen Schreibtisch zu verlassen drohte, befahl er seinem Diener, die Kleider zu verstecken, damit er nicht aus dem Haus gehen konnte. Er delegierte seine Disziplin an seinen Hausangestellten, setzte die Arbeit unbekleidet fort und hörte erst damit auf, wenn ihm dieser die Kleider zurückgab. [273]

Während die Übe-Philosophen von der Vorstellung ausgehen, dass der Mensch ein unvollkommenes Wesen ist, welches nach Vollkommenheit strebt und sich durch ständiges Üben perfektionieren kann, macht sich derjenige, der seine Disziplin an andere delegiert, die Erkenntnis zunutze, dass der Mensch in seinem Handeln in starkem Maße von seiner Umgebung bestimmt wird.

Manchmal ist die direkte Umgebung eines Menschen so voller Überfluss, Schönheit und Verführung, dass ihnen jeder, der auch nur etwas empfänglich dafür ist, verfallen muss. Man kann das für eine Schwäche dieses Menschen halten, doch dann verkennt man, welchen enormen Kräften Menschen im Allgemeinen ausgesetzt sind: Es gibt göttliche Gesänge, göttliche Körper, göttliche Drinks und göttliche Facebook-Unterhaltungen. Sie alle übersteigen die Kraft eines Sterblichen. Wird er ihnen ungeschützt ausgesetzt, ist er rettungslos verloren. Doch glücklicherweise kann man diese Verführung unbeschadet überstehen, wenn man sich entweder die Ohren mit Wachs verstopft oder sich mithilfe von Apps, technischen Apparaturen oder gar von anderen Menschen in Fesseln schlagen lässt. Sich den Verführungen erst gar nicht auszusetzen und sich beispielsweise abzuwenden, sobald man einem attraktiven Mann oder einer attraktiven Frau begegnet, oder es bei einem Stadtbummel zu unterlassen, ein Geschäft zu betreten, mag wirkungsvoll sein, ist aber nicht gerade angenehm. Denn das bedeutet, dass man sich den schönen Dingen des Lebens verweigert. Dann sich doch lieber wie Odysseus fesseln lassen.

„Delegierphilosophen", zu denen auch Technikphilosophen wie der französische Wissenschaftsanthropologe Bruno Latour (* 1947), Hans Achterhuis und Peter-Paul Verbeek (* 1970) gehören, entscheiden sich für die letzte Möglichkeit. Sie fordern uns dazu auf, darüber nachzudenken, wie wir auf die Kräfte reagieren wollen, die von außen auf uns einwirken und denen wir nicht länger machtlos ausgesetzt sein wollen. Wir können dann wie ein zeitgenössischer Odysseus bestimmen, wie wir unsere Disziplin auf andere Instanzen übertragen wollen.

Freiheit

Ist es nicht merkwürdig, die eigene Disziplin auf andere oder anderes zu übertragen? Schränken wir damit nicht unsere Freiheit ein? Diese Fragen werde ich in diesem Kapitel hinsichtlich der Übertragung auf Dinge zu beantworten versuchen, während ich mich im nächsten Kapitel dann der Frage zuwenden werde, wie es ist, wenn man seine Disziplin auf andere Menschen überträgt.

Latour gehörte zu den Ersten, die behaupteten, dass wir unsere Disziplin ruhig den Dingen oder Techniken überlassen können. Er erklärt das anhand des Sicherheitsgurts. Jeder Autofahrer weiß, dass es sicherer ist, den Gurt anzulegen, dennoch mangelt es uns immer wieder an der Disziplin, es auch wirklich zu tun. Die Aufforderung, den Gurt anzulegen, übernimmt deshalb heutzutage die Technik: Solange der Gurt nicht eingerastet ist, leuchten verschiedene Warnlämpchen auf dem Armaturenbrett auf und es erklingt hektisches Piepsen. Das nimmt dem Autofahrer sowohl die Freiheit, den Gurt nicht anzulegen, als auch die Freiheit, bei einem Unfall gegen die Windschutzscheibe knallen zu dürfen. Latour legt dar, dass die Kräfte der Umwelt stärker sind als die Kräfte des Menschen. Er mag sich moralisch noch so sehr im Recht fühlen, noch so vorsichtig fahren, wie er kann, und als perfekter Asket sein Leben führen, dennoch wird er in der Minisekunde eines Unfalls es nicht verhindern können, „mit dem Kopf durch die Windschutzscheibe zu sausen".[274] Ein anderes Beispiel ist der mit einem Gewicht beschwerte

Hotelschlüssel. Der Hotelbesitzer konnte die Gäste noch so oft ermahnen, bei der Abreise nicht zu vergessen, den Schlüssel abzugeben, es nützte nichts. Zu viele Zimmerschlüssel wurden nicht bei der Rezeption abgegeben, bis man den Schlüsselbeschwerer erfand. Sobald man die erforderliche Disziplin auf ein Gewicht übertrug, waren die Gäste von ihrer Sorge, den Schlüssel aus Versehen mitzunehmen, erlöst. Auch hier nimmt diese Übertragung dem Hotelgast eine Freiheit, und zwar die Freiheit, vergessen zu dürfen, den Schlüssel abzugeben.

Der Hintergrund dieser Delegierung wird vom Gedanken beherrscht, dass Mensch und Technik nicht losgelöst voneinander zu begreifen sind. Menschen und technische Artefakte sind aufs Komplizierteste miteinander verknüpft. Latour spricht von einer „symmetrischen Anthropologie", in der der Mensch und das Nicht-Menschliche (Gegenstände, Apparaturen) für ununterscheidbar gehalten werden.[275] Gegenstände können seiner Meinung nach genauso viel Autorität besitzen wie Menschen, vielleicht sogar noch mehr.

Latours Beispiele zeigen, dass Disziplin sowohl eine Sache der Gegenstände als auch der Menschen ist. Eigentlich würden wir uns am liebsten immer selbst beschützen, doch dies übersteigt gelegentlich unsere Kräfte, weshalb wir uns technischen Artefakten ausliefern, die uns zu unserem Selbstschutz zwingen. So verlieren wir an einer Stelle Freiheit, um woanders Freiheit zu gewinnen: Im Auto festgezurrt genießen wir die Freiheit, sicher zu reisen; gegängelt von der *Freedom*-App genießen wir die Freiheit, ungestört schreiben zu können. Man sollte aber niemals vergessen, dass bei all diesen Beispielen stets wir selbst es sind, die den Sicherheitsgurt anlegen, den Schlüssel zurückbringen oder auf unseren Geräten die Apps *SelfControl* oder *Freedom* installieren.

Der Vorteil beim Delegieren der Disziplin besteht darin, dass der Vorwurf, man habe selbst nicht genug Disziplin aufgebracht, nicht zieht. Undiszipliniertheit ist weniger ein charakterlicher Mangel als eine menschliche Anfälligkeit für Verführungen.

Und trotzdem hat diese Freiheit Grenzen. Wir haben kaum Einfluss auf die Art und Weise, wie diese technischen Artefakte uns disziplinieren, denn fremde Personen gestalten deren disziplinierende Kräfte. Wie können wir wissen, ob wir dadurch nicht unbemerkt von ihnen manipuliert werden? Wie können wir vermeiden, dass die App am Ende etwas anderes tut als behauptet wird? Odysseus hat sich seinen Trick mit dem Bienenwachs ganz allein ausgedacht, und er war es auch selbst, der den Männern den Befehl gab, ihn an den Mast zu fesseln. Doch Zadie Smiths App hat ein anderer erfunden. Ein Entwickler stattete die App mit einem sogenannten Skript aus, das dem Benutzer ganz bestimmte Verhaltensweisen vorschreibt. Einmal downgeloadet und aktiviert, wird das Skript unaufhaltsam ausgeführt, und zwar auf eine andere Weise, als dies bei einer moralischen Aufforderung oder einem Appell der Fall ist: Es fordert den Benutzer nicht dazu auf, sich zu verändern, sondern manipuliert dessen Umfeld, wodurch sich das Handeln und das Verhalten des Benutzers verändern – und indirekt damit auch dessen Persönlichkeit: Im Aktionsbereich der App wird der Benutzer zur disziplinierten Person.

Achterhuis nannte dieses Delegieren von Aufgaben an technische Artefakte einmal die „Moralisierung der Apparate".[276] Fünfzehn Jahre später gab er zu, dass diese Bezeichnung etwas unglücklich gewählt war, weil sie suggeriert, dass der Mensch seine Moral an die Technik verloren habe, was aber nicht zutrifft, denn die Moral, die wir auf die technischen Artefakte übertragen, stammt vom Menschen selber und muss auch von diesem immer wieder erneuert werden.[277]

Wer aber denkt sich die Skripte in den Apparaturen aus und wer entwickelt sie? Auf den ersten Blick sieht es so aus, als ob wir dadurch, dass wir unsere Disziplin auf die Softwareentwickler übertragen, und damit indirekt auch auf Staat, Polizei und andere Instanzen, die nur zu gern das Verhalten der Bürger steuern wollen, auch einen Teil unserer Macht verlieren. Latour antwortet auf Bedenken dieser Art lapidar, dass dieser Prozess schon längst im Gange sei. Menschen sind schon seit langer Zeit mit den Apparaten verwachsen. Wir haben so viele unserer Handlungen an Maschinen delegiert, dass sie Teil unserer menschlichen Existenz geworden sind und eine Vernichtung dieser Apparate uns weniger menschlich machen würde. Würden wir alle Maschinen zerstören, denen wir einen Teil unserer Tätigkeiten überlassen haben (von der Straßenschwelle über den Espressoautomaten bis hin zum Autopiloten), dann sähe die Welt weniger menschlich aus: „Ich lebe inmitten technischer *Delegierter*, ich bin mit nichtmenschlichen Wesen verflochten."[278] Außerdem entstammen die technischen Delegierungen nicht dem Gehirn eines einzelnen Erfinders. Wenn wir die Entstehung der Straßenschwelle rekonstruieren – in Latours Worten: dessen *Black box* öffnen[279] –, dann steckt diese „voller Ingenieure und Rektoren und Gesetzgeber, deren Willen und Geschichten hier untrennbar verwoben sind mit denen von Kies, Beton, Farbe und statistischen Berechnungen".[280] Die Straßenschwelle ist in dieser Interpretation ein Ausdruck der Normen und Werte der Gesellschaft, der sie entstammt.

Auch Apps existieren nicht losgelöst vom Kontext, in dem sie entwickelt werden. Nicht nur die Designer der Apps, mit denen sich der Internetzugang blockieren lässt, lassen sich zu sehr vom *world wide web* ablenken, sondern viele Menschen. Die Entwickler von Sicherheitsgurten, Hotelschlüsseln und anderen technischen Delegierungsmechanismen (wie dem U-Bahn-Drehkreuz, dem Türschließer, der bereits genannten Straßenschwelle, der Drehtür, der Alkohol-Zündschlosssperre) fügen Skripts in technische Artefakte ein und beantworten damit gesellschaftliche Bedürfnisse nach Sicherheit, Bequemlichkeit oder Sauberkeit.

Um sicher zu sein, dass wir beim Delegieren unserer Disziplin nicht von den App-Designern, einer kapitalkräftigen Elite oder vom Staat manipuliert werden, sollte sich jeder Benutzer Einblick in das Skript verschaffen und sich in die Entwicklung des technischen Artefakts einmischen. Beides ist unverzichtbar, wenn wir deren Auswirkungen auf unsere Autonomie beurteilen wollen.[281]

Technikphilosophen wie Peter-Paul Verbeek, Katinka Waelbers und Steven Dorrestijn sehen die öffentliche Debatte in der Pflicht. Hier müsse die Frage nach dem guten Leben explizit verbunden werden mit der Frage, inwiefern und wie wir die Realisierung dieses guten Lebens an Maschinen delegieren können.[282] Doch diese Debatte wird kaum geführt.[283] Die Autoren plädieren aus diesem Grund dafür, dass die Entwicklung technischer Artefakte ethisch begleitet werden sollte. Philosophen und Ethiker sollten bereits in der Entwurfsphase auf die Auswirkungen des Artefakts auf das Maschine-Mensch-Verhältnis hinweisen und darüber nachdenken, ob neue, kreative Beziehungen zwischen Mensch und Maschine möglich sind.[284]

Ich sähe es lieber, wenn die Benutzer selbst diese Aufgaben übernehmen würden. Philosophen vermögen es ausgezeichnet, die öffentliche Debatte über gewisse technische Neuerungen zu eröffnen, doch wenn es darum geht herauszufinden, wie diese sich auf das Leben der Menschen auswirken, ob sie zur Verbesserung des Lebens beitragen oder wie ein so verbessertes Leben aussehen soll, halte ich es für besser, den „normalen" Menschen damit zu beauftragen statt eine selbsternannte moralische Elite aus Philosophen. Das wird auch bereits praktiziert: es gibt immer mehr gemeinsame Projekte von App-Designern und Benutzern.

Ein gutes Beispiel für eine solche Zusammenarbeit ist die Entwicklung von *MiniMe* in England.[285] Dabei handelt es sich um eine App für junge Menschen mit einer Veranlagung zur Psychose.[286] Das Programm war eine Zusammenarbeit zwischen den jungen Leuten, für die die App gedacht war, und Informations- und Kommunikationstechnologen. Die App sollte in kritischen Situationen teilweise die Verantwortung für das Verhalten der Patienten übernehmen. Am Anfang standen die Geschichten der jungen Patienten, außerdem sollten sie sich überlegen, was sie von einer solchen App erwarteten. Dieses Material verarbeiteten die Entwickler dann zu einem ersten Prototyp, den die jungen Leute ausführlich testeten. Die App funktionierte wie eine Ampel: Grün bedeutete: okay, Orange hieß: Achtung, und Rot bedeutete: Stopp![287] Diese Basisausstattung kann jedoch individuell auf den einzelnen Patienten zugeschnitten werden. Da die *MiniMe*-App selbstlernend ist, passt sie sich immer besser dem spezifischen Benutzer an. Wie individuell eine solche personengebundene App sein kann, zeigt das Video, in dem die Geschichte des gemeinsamen Entwicklungsprozesses mit den jungen Leuten gezeigt wird.[288]

Allalena zum Beispiel wird nach einem Besuch beim Arbeitsamt von einer Gruppe junger Leute angepöbelt. Auf dem Heimweg spürt sie im Bus, dass das Ereignis in ihr nachwirkt und sie immer ängstlicher und unruhiger wird. Sie schaltet die *MiniMe*-App ein und drückt das rote Licht auf der Ampel. Rot bedeutet, dass die Notwendigkeit besteht, direkt mit den Eltern in Kontakt zu treten. Sie sieht auf dem interaktiven Schirm, dass ihr Vater auf der Arbeit ist und ihre Mutter auf dem Weg nach Hause. Allalena beschließt, eine vorformulierte SMS an ihre Mutter zu schicken. Die Mutter antwortet ihr umgehend, dass sie zu Hause auf sie warte. Danach erkundigt sich die *MiniMe*-App bei Allalena, ob sie herausfinden will, was sie so durcheinandergebracht hat. Der Bildschirm bietet ihr eine Auswahl an Antworten, die sie früher einmal eingegeben hat. Sie entscheidet sich für eine Antwort, die sofort gespeichert wird, so dass die App beim nächsten Einsatz besser auf ihre Bedürfnisse reagieren kann. Als Folge davon bekommt sie eine Auswahl an möglichen Handlungen angeboten, die ihr bei der Bewältigung der momentanen Situation helfen sollen. Sie entscheidet sich für beruhigende Musik. Zehn Minuten später leuchtet die rote Ampel noch einmal auf: „Bist du noch immer gestresst?" Allalena weiß, dass sie, falls sie jetzt mit „Ja" antwortet, die Möglichkeit hat, eine Notfallnummer oder einen der behandelnden Ärzte anzurufen. Sie klickt auf „Nein". Die App gibt ihr ein positives Feedback in Form eines Satzes, den sie und ihre Freundinnen immer benutzen, wenn sie sich zusammen amüsieren. Danach gelingt es Allalena, ohne weitere Zwischenfälle sicher zu Hause anzukommen.

Storyboard von Allalena (Copyright Innovation Labs UK)[289]

MiniMe übernimmt hier die Rolle eines Freundes oder Vertrauten. Was nicht ganz der Wahrheit entspricht, denn solange die jungen Leute in Behandlung sind, werden die Berichte an die Ärzte weitergeleitet. Die Verantwortung für das Verhalten wird zwar in erster Linie auf die App übertragen, doch im Hintergrund schaut „der große Bruder" stets mit. Diese Endkontrolle hört auf, sobald die jungen Menschen psychisch wieder stabil sind. Danach können sie mithilfe der App ihr Leben allein meistern – und mit dem Beistand des Netzwerks aus Familienmitgliedern und Freunden, mit denen sie über die App verbunden sind.

Die Zusammenarbeit war keineswegs so symmetrisch, wie es auf den ersten Blick aussieht, denn schließlich traten die App-Designer mit ihrer Idee auf die jungen Leute zu, und nicht umgekehrt. Die jungen Leute hatten auch keinen Einfluss auf die Entwicklung der tieferen Schichten des digitalen Kontexts, mit dem die App über das Internet mit seinen Websites, Databases, Sicherheitssystemen und anderen Benutzern verbunden ist. Diese tieferen Schichten bleiben für den durchschnittlichen Benutzer unzugänglich.[290]

Es gibt aber noch andere Beispiele für die Zusammenarbeit von Entwickler und Benutzer. So haben sich Softwareentwickler mit passionierten Fahrradfahrern zusammengetan, um Radrouten auszuarbeiten, und Jogger und App-Designer entwickelten gemeinsam eine Anwendung, womit sich Jogger gegenseitig auffordern, mehrere Male pro Woche zusammen Sport zu treiben.

Die Initiative für eine App kann jedoch auch vom Benutzer ausgehen. So ist das Skript für *Freedom* von einem Doktoranden entwickelt worden, der sich zu sehr vom Internet ablenken ließ. Wenn wir uns also schon im Entwicklungsstadium einer App überlegen, wie wir unsere Disziplin übertragen wollen, behalten wir eine gewisse Freiheit, wie diese auszusehen hat und wie weit sie gehen soll. Diese Freiheit vergrößert sich heutzutage sogar noch, denn es gibt immer mehr Möglichkeiten, sich selber Apps zusammenzubasteln.

Jeder ein Odysseus

Die Disziplin auf andere Instanzen zu übertragen, besitzt den Vorteil, dass wir uns nicht schuldig zu fühlen brauchen, wenn wir mal nicht diszipliniert sind. Einer App gegenüber sind wir zu keinerlei Erklärungen verpflichtet. Disziplinlosigkeit ist nicht länger eine Charakterschwäche, sondern nur noch eine menschliche Empfänglichkeit für Verführungen, denen wir nicht widerstehen können.

Ein Skript will nicht unseren Charakter verändern. Es verwandelt jedoch unsere Umgebung so, dass wir in bestimmten Situationen gezwungen werden, uns disziplinierter zu verhalten. Zadie

Smith bleibt eine Schriftstellerin, die ihren Impulsen folgt, doch das Skript der App zwingt sie, vor dem Computer nur zu schreiben und sonst nichts.

Ein anderer Vorteil von disziplinierenden Artefakten und Apps ist, dass sie zu jeder Tages- und Nachtzeit in Anspruch genommen werden können. Darin unterscheiden sie sich nicht vom Diener Victor Hugos, doch wird man eine Maschine niemals überreden können, eine Ausnahme zu machen. Zadie Smiths App ist unerbittlich; Amy Winehouses Barkeeper waren es nicht.

In einer Zeit, in der sich die soziale Unterschicht nicht mehr an der intellektuellen Elite orientiert und auch der Status nicht mehr eine so große Rolle spielt wie früher, kann es angesichts von Problemen, die sich aus einer Kombination vom Überangebot der Überflussgesellschaft und dem Mangel an Disziplin ergeben, überlebenswichtig sein, die Disziplin auf andere Instanzen zu übertragen. Der Kampf gegen das Übergewicht vor allem bei den sozial Schwachen war so lange aussichtslos, wie man versuchte, die Menschen durch Appelle zu einer Veränderung ihrer Ess- und Bewegungsgewohnheiten zu bringen. Als viel wirkungsvoller erwies es sich, den städtischen Raum so zu planen, dass die Bewohner sich freiwillig mehr bewegten. Frankreich entwickelte dafür das Konzept der *ville santé*. In Zusammenarbeit mit Eltern, Kindern und lokalen Partnern gestaltete man das direkte Lebensumfeld der Straße, Schule, des Zuhauses und des Supermarkts so um, dass es den Bewohnern leichter fiel, sich gesund zu ernähren und sich mehr zu bewegen.[291] Dieses Konzept wurde in den Niederlanden kopiert und es entstanden sogenannte *Jogg*-Gemeinden (Jogg – *Jongeren op Goed Gewicht*, was so viel heißt wie: Jugendliche mit Normalgewicht). Hier arbeiten Jugendliche, Eltern, Schulen, Sozialarbeiter, Ärzte, Gemeindeverwaltung, Firmen und Sportschulen zusammen, um durch die Veränderung der materiellen Umgebung dem Übergewicht den Kampf anzusagen:[292] Man legte mehr Fahrradwege an, präsentierte in den Supermärkten statt der Süßigkeiten die gesunden Waren auf

Augenhöhe und versuchte, die Jugendlichen durch den Einsatz der sozialen Medien verstärkt für den Sport zu gewinnen.

Ein letzter Vorteil, der dafür spricht, die Disziplin auf andere Instanzen zu übertragen, liegt darin, dass dadurch der Unterschied zwischen Menschen wegfällt, die diszipliniert aufgewachsen sind, und Menschen, die es nicht sind. In der *Dialektik der Aufklärung* kritisieren Horkheimer und Adorno die Kluft zwischen dem hochgestellten Odysseus, der sich fesseln lässt und sich dem Genuss des Gesangs aussetzen darf, und den einfachen Ruderern, deren Sinnesorgane gewaltsam von der Außenwelt abgeschnitten wurden, während sie Odysseus aus der Gefahrenzone bringen müssen.[293] Aber in einer Welt, in der wir unsere Disziplin den Maschinen überantworten, ist jeder von uns Odysseus und Ruderer zugleich; es sei denn, man ist ein Will Self, der weder App noch technisches Artefakt benötigt, um sich diszipliniert zu verhalten. Aber ob ein Roman unter Einsatz disziplinierender Hilfsmittel geschrieben wird oder nicht, sagt nichts über die Qualität eines Romans oder den Rang eines Schriftstellers aus. Disziplin delegieren kann jeder, der will.

13

Die Delegierung der Disziplin ans menschliche Netz

Meine Umgebung hält mich für sehr diszipliniert, aber das stimmt nicht: Ich bin alles andere als das. Allerdings verstehe ich es ausgezeichnet, meine Disziplin zu delegieren. Ohne externen Reiz kann ich mich kaum zum Sport aufraffen, meine Gefühle beherrschen, rechtzeitig einkaufen oder die Bücher rechtzeitig in die Bibliothek zurückbringen. Erst durch die Aktivität von Freunden, Sportlehrern, Kollegen, Verlegern oder Bibliothekaren fühlt sich mein Verantwortungsgefühl genug unter Druck gesetzt, den mehr oder weniger stillschweigend getroffenen Vereinbarungen mit ihnen auch nachzukommen. Aus diesem Grund mache ich mich manchmal aktiv auf die Suche nach einem solchen äußeren Reiz, wodurch ich nicht erst zu überlegen brauche, ob ich zu etwas Lust habe oder nicht – ich tue es einfach.

Das gilt auch für das Schreiben. Erst wenn ich einen Abgabetermin habe, auf den die anderen mich immer wieder hinweisen, kann ich stunden-, tage- und sogar monatelang diszipliniert vor dem Computer sitzen. Ohne diese freiwillig eingegangene Verpflichtung, ohne das Gefühl, dass jemand auf das wartet, was ich schreibe, bringe ich nur wenig aufs Papier. Für mich ist sogar so etwas Einfaches wie Einkäufe erledigen eine Anfechtung, die ich oft bis zum letzten Augenblick hinausschiebe und dabei riskiere, dass der Supermarkt bereits geschlossen hat oder das Erwünschte vergriffen ist. Der Lebensmittelhändler bei mir um die Ecke ist dazu übergegangen, wegen mir sein Geschäft fünf Minuten später zu schließen, weil er weiß, dass ich immer kurz nach Ladenschluss angerannt komme.

Ich habe den Händler inzwischen gewarnt, dass er dadurch alles nur schlimmer macht.

Das geschah nämlich in der Universitätsbibliothek. Undiszipliniert wie ich bin, brachte ich meine Bücher immer zu spät zurück. Damit ich nicht in die Bredouille kam, legte ich bereits am Jahresanfang einen Betrag für die fälligen Versäumniszuschläge zur Seite. Mit der Zeit machte ich es mir zu einem Sport, so wenig wie möglich von diesem Betrag in Anspruch zu nehmen. Das ging eine Weile ganz gut, bis dieser Schutz wegfiel. Denn als ich eines Tages wieder mit meinem Portemonnaie in der Hand vor der Bibliotheksmitarbeiterin stand, teilte sie mir mit, dass Lehrkräfte von nun an keine Strafgebühren mehr zu bezahlen brauchen. Da war's um meine Disziplin geschehen! Inzwischen sind mir schon wieder drei Mahnungen ins Haus geflattert für Bücher, die ich nicht mehr finden kann.

Ich überlasse es den Psychologen, eine Erklärung dafür zu finden, warum manche Menschen derart undiszipliniert sind. Vielleicht waren diese Menschen als Kinder schon immer undiszipliniert und rissen sich nur zusammen, solange der autoritäre Vater in Sicht war? Vielleicht bildete sich die Schwäche erst während der Erziehung heraus? Egal, ich weiß selber, dass man prima ohne Selbstdisziplin leben kann, solange es einem gelingt, die Disziplin zu delegieren. Disziplin lässt sich übrigens nicht nur ausgezeichnet an technische Artefakte delegieren, sondern auch an menschliche Instanzen.

Wer verstehen will, wie das Delegieren der Disziplin an menschliche Instanzen vor sich geht, sollte Hannah Arendt, Norbert Elias, Johan Goudsblom oder den niederländischen Philosophen Henk Oosterling (*1952) lesen. Charakteristisch für deren Denken ist, dass sie den Menschen weder für eine schwache und fehlbare isolierte noch für eine starke und vollkommene Entität halten. Sie betrachten ihn als Teil eines Geflechts aus zwischenmenschlichen Beziehungen, in dem die Menschen voneinander lernen, ihr Verhalten gegenseitig zu regulieren. Sie imitieren einander, doch wenn jemand

Absprachen nicht einhält, seine Affekte zu sehr oder zu wenig unterdrückt und zu viel oder zu wenig Rücksicht auf seine Mitmenschen nimmt, dann weisen sie ihn auch auf sein Fehlverhalten hin.

Wechselseitiges Delegieren von Disziplin ist in einem solchen Netzwerk der menschlichen Beziehungen die normalste Sache der Welt. Man braucht sich gewiss nicht dafür zu schämen. Ganz im Gegenteil. Ich möchte zeigen, dass die Erkenntnis, wie sehr wir unsere Mitmenschen für unsere Selbstkontrolle brauchen, eine vollkommen andere Sichtweise auf das Thema der Disziplin eröffnet als jene, deren Ansichten ich in früheren Kapiteln dargelegt habe, wonach die Disziplin entweder in wiedererweckter Zucht und Ordnung von außen auferlegt oder vom Ich durch langes Üben selbst hervorgebracht wird. Doch im Grunde unterscheidet sich die Delegierung der Disziplin auf Menschen nicht so sehr von der Übertragung der Disziplin auf technische Artefakte, einerseits weil nichtmenschliche Maschinen zunehmend ein Teil des menschlichen Lebens sind – oder, wie bei Implantaten, sogar des menschlichen Körpers –, und andererseits weil das soziale Netz vielfach nur durch Apparate, Apps und andere materielle Mittel aufrechterhalten werden kann.

Das Wissen darum, dass Disziplin im zwischenmenschlichen Bereich eine große Rolle spielt, hat auch Einzug in die Politik gehalten; immer öfter ist die Disziplin Gegenstand politischer und öffentlicher Debatten und Überlegungen.

Das zwischenmenschliche Beziehungsgeflecht

Menschen leben nicht in einem Vakuum, sondern in einer Welt, die aus Gebäuden, Straßen, Kommunikationsmitteln, Gebrauchsgegenständen und anderen Menschen besteht. Jede Handlung, die wir ausführen, und jedes Wort, das wir aussprechen, landet in einem Raum, der sich zwischen Menschen oder zwischen Menschen und

Gegenständen öffnet. Arendt nennt diesen Zwischen-Raum das „Intermedium" oder das *inter-est* (vom lateinischen *interesse* = „dazwischen sein"). Dieses „Zwischen" besteht nicht nur aus gegenständlichen Dingen wie Straßen, Telefonapparaten und Fernsehern, sondern auch aus ungegenständlichem Handeln und Sprechen.[294] Interesse an der Welt oder am anderen bedeutet buchstäblich, dass uns wichtig ist, was im zwischenmenschlichen Bereich vor sich geht, und dass wir bereit sind, in diesem Bereich immer neue Verbindungen einzugehen.

Das zwischenmenschliche Bezugsgewebe wird keineswegs bewusst gebildet; es entsteht überall dort von selbst, wo Menschen zusammenleben. Handeln und Sprechen finden in einem Beziehungsgeflecht statt, das sich durch das Handeln und Sprechen anderer bildet. Am eindrücklichsten zeigt sich das bei Facebook und Twitter: Jeder Beitrag ist Teil eines Netzwerks aus anderen Beiträgen. Dieses Netzwerk aus Einträgen wiederum ist ein Element des weltumspannenden Netzwerks menschlicher Kontakte, in denen Tweets Handlungen hervorrufen und diese Handlungen wiederum neue Tweets. Jedes Handeln und jedes Sprechen vollzieht sich in einem Zwischenraum aus Kontakten, in dem jede Reaktion eine Kettenreaktion auslöst und jeder Prozess neue Prozesse in Gang setzt. „Da Handeln immer auf zum Handeln begabte Wesen trifft, löst es niemals nur Re-aktionen aus, sondern ruft eigenständiges Handeln hervor, das nun seinerseits andere Handelnde affiziert."[295] Aus diesem Grund geschehen im *inter-est* immer neue Dinge, die zu neuen Verhaltensweisen führen, aber auch zu neuen Normen, zu neuen Kulturformen und zu neuen Geschichten darüber, wer wir sind. In der Realität der zwischenmenschlichen Beziehungen lässt sich keineswegs verhindern, dass wir beim Sprechen und Handeln stets von anderen abhängig sind. Doch heute sind wir das nicht mehr wie noch vor einiger Zeit ausschließlich von den Menschen in unserer direkten Umgebung, sondern von Menschen in der ganzen Welt. Henk Oosterling, der Initiator des Projekts Rotterdam Vakmanstad/Skillcity (RVS), beschreibt das heutige *inter-est* als Welt voller Interdependenzen, durch die alles mit allem zusammenhängt:

> Das Ganze spielt jederzeit eine Rolle. In einer Welt, in der alles mit allem verbunden ist – linked, logged, connected –, hat man zwangsläufig immer mit dem Ganzen zu tun. Man kann sich niemals bewusst dafür entscheiden, denn man ist heutzutage schon deshalb ein Teil des Ganzen, weil man von den Medien und der Technik vollkommen abhängig ist. Die moderne *conditio humana* besteht geradezu aus dieser Abhängigkeit.[296]

Im Lernprogramm, das im Zusammenhang mit dem Projekt RVS Rotterdam-Zuid erstellt worden ist, sind Interdependenz, Beziehung und Netzwerk Kernbegriffe.[297] Im Mittelpunkt stehen dabei nicht mehr das Ego und das Eigeninteresse des Einzelnen, sondern die Auffassung, dass das physische Vermögen sowie die mentalen und sozialen Fähigkeiten aller Menschen integral miteinander verbunden sind, sowohl im kleinen als auch im großen Maßstab. Solche Interdependenzketten sind heute oft lang und kompliziert. Sogar hinter den alltäglichsten Gebrauchsgegenständen und Nahrungsmitteln verbirgt sich ein weltumspannendes Netzwerk, in dem Rohstoffe gefördert, gewonnen, bearbeitet, transportiert, getestet und verkauft werden. Je komplizierter und weitläufiger das Netzwerk der menschlichen Beziehungen ist, desto größer die Zahl der Menschen, mit denen man direkt oder indirekt in Kontakt steht. Schon mit dem Ankauf eines einfachen T-Shirts stehen wir plötzlich in Beziehung mit einer riesigen Zahl von Menschen.

Durch diese weltweite Ausweitung des zwischenmenschlichen Beziehungsgeflechts sind wir plötzlich mit ganz neuen Problemen konfrontiert. Politische Spannungen entstehen; neue Machtverhältnisse stellen sich ein. Der Mensch als Element eines Bezugssystems wird unter Druck gesetzt, um ihn zu einem bestimmten Verhalten zu zwingen. Je länger und komplizierter die Interdependenzketten werden und je mehr Menschen zu einem Beziehungsgeflecht zu rechnen sind, desto schwieriger wird es, eine gemeinsame Norm zu finden. Wir wissen zwar, welche Arbeitsverhältnisse wir in den Niederlanden für annehmbar halten, doch was sollen wir tun, wenn unsere Kleidung weit weg unter unsicheren Bedingungen hergestellt wird? Wie sollen wir in einem derartigen, unübersichtlichen, riesigen Netzwerk die verantwortlichen Personen für unsere Bedenken finden?

Wir sollten jedoch nicht vergessen, dass es keine moralische Instanz jenseits der zwischenmenschlichen Beziehungen gibt, weder feste Kriterien noch überzeitliche Normen, aufgrund derer wir wissen, was in der jeweiligen Situation als diszipliniertes oder undiszipliniertes Verhalten zu bezeichnen ist. Jede Kultur und jede geschichtliche Periode stellt andere Anforderungen an die Regulierung menschlichen Verhaltens. So halten wir heutzutage das Übergewicht für eine Krankheit, während Fettleibigkeit früher ein Zeichen von Reichtum war. Die Oberschicht *genoss* damals ihre Korpulenz; heute sagen wir, dass die Unterschicht an Fettsucht *leidet*.[298]

Das Gespenst der unsichtbaren Machtstrukturen

Wie aber sehen die Machtverhältnisse in einem solchen zwischenmenschlichen Beziehungsgeflecht aus? Wie ist es möglich, dass es einer Partei besser gelingt, die andere zu disziplinieren? Jede Gemeinschaft besitzt dominante Normen, die für alle gelten, selbst wenn sich nicht alle bewusst dafür entscheiden. Foucault zeigt in *Überwachen und Strafen*, dass wir oft ohne unser Wissen unsichtbaren Mächten ausgesetzt sind, die uns an Leib und Seele disziplinieren und der Norm anpassen wollen. Diese Disziplinierung verläuft oft äußerst wirksam, nämlich dann, wenn wir sie am Ende internalisiert haben werden und überzeugt davon sind, dass wir aus freien Stücken handeln.

Ganz anders Hannah Arendt. Im Gegensatz zu Foucault bleibt sie mit beiden Beinen auf der Erde: Sie wehrt sich heftig gegen den Gedanken, dass es etwas über oder außerhalb unserer alltäglichen Wirklichkeit gibt, was wir nicht erfahren oder wahrnehmen können. Bei Arendt finden wir keine unsichtbaren Herrscher oder Mächte, die uns von außen oder oben herab disziplinieren. Es gibt nur Menschen, die miteinander in Kontakt stehen und zusammen das Bezugssystem unterhalten. Wir sind keine Marionetten, die von anonymen Mächten oder einer unsichtbaren Hand regiert werden. Arendt würde Foucault entgegenhalten, dass die Vorstellung einer unsichtbaren Macht durch keine einzige wirkliche Erfahrung gerechtfertigt sei. Menschen aus Fleisch und Blut können diese Mächte nicht berühren, sehen, hören oder anderswie erfahren. Es erweist sich auch als besonders schwierig, zu beweisen, dass uns diese Norm im täglichen Leben auferlegt wird, was so mancher von Foucault inspirierte empirische Wissenschaftler behauptet. Arendt würde Foucaults Theorien wahrscheinlich zu den von ihr sogenannten Geschichtsphilosophien mit „primär politischem Charakter" rechnen[299], die behaupten, dass der Mensch von einem unsichtbaren „Beweger" oder einem „Drahtzieher hinter dem Rücken der Menschen" – Gott, Natur, dem hegelianischen „Weltgeist", dem marxistischen Klassenkampf oder Adam Smiths „unsichtbare Hand" – gelenkt würden.[300] Solche Theorien sind ihrer Meinung nach allesamt das Produkt eines verwirrten Denkens und entziehen sich jeder Erfahrbarkeit.

Foucaults Analyse, dass wir durch unsichtbare Auswirkungen von Macht zu disziplinierten Körpern und Seelen gemacht werden, steht Arendts These gegenüber, dass wir innerhalb des menschlichen Bezuggewebes einer eigenen, wirklichen Geschichte zufolge handeln, die nicht durch etwas Unsichtbares gebildet wurde – aus dem einfachen Grund, weil es keine unsichtbaren Mächte gibt, die uns zu dem machen, was wir sind. Wir sind handelnde und sprechende Wesen, und alles, was wir tun und sagen, beeinflusst das, was andere Menschen tun und sagen. Welche Auswirkungen das Miteinander-Reden-und-Handeln auf andere Menschen hat, können wir nicht abschätzen und nicht kontrollieren, weil es vom Handeln und Sprechen der anderen Menschen abhängt. Durch die Interdependenzketten zwischen den Menschen untereinander und zwischen Menschen und Dingen sind wir nicht Herr über uns selbst oder über die Situation. Wir leben eine Geschichte, die sich durch zahllose Aktionen und Reaktionen im zwischenmenschlichen Umgang bildet. Diese ergeben sich nicht aus den Auswirkungen einer unsichtbaren Macht, sondern sind konkrete Akte des Handelns und Sprechens unter den Menschen.

Natürlich spielt Macht im menschlichen Bezugssystem eine Rolle, aber dabei handelt es sich um eine Macht, die sich in der Gemeinschaft von Menschen formt. Macht muss immer erst vom Menschen gebildet werden:

> Macht ist immer ein Machtpotential, und nicht etwas Unveränderliches, Meßbares, Verläßliches wie Kraft oder Stärke. [...] Macht aber besitzt eigentlich niemand, sie entsteht zwischen Menschen, wenn sie zusammen handeln, und sie verschwindet, sobald sie sich wieder zerstreuen.[301]

Es gibt nicht nur ein einziges Machtzentrum, sondern viele Aktionen und Reaktionen, durch die die Macht einmal hier, dann wieder dort in der Gemeinschaft entsteht. Anhand der Geschichte, so Arendt, lässt sich leicht aufzeigen, dass starke Personen machtlos bleiben, wenn es ihnen nicht gelingt, ihre Mitmenschen zu mobilisieren.[302]

Ein ausgezeichnetes Beispiel dieser Machtlosigkeit zeigte sich vor einigen Jahren in den Niederlanden, als viele junge Frauen sich der empfohlenen Impfung gegen Gebärmutterhalskrebs verweigerten. Ungeachtet seines hohen Ansehens und seiner beruflichen Fähigkeiten gelang es Roel Coutinho, dem damaligen Direktor der Ab-

teilung Infektionsbekämpfung im Rijksinstituut voor Volksgezond-
heit en Milieu (RIVM; Reichsinstitut für Volksgesundheit und Umwelt) nicht, die Mädchen davon zu überzeugen, dass es besser sei,
sich impfen zu lassen. In der Terminologie Arendts bedeutet das,
dass er hinsichtlich seiner kommunikativen Macht versagt hat. Da
es jedoch keine unsichtbare Macht gibt, womit sich die Mädchen
disziplinieren ließen, würde ihm zur Erreichung seines Zieles theo-
retisch nur noch die Gewalt bleiben. Das aber bedeutet, dass es in
einer Gesellschaft keine Alternative gibt zu den veränderlichen Normen eines sich stets verändernden menschlichen Bezugssystems.

Gegenseitiges Delegieren von Disziplin

Zurück zum Delegieren: Wie funktioniert das Delegieren im
menschlichen Beziehungsgeflecht? Der Soziologe Norbert Elias
zeigte auf, wie das menschliche Verhalten innerhalb der menschlichen Beziehungen immer wieder neu reguliert wird. Nach Meinung von Johan Goudsblom, der wie kein anderer Elias' Werk in
den Niederlanden propagiert hat, besagt der Grundgedanke von
Elias' „Zivilisationstheorie" für die Menschen, dass der „menschliche Bewegungsraum, in dem sie sich äußern und entfalten können,
stark bestimmt ist von den Möglichkeiten, die sie sich gegenseitig
einräumen, und den Grenzen, die sie sich gegenseitig setzen".[303]
    Eine solche Delegierung, die aus dem Bieten von Möglichkeiten
und dem Setzen von Grenzen besteht, ist besonders effektiv, wenn es
sich um ein wechselseitiges Beziehungsverhältnis handelt: Der Bi-
bliothekar bietet mir die Möglichkeit, Bücher auszuleihen, und ich
habe die Pflicht, die Bücher rechtzeitig zurückzubringen. Meine
Freunde und meine Familie bieten mir eine sichere Umgebung und
ich habe die Pflicht, diese Sicherheit nicht durch Wutausbrüche und
Schimpftiraden zu torpedieren. Das alles sind gegenseitig gegebene

Versprechen: Ich gebe ein Versprechen und der andere hat die Pflicht, mich auf dessen Einhaltung hinzuweisen. Dennoch kommt es vor, dass eine Seite sich nicht an die Vereinbarung hält. Doch dann vergeben wir einander – wenn auch oft nach der Erteilung eines Bußgeldes oder einer anderen Strafe –, und man hat die Möglichkeit, es das nächste Mal besser zu machen. Nicht nur die Strafe als Rache, sondern auch die Vergebung versuchen, etwas „zu beenden [...], was ohne diesen Eingriff endlos weitergehen würde".[304]

Das Heilmittel gegen Unwiderruflichkeit – dagegen, daß man Getanes nicht rückgängig machen kann, obwohl man nicht wußte, und nicht wissen konnte, was man tat – liegt in der menschlichen Fähigkeit zu verzeihen. Und das Heilmittel gegen Unabsehbarkeit – und damit gegen die chaotische Ungewißheit alles Zukünftigen – liegt in dem Vermögen, Versprechen zu geben und zu halten.

Diese beiden Fähigkeiten gehören zusammen, insofern die eine sich auf die Vergangenheit bezieht und ein Geschehenes rückgängig macht, dessen „Sünde" sonst, dem Schwert des Damokles gleich, über jeder neuen Generation hängen und sie schließlich unter sich begraben müßte; während die andere ein Bevorstehendes wie einen Wegweiser in die Zukunft aufrichtet, in der ohne die bindenden Versprechen, welche wie Inseln der Sicherheit von den Menschen in das drohende Meer des Ungewissen geworfen werden, noch nicht einmal irgendeine Kontinuität menschlicher Beziehungen möglich wäre, von Beständigkeit und Treue ganz zu schweigen.[305]

Keiner kann sich selber das Versprechen abnehmen, nicht mehr zu rauchen oder nicht mehr zu viel zu trinken, weil niemand sich zwingen kann, ein Versprechen einzuhalten, das er nur sich selbst gegeben hat. Eine Vergebung hat keinerlei Wirklichkeitsgehalt, wenn das Versprechen in völliger Einsamkeit abgegeben wurde. Zur Vergebung braucht es immer andere. Ein Versprechen erlangt erst dann einen Grad von Wirklichkeit, wenn es einer anderen Person gegeben wird und man die Disziplin somit überträgt. Dann wird die Art und Weise, wie andere ihr Versprechen halten und im Falle der Nichteinhaltung einander vergeben, bestimmen, wie jemand selbst damit umgeht.[306]

Wenn man sich mit anderen zusammentut, dann ist immer Disziplin mit im Spiel. Sie drängt einen dazu, Versprechen einzuhalten, die Verantwortung zu tragen, zusammen ein Projekt zu verwirklichen und zu verabredeten Terminen zu erscheinen, Aufgaben auf sich zu nehmen und rechtzeitig zu beenden, zu planen und Rücksicht zu nehmen auf die Interessen und Bedürfnisse anderer. Überall, wo sich Menschen zusammenfinden, entstehen Ordnungen, in die sich sämtliche Mitglieder der Gruppe einfügen müssen. Eine solche Ordnung kann spontan entstehen, zum Beispiel wenn eine Gruppe Freiberufler sich zufällig immer am gleichen flexiblen Arbeitsplatz trifft und nach einer Weile entscheidet, den Freitag als festen Termin festzulegen, an dem man sich in Zukunft immer trifft. Doch eine Ordnung kann auch das Ergebnis eines geplanten kollektiven Entschlusses sein. Das wäre dann der Fall gewesen, wenn diese Gruppe der Freiberufler sich durch eine Annonce zusammengefunden und beim ersten Treffen den Freitag zum festen Termin erklärt hätte. In beiden Fällen delegiert der Einzelne die Disziplin, sich am Freitag am flexiblen Arbeitsplatz einzufinden, an die Gruppe. Jedes Gruppenmitglied weiß, dass die anderen sein Fehlen als unangenehm empfinden und ihn beim nächsten Treffen mit den vorwurfsvollen Worten empfangen würden: „Wo warst du?"

Jede Verbindung, die man mit anderen Menschen eingeht, zieht nicht nur die „Verantwortung" nach sich, dass wenn man ein Versprechen gibt, danach strebt, es auch einzuhalten, sondern dass man dem anderen möglicherweise auch vergibt und bereit ist, Rücksicht auf den anderen oder ein größeres Ganzes zu nehmen. „Verantwortung beruht in erster Linie auf Beziehungen", schreibt Oosterling. „Sie ergibt sich aus der Spannung zwischen dem Teil und dem Ganzen, zwischen privat und öffentlich, zwischen Körper und Geist.

Und heutzutage vor allem zwischen dem Regionalen und dem Globalen." [307]

An der Basis aller Delegierung von Disziplin steht die „Nicht-Souveränität" des Menschen: Ein Individuum ist niemals aus sich selbst heraus souverän; es kann sich nicht selbst disziplinieren, ist weder über sich noch über seine Affekte und Triebe Herr und Meister. Könnte das Individuum von Geburt an in völliger Isolation leben, bräuchte es sich niemals zu beherrschen. Erst durch die Beziehung zu anderen Menschen wird Disziplin nötig. Souveränität wird deshalb erst in den Beziehungen mit anderen erreicht.

Nicht wir selbst, nicht unsere persönliche Erziehung, nicht unsere Stärken oder Schwächen bestimmen unser Verhalten, sondern unsere Umgebung. Aber was, wenn diese Umgebung von Überfluss und Schrankenlosigkeit gekennzeichnet ist? In Oosterlings Worten:

> Unsere Kinder wachsen in einer exzessiven, grenzenlosen Welt voller Probleme auf. Wie und wo sollen sie in einer widerstandslosen Welt, in der scheinbar alles zu bekommen ist, an ihre Grenzen stoßen? Wie können wir sie auf ihre hypermobile Immobilität und glokale Verantwortung vorbereiten? Wie bringt man ihnen bei, in diesem Mahlstrom der Daten und Informationen zu überleben? [308]

Oosterling sucht die Antwort auf diese Fragen nicht bei fahrlässig handelnden Erziehern oder Lehrern, sondern in der Gemeinschaft: „Will man ein Individuum stärken, muss man unserer RVS-Philosophie zufolge zuerst dessen soziales Netz stärken." [309] Das Delegieren von Disziplin an die sozialen Netze, von denen das Individuum einen Teil bildet, schützt gegen die Risiken von Überfluss und Schrankenlosigkeit.

Menschen und Dinge

Warum soll man etwas an Menschen delegieren, wenn es dafür auch Apparate gibt? Worin besteht der Unterschied zwischen der Übertragung von Disziplin an zwischenmenschliche Beziehungen und ihrer Delegierung an Gegenstände? Überantwortet man die Disziplin auf einen anderen Menschen, dann geschieht dies meist auf Gegenseitigkeit und mithilfe eines mehr oder weniger stillschweigend geschlossenen Vertrags: Die eine Seite verspricht etwas und die Gegenseite sichert zu, an das Versprechen zu erinnern. Versprechen gegenüber Menschen sind verpflichtender als Versprechen gegenüber einer Apparatur. Und auch die Vergebung ist eine ausschließlich menschliche Angelegenheit; von einer App lässt sich schwerlich Vergebung erwarten.

Ein zweiter Unterschied liegt darin, dass man Menschen nicht einfach abschalten kann wie Maschinen. Wer keine Lust mehr hat, sich von einer bestimmten App disziplinieren zu lassen, kann diese einfach löschen. Das wäre beim Menschen doch ein sehr drastischer Schritt. Der Vergleich hinkt etwas, weil auch Apparate uns dazu verlocken, sie ständig eingeschaltet zu lassen. Und bei manchen Apps muss man Stunden oder sogar Tage warten, bis ihre Funktion endlich aus dem Betriebssystem gelöscht ist.

Umgekehrt besitzen Apparate den Vorteil, dass sie manchmal in unsere Jackentasche passen, Tag und Nacht einsatzbereit sind, selten Schuldgefühle hervorrufen, wenn man disziplinarisch gescheitert ist, und nicht wütend werden, wenn man ihren Rat ignoriert. Außerdem wird eine App nie müde.

In der Praxis verläuft die Delegierung der Disziplin an Apparate oft ergänzend zu der an Personen, zum Beispiel wenn Freunde oder Bekannte sich mithilfe einer gemeinsamen App regelmäßig zum Joggen treffen. Hier wird die Disziplin zu gleichen Teilen auf Mensch und Maschine übertragen.

Politik

Damit ist die Frage nach den Machtverhältnissen im menschlichen Beziehungsgeflecht noch nicht ganz beantwortet. Woher wissen wir, dass die Disziplin, die wir auf unser menschliches Netzwerk übertragen, nicht eine nachträglich internalisierte Selbstdisziplin ist und somit eine Disziplinierung darstellt, die uns durch die Mehrheit oder eine Autorität von außen auferlegt wurde? Würde nicht jedes menschliche Individuum lieber vollkommen disziplinlos leben, wenn man es ließe? Stammt nicht jede Beschränkung des menschlichen Willens ohnehin von außen?

Das Umgekehrte scheint der Fall zu sein: Weil der Mensch das Bedürfnis hat, mit anderen Menschen zusammenzuleben, ist er bereit, sein Verhalten einzuschränken. Es gibt zwar Individuen, die davon träumen, uneingeschränkt leben zu können, doch jeder weiß, dass er sich anpassen muss, wenn er mit anderen Menschen zusammenleben will. Im Alltag sind wir eigentlich froh darüber, dass im Laufe der Zeit derart viele Einschränkungen entstanden sind, die uns ein recht freies Zusammenleben ermöglichen. Die meisten dieser Einschränkungen sind angenehm und wir verspüren überhaupt kein Bedürfnis, gegen sie aufzubegehren. Die Einschränkung durch eine Ampel sorgt zum Beispiel dafür, dass wir uns im Verkehr sicher fühlen. Selbst wenn wir einmal bei Rot fahren sollten, ist das noch lange kein Grund, die Existenz von Verkehrsampeln in Frage zu stellen. Ampeln hält man im Allgemeinen für eine legitime Form der Disziplinierung.

Doch bei den Plänen der Regierung, eine Fettsteuer einzuführen oder den Verkauf großer Becher Limonade zu verbieten, sieht das schon anders aus. Die Diskussionen über solche Maßnahmen gegen das Übergewicht stoßen auf heftigen Widerstand; wir halten sie noch für illegitim. Doch das war beim Rauchverbot im öffentlichen Raum und in Restaurants am Anfang genauso.

Die politische Dimension der Übertragung von Disziplin verbirgt sich im Unterschied zwischen legitimen und illegitimen Formen der Disziplinierung. Sämtliche Beteiligten suchen nach Formen der Disziplinierung, mit denen alle einverstanden sein können. Nachdem solche Formen der Disziplin vom sozialen Beziehungsnetzwerk erarbeitet wurden, können sie auf ausführende Personen oder Apparate übertragen werden. Ein Beispiel: Stören sich Bewohner einer Straße am Abfall, der überall herumliegt, so könnten sie das Problem bei einem gemeinsamen Treffen erörtern, worauf sich vielleicht einige von ihnen zur „Adoption" von Abfalleimern bereit erklären, die sie dann zu leeren versprechen, sobald sie voll sind. Die Disziplinierung in Form von solchen Einschränkungen, die durch gemeinsame Gespräche entstehen und für die Bewohner eines Viertels oder Mitglieder anderer Netzwerke von Nutzen sind, wird für legitim gehalten.

Arendt weist darauf hin, dass sich politische Gemeinschaften, die auf Vereinbarungen und Verträge vertrauen, wenig von der angeblichen Unberechenbarkeit menschlichen Handelns beeindrucken lassen. In menschlichen Beziehungsgeflechten geschehen ständig Dinge, die man nicht vorhersagen oder verhindern kann. Das ist dem menschlichen Handeln eigen, weil wir weder unsere eigenen Reaktionen auf bestimmte Handlungen noch die anderer Personen vorhersagen können. Dass die menschlichen Verbindungen und Netzwerke dennoch aufrechterhalten werden, liegt an der Kraft des gegenseitigen Versprechens und Einigens. Souveränität, egal wie eingeschränkt, entsteht nur dort, wo Menschen sich durch Versprechen aneinander binden, schreibt Arendt:

> Die Souveränität einer Gemeinschaft, die zusammengehalten und aneinander gebunden ist – nicht durch den sie beherrschenden Willen eines Einzelnen, sondern aus Vielen Einen macht, sondern durch ein Vorhaben, auf das die Vielen sich geeinigt und dessentwillen sie sich durch Versprechen aneinander gebunden haben –, zeigt sich in der fraglosen Überlegenheit gegenüber allen Gruppen, die so ‚frei' sind,

dass kein Versprechen sie bindet und kein Vorhaben sie zusammen-
hält.[310]

Versprechen geben und Versprechen halten sind genau wie Ver-
gebung und Vergebung-empfangen moralische Vorschriften. Aller-
dings werden sie nicht von „einer Erfahrung mit vorgeblich höheren
Dingen abgeleitet", sondern „entspringen vielmehr direkt aus dem
Miteinander der Menschen, insofern dieses sich auf Handeln und
Sprechen überhaupt eingelassen hat."[311]

Ist das nicht sehr optimistisch gedacht? Ist es wirklich vernünftig, die Beschränkungen des menschlichen Verhaltens dem sozialen
Beziehungsgeflecht zu überlassen? Sind die Menschen nicht zu sehr
darauf bedacht, ihr Eigeninteresse durchzusetzen, als dass sie bereit
wären, auf andere Menschen Rücksicht zu nehmen? Und sind die
menschlichen Netzwerke nicht zu komplex und zu umfangreich geworden, als dass wir uns noch für alle jene verantwortlich fühlen
können, mit denen wir wie auch immer in Kontakt stehen?

Goudsblom stellt fest, dass mit dem Längerwerden der Interdependenzketten tatsächlich immer weniger deutlich wird, woher die
Einschränkungen des Verhaltens kommen. So gehen die Einschränkungen des alltäglichen Nutzens von Facebook und anderen *social
media* (wo beispielsweise jede Form von Nacktheit sofort gelöscht
wird) nicht auf eine gemeinsam getroffene Übereinkunft zurück,
sondern werden von den Betreibern der sozialen Netzwerke durch-
geführt. Inwiefern sich die Normen für diese Beschränkung aus ne-
gativem oder positivem Feedback der Nutzer gebildet haben, lässt
sich nicht sagen. Außerdem gibt es stets Leute, die immer den Chef
spielen wollen und sich keinen Deut um demokratische Absprachen
scheren.

Andererseits können gerade durch lange Interdependenzketten
neue Formen der Disziplin und Selbstdisziplin entstehen. Das ist im
Umweltschutz und in einer höheren allgemeinen sozialen Verantwortung zu spüren. Elias meint dazu:

Aber die Gewissensbildung hat sich im Laufe des 20. Jahrhunderts geändert. Das Mitverantwortungsgefühl der Menschen für einander ist sicherlich, absolut betrachtet, minimal; aber verglichen mit früher ist es gewachsen.[312]

Ein Beispiel für die größere Bereitschaft der Menschen, sich um andere zu kümmern, ist die höhere Zahl der sogenannten Do-it-ourselves-Verbindungen, neue Formen der Zusammenarbeit, in denen Bürger gemeinsam die Verantwortung für ihr soziales Umfeld übernehmen. Auch in den Niederlanden entscheiden sich immer mehr Menschen dafür, sich freiwillig mit anderen zu organisieren. Vor allem in den Städten entstehen zahlreiche neue Bürgerinitiativen: Man legt zusammen Stadtgärten an, leiht sich übers Internet gegenseitig Geräte oder andere Dinge, man kocht für die Nachbarn oder für gänzlich Unbekannte, organisiert Straßenfeste, druckt Nachbarschaftszeitungen, bietet Hausaufgabenbetreuung an oder Verkehrsunterricht.[313]

Diese neuen Formen der Disziplin, die in der Bevölkerung selbst entstehen, bieten zusammen mit der Übertragung von Disziplin an Maschinen und Apps den besten Schutz gegen ungerechtfertigt empfundene, das heißt illegitime, Formen der Disziplin. Weil zwischenmenschliche Beziehungsgeflechte kein (Macht-)Zentrum besitzen und einer Vielfalt von Stimmen Raum bieten, besteht kein Grund zu befürchten, dass sich hier eine neue, unsichtbare Disziplinarmacht ausbildet.

Zum Schluss

Die Disziplin verdient es, dass man sich ihrer annimmt. So selbstverständlich und oft wir uns für die Freiheit einsetzen, so selten tun wir dies für die Disziplin. Freiheit ruft nun einmal angenehmere Assoziationen auf, sie gewährt uns die Möglichkeit zur Selbstverwirklichung und verspricht die Befreiung von allem, was uns einschränkt oder unterdrückt. Bei der Disziplin jedoch denken wir an weniger angenehme Dinge, an gängelnde Zucht und Ordnung, an blinden Gehorsam, an den Knigge. Doch ist es nicht fair, mit der Disziplin nur Negatives zu assoziieren, denn sie kann in einer Gesellschaft, in der die individuelle Freiheit ein hohes Gut ist, von großem Vorteil sein: Disziplin schützt davor, im Überfluss zu ertrinken, hilft dabei, Lebensideale zu verwirklichen, und ist wichtig für den Aufbau und den Unterhalt unseres sozialen Netzwerks.

In einer Überflussgesellschaft kann die Disziplin in vielerlei Hinsicht ein Schutz sein. Angesichts des materiellen Reichtums bewahrt sie den Menschen beispielsweise vor der eigenen Habsucht oder der der anderen. Und in der Konfrontation mit der Übersexualisierung und der Bindungslosigkeit unserer Gesellschaft sorgt die Disziplin dafür, dass alle Beteiligten sich an ihre Versprechen halten, egal ob es sich dabei um das Versprechen ewiger monogamer Treue oder der Treue in einer kurzzeitigen Beziehung handelt. Außerdem schützt sie bei Angestellten und Freiberuflern vor der Gefahr der Überarbeitung, wenn diese der fälschlichen Ansicht sind, Zeit sei unerschöpflich: Und zuletzt bewahrt sie manchen vor den durch das heutige Überangebot an Nahrungs- und Genussmitteln stets drohenden Gefahren des Übergewichts und der Alkoholsucht.

Ein weiterer Vorteil der Disziplin liegt darin, dass sie uns hilft, unsere Lebensträume und -ziele zu realisieren, das gilt auch für die Kunst, die Musik, den Tanz, die Literatur, den Sport, aber auch für die Schule und Lehre, wo Schüler und Studenten ohne Disziplin ihre

Lernziele niemals erreichen könnten. Selbst in seiner Freizeit braucht der Mensch die Disziplin, zum Beispiel wenn er eine Sprache oder ein Instrument lernen oder zusammen mit Freunden Sport treiben will.

Den dritten Vorteil der Disziplin, der auf ihrer Hilfe beim Aufbau und bei der Aufrechterhaltung unserer zwischenmenschlichen Beziehungen beruht, können wir täglich um uns herum beobachten. Überall, wo Menschen zusammenleben, setzen sie sich gegenseitig Grenzen. Dies geschieht durch Freunde, Familie, Partner oder Kollegen. Wir erwarten, dass wir unsere uns selbst gesetzten Grenzen einhalten, und schränken umgekehrt auch die Freiheiten anderer ein. Exzessives oder unbeherrschtes Verhalten stößt in unserem zwischenmenschlichen Beziehungssystem immer auf Grenzen. Gäbe es die nicht, würde dieses System in kürzester Zeit auseinanderfallen.

Die Notwendigkeit, sich selber zu disziplinieren, indem man sich Grenzen setzt, wächst in dem Maße, wie das soziale Netz an Umfang zunimmt oder sich die Gegenstände, mit denen man sich umgibt, vermehren. Der moderne Bürger, der über Radio, Fernseher und digitale Netzwerke an jedem Ort der Welt und zu jeder Tageszeit mit unzähligen anderen Menschen in Kontakt treten kann, braucht ein viel größeres Maß an Selbstdisziplin als noch unsere Vorfahren, die in einem kleinen Dorf wohnten.

Formen der Disziplin

Dennoch existiert nicht nur eine Form der Disziplin, die für alle Gelegenheiten passend ist. Jede Kultur und jede Epoche stellt andere Forderungen an die Disziplin. Auch wie wir die Disziplin einsetzen, ist von der jeweiligen Situation abhängig. Manchen Formen der Disziplin sind wir offen gegenüber eingestellt, andere weisen wir eher zurück, weil diese in der Vergangenheit gezeigt haben, dass sie große Gefahren bergen.

Seit dem Zweiten Weltkrieg ist vor allem die *Disziplin in Form von Gehorsam* gegenüber militärischen, religiösen oder politischen Institutionen in Verdacht geraten. Diese Art der Disziplin akzeptieren wir nur noch, um in „gerechten Kriegen" das Leben „unserer Jungs" zu schützen.[314] Der Irakkriegsveteran Kevin C. Powers (*1980) betont in seinem Roman *The Yellow Birds* (2012; deutsch: *Die Sonne war der ganze Himmel*, 2013), wie wichtig die militärische Disziplin fürs Überleben in Kriegssituationen ist. Die Hauptperson vertraut während der Kampfeinsätze blind auf die von seinem vorgesetzten Sergeanten eingeforderte Disziplin: „[…] Sterling wusste genau, wie weit er beim Lieutenant gehen konnte, ohne die Disziplin der Truppe zu gefährden. Es war ihm gleich, dass wir ihn hassten. Er wusste, was notwendig war."[315] Durch seine Körperhaltung weiß Sterling seine disziplinarische Autorität noch zu unterstreichen:

Wenn wir im Gelände übten, bewegte sich sein Oberkörper im Einklang mit der Waffe, fuhr vor dem Hintergrund der kahlen, verschneiten Laubbäume herum, und seine Beine trugen ihn zielgerichtet weiter, bis er auf einer Lichtung stehen blieb, auf ein Knie sank. Er hatte eine besondere Art, den Helm von den kurzen, blonden Haaren zu ziehen, während seine blauen Augen das Unterholz am Waldrand absuchten. Er horchte, und wir warteten, der ganze Zug, bis er einen Entschluss gefasst hatte. Wir vertrauten ihm, wenn er die Richtung vorgab und uns zum Weitergehen aufforderte. Wir folgten ihm bereitwillig, wohin er uns auch führte.[316]

So unverzichtbar die militärische Disziplin für das Überleben in Kriegssituationen ist, im normalen bürgerlichen Leben stößt sie nur auf wenig Gegenliebe. Die geringe Bereitschaft junger Leute von heute, sich einer solchen strengen militärischen Disziplin unterzuordnen, wirft bei militärischen Organisationen die Frage auf, ob diese Form der Disziplin möglicherweise veraltet ist.[317] Diese Frage wird in den Niederlanden häufiger gestellt als anderswo, denn die Disziplin in Form des blinden Gehorsams widerspricht dem typisch niederländischen „Widerstand gegen Macht und Gehorsamsverweigerung als nationale Überlieferung".[318] In den Sechzigern verschwand der letzte Rest unterwürfigen Gehorsams, den der Niederländer noch besaß. Selbstbewusstsein und Selbständigkeit zählten in Familie, Schule, Kirche, im öffentlichen Raum und in der Armee von nun an mehr als die Gehorsamsdisziplin, also warf man sie über Bord. Seither entscheiden die Bürger möglichst oft selbst, was sie gut oder wichtig finden, oft nachdem sie sich ausführlich über die verschiedenen Optionen, die sich ihnen bieten, informiert haben. Selbstbestimmung und Selbstverwirklichung sind nicht nur Forderungen der idealistischen Sechziger, sondern längst alltägliche Realität. Auch das nichtautoritäre Erziehungsideal der sechziger und siebziger Jahre ist heutzutage so normal geworden, dass sich niemand mehr nach den alten Zeiten sehnt. Die Vorstellung, dass Kinder zu blindem Gehorsam erzogen werden sollen, findet heute nur noch wenig Anklang.

Gehorsamsdisziplin spielt in der heutigen Gesellschaft der mündigen Bürger kaum noch eine Rolle. Sie ist sinnlos geworden, da der Mensch von heute seine Entscheidungen meist selbst trifft, ohne auf Autoritäten zurückgreifen zu wollen oder zu können.

Selbstbestimmung und Selbstverwirklichung haben eine bedeutende Funktion im Zusammenhang mit der *persönlichen Disziplin* oder der *zwischenmenschlichen Disziplin*. Bei der persönlichen Disziplin handelt es sich um jene, mit deren Hilfe man sich selbst Grenzen setzt, während bei der *zwischenmenschlichen Disziplin* andere Personen unseren Worten und Taten Schranken auferlegen. Letzteres vermögen aber auch technische Artefakte. Die *persönliche Disziplin* bildet sich zum größten Teil während der Erziehung aus. Ein Kind internalisiert die Grenzen, die die Erziehungsberechtigten ihm setzen, und entwickelt eine Selbstkontrollapparatur, mit der es lernt, über sich nachzudenken und sich zu beherrschen, mit der es aber auch lernt zu lernen. Aber nicht jedes Kind hat Eltern, die ihm ein gutes Vorbild sind oder ihm solche nützlichen Grenzen setzen. Früher gab es genügend Institutionen wie Schule, Kirche, Arbeitgeber oder die Armee, denen es gelang, diese Lücke weitgehend zu füllen. Doch seit den disziplinfeindlichen Sechzigern, denen gerade diese Institutionen ein Dorn im Auge waren, ist dieses Sicherungsnetz verschwunden. Menschen, die von Haus aus keine Disziplin gelernt haben, leiden meist das ganze Leben darunter. Nur wenigen Erwachsenen gelingt es, sich Selbstdisziplin später noch anzueignen, und das meist erst nach langem Üben und Trainieren.

Die Kluft, die sich dadurch zwischen den Menschen mit und ohne Disziplin öffnet, kann nicht durch ein Revival der Gehorsamsdisziplin überbrückt werden. Zur Mündigkeit erzogene Bürger, die über stets mehr Möglichkeiten verfügen, diese Mündigkeit auch zu leben, werden sich nicht freiwillig neuen Befehlsregimen unterwerfen. Wenn diese Regime überhaupt erfolgreich sind, dann nur durch die Pflicht zum Gehorsam und nicht etwa deshalb, weil die Menschen, die in ihnen wohnen, der größeren Freiheit und dem damit verbundenen Überfluss besser gewachsen seien. Aufheben lässt sich diese Kluft auch nicht dadurch, dass man sich auf moralische Werte beruft. Als mündige Bürger lassen wir uns weder durch den Staat noch durch andere Wortführer der Moral diktieren, worin das gute Leben bestehen soll. Das bestimmen wir lieber selbst, normalerweise in Absprache mit den Menschen oder Institutionen, die Teil unseres Lebens sind.

Die *zwischenmenschliche Disziplin* ist weniger abhängig von der Erziehung als die *persönliche Disziplin*. Diese Art der Disziplinübertragung auf Menschen oder technische Artefakte ist jederzeit möglich, und es ist auch egal, ob der Mensch, der das tut, von Hause aus über Selbstdisziplin verfügt oder nicht. Eine elitäre Erziehung ist nicht länger nötig. Auf diese Weise schließt sich die gesellschaftlich bedingte Kluft zwischen Menschen mit und Menschen ohne Disziplin.

Doch das reicht noch nicht. In der heutigen Überflussgesellschaft müssen wir unseren Kindern durch stabile gesellschaftliche Einrichtungen helfen, Widerstand gegen das ständige Überangebot aufzubauen. Ein Beispiel dafür ist das Projekt „Rotterdam Vakmanstad/Skillcity", bei dem das ganze soziale Umfeld der Kinder zusammenarbeitet, um den Kindern eine Anleitung zum guten Leben zu vermitteln, zum Beispiel durch Ernährungskurse, Sport, Natur- und Umweltunterricht, Gartenarbeit oder Philosophie.

Wenn wir nicht nur als Individuum, sondern auch als Kollektiv über eine neue, willkommene und legitime Art der Disziplin nachdenken, können wir das Leben lebenswerter machen, unsere sozialen Bindungen stärken und gleichzeitig mehr Freiheit genießen, denn jetzt sind wir der Überflussgesellschaft gewachsen und drohen nicht länger an ihr zu scheitern.

Zur Anregung

Zum Schluss möchte ich noch einige Ideen vorbringen, die zum Nachdenken über eine neue und andere Disziplin anregen könnten. Sie sind weder als Diktat noch als Bevormundung gemeint, sondern lediglich als Vorschläge zur Verbesserung, die keinen Anspruch auf Vollkommenheit erheben und denen durchaus widersprochen werden kann.

Wie kann man im Überfluss gut leben?

Bevor wir klären können, wie das gute Leben in der Überflussgesellschaft aussieht, muss erst die Frage beantwortet werden, was unter dem guten Leben zu verstehen ist. Diese Frage kann weder von der Politik noch von der Wirtschaft beantwortet werden, sondern nur vom Menschen selbst, genauer gesagt: von seinem sozialen Netzwerk. Denn das soziale Umfeld, in dem wir uns bewegen, bestimmt entscheidend mit, was jeder von uns unter dem „guten Leben" versteht. So verschieden die Meinungen darüber sind, keiner wird umhin können, zuerst zu bestimmen, welches Verhältnis zwischen Freiheit und Disziplin er für ein gutes Leben für maßgeblich hält. Dabei sollten wir vor allem nicht vergessen, dass es manchmal äußerst angenehm sein kann, sich undiszipliniert zu verhalten.

Wann also sollten wir diszipliniert sein und wann nicht? Welche Situation erfordert den Einsatz der Disziplin und welche nicht? Zu Hause mag sie weniger angebracht sein als auf der Arbeit, und ganz sicher sieht das Verhältnis von Freiheit und Disziplin in einer monogamen Beziehung anders aus als in einer nichtmonogamen. Doch selbst für die Aufrechterhaltung einer nichtmonogamen Beziehung kann nicht vollkommen auf Disziplin verzichtet werden.

Es gibt zahlreiche Situationen, in denen man unfähig ist, die erforderliche Disziplin von sich aus aufzubringen. Dann bietet es sich an, diese Disziplin auf das soziale Netz oder auf Artefakte zu übertragen. Akzeptieren wir, dass die Welt, in der wir leben, mit ihren zahlreichen Verführungen die Selbstbeherrschung eines Menschen überfordern kann, dann sind wir auch bereit, die Disziplin wie Odysseus auf eine andere Person zu übertragen. Doch inzwischen sind auch technische Artefakte, Apparaturen oder Apps dazu in der Lage, und der Unterschied zwischen Menschen und Dingen gestaltet sich fließend, weil wir heutzutage viele unserer sozialen Kontakte hauptsächlich durch technische Gerätschaften aufrechterhalten.

Wie kann man die Kluft zwischen Menschen mit und Menschen ohne Selbstdisziplin schließen?

Verzichtet eine Überflussgesellschaft wie unsere weitgehend auf disziplinierende Institutionen, dann sind sozial schwache Menschen meist im Nachteil, weil sie häufig nicht mit der nötigen Selbstdisziplin ausgestattet sind, um den allgegenwärtigen Verführungen widerstehen zu können. Ihre Gesundheit leidet und ihre Lebenserwartung ist niedriger. Um die Kluft zwischen Menschen mit und Menschen ohne Selbstdisziplin zu verringern, sind stabile, demokratische Institutionen und gesellschaftliche und politische Regelungen notwendig, die Kindern aus sozial schwachen Familien diese Disziplin beibringen. Auf diese Weise gelingt es auch ihnen, die von ihnen selbst oder von den Eltern gesetzten Lebensziele zu erreichen. Es ist unabdingbar, dass diese Institutionen im direkten sozialen Umfeld entstehen und wenn möglich auch die Betroffenen selbst bei Entscheidungen miteinbeziehen. In solchen demokratischen Einrichtungen können Bürger, Eltern, Schüler, Studenten, Patienten, Arbeitnehmer oder Klienten gemeinsam Programme entwickeln.

Auch bei Massenveranstaltungen (Popfestivals, Demonstrationen, Facebook-Partys, Fußballspielen), wo Disziplinierungen unvermeidlich sind, ist es erstrebenswert, den Besuchern bei den entsprechenden Maßnahmen ein Mitspracherecht einzuräumen. Wie viel Disziplin nötig ist und wie viel Freiheit gewährt wird, sollte durch eine demokratische Entscheidungsfindung ausgelotet werden. Das macht es wahrscheinlicher, dass die Betroffenen die Maßnahmen dann auch für gerechtfertigt halten und akzeptieren.

Wie soll man die Disziplin auf Menschen oder technische Artefakte übertragen?

Will man seine Disziplin einer fremden Instanz übertragen, so muss man zunächst feststellen, welche Disziplin am besten zur jeweiligen Situation, Person oder technischen Apparatur passt. Wer dazu neigt, zu viel zu arbeiten, sollte sich vielleicht regelmäßig mit seinen Freunden zu Sport, Kneipen- oder Museumsbesuchen verabreden. Wer unter Kaufsucht leidet, bittet Familie, Freunde oder Bekannte darum, ihn von teuren Erwerbungen abzuhalten. Letzteres ist aber auch auf technische Weise möglich, indem man den Zugang zu seinem Konto oder zur Kreditkarte sperrt.

Im *App-Store* finden sich zahlreiche verschiedene Programme, mit deren Hilfe sich Disziplin auf Mensch oder Technik übertragen lässt. Der Benutzer bestimmt selbst, in welchem Bereich er sich disziplinieren lassen will: Geld sparen, mehr Wasser trinken oder vor Mitternacht zu Bett gehen. Online-„Freunde", SMS-Nachrichten und Fortschrittsdiagramme helfen dabei.[319]

Weil wir jedoch meist nicht an der Entwicklung der Apps beteiligt sind und kaum darüber informiert werden, was mit unseren Daten im Internet geschieht, ist eine gesunde Skepsis angebracht. Man sollte sich genau informieren, bevor man eine App downloadet. Welche Ziele verfolgen die Entwickler? Sind das auch unsere Ziele? Arbeitet die App, wie wir es von ihr erwarten, oder bringt sie uns dazu, Dinge zu tun, die wir gar nicht tun wollen? Spielt sie unter Umständen dem Überwachungsstaat in die Hände? Der Vorteil der Apps ist, dass man sie leicht ausprobieren und schnell wieder löschen kann. Wenn nötig, können wir sogar eine Software erstehen und uns die gewünschte App selber basteln.

Wie können wir es vermeiden, gegen unseren Willen diszipliniert zu werden?

Wer wie ich die Meinung vertritt, Philosophie solle das Leben schwieriger statt leichter machen und die Widersprüche der menschlichen Existenz aufzeigen, der muss sowohl die Freiheit als auch die Disziplin kritisch hinterfragen. Das heißt, man sollte bei der Freiheit bedenken, dass man Menschen oft genug mit dem Verweis auf die Freiheit disziplinarisch unter Druck setzt, während man bei der Disziplin immer im Hinterkopf behalten sollte, dass man Menschen durch diese dazu bringen kann, etwas zu tun, was sie gar nicht wollen. Das betrifft fast alle Arten der Disziplin: die Gehorsamsdisziplin, die Disziplin zur Wettbewerbsregelung, die Disziplin in Form von Selbstbeherrschung und die Disziplin, die man auf Menschen oder Dinge überträgt. Wir sollten alle Beschränkungen, denen wir begegnen, kritisch daraufhin prüfen, ob sie unser eigenes Lebensideal oder das geliebter Mitmenschen in irgendeiner Weise beeinträchtigen.

Das beste Heilmittel gegen eine zu strenge Disziplin und gleichzeitig die beste Garantie für die Freiheit besteht darin, Pluralität zu schaffen und der Uneinigkeit eine Chance zu geben. Es gibt nicht nur ein einziges gutes Leben, sondern es gibt viele gute Leben. So wie es auch viele verschiedene Formen der Freiheit und der Disziplin gibt.

Danksagung

„Ist doch logisch!" So reagierten viele meiner Freunde und Kollegen, als ich ihnen erzählte, dass ich ein Buch über Disziplin schreibe. Für sie ergab sich dieses Thema folgerichtig aus der Arbeit an meinem Buch über den Rhythmus. Doch hatte sich das Thema Disziplin erst während der Lesereise mit meinem Rhythmus-Buch herauskristallisiert. Besucher fragten mich immer wieder, wie sich denn das Metrum zur Freiheit und all ihrer Varianten verhalte. Das brachte mich dazu, über den Unterschied zwischen Disziplin und Freiheit nachzudenken.

Auch in den Gesprächen mit meinen Kollegen der Philosophischen Fakultät in Rotterdam kehrte die Disziplin als Thema immer wieder. Ich danke Ger Groot, Esther Keymolen, Jos de Mul, Henk Oosterling, Awee Prins, Sjoerd van Tuinen und Rolf Viervant für ihre kritischen Kommentare, Vorschläge zur Lektüre und Tipps zu den technischen Übertragungsmöglichkeiten der Disziplin.

Die Hochschule von Den Haag befreite mich einige Monate lang von meinen Lehrverpflichtungen, damit ich meine Ideen über die Disziplin zu Papier bringen konnte. Meinen Den Haager Kollegen Gerben Bakker, Jean Jaminon, Henrietta Joosten, Frank Meester, Baukje Prins und Henno Theisen danke ich für ihr Mitdenken und die Lektüre einzelner Kapitel.

Zu den Mitdenkern über das Thema Disziplin zähle ich auch ein Mitglied unserer philosophischen Diskussionsrunde bei der Zeitung *Trouw*, Marc van Dijk, der mich seit Jahren dazu verführt, die Gegenwart mithilfe philosophischer Theorien genauer unter die Lupe zu nehmen. Mein Dank gilt auch Tanja Dobbelaer, die mir am Anfang meines Schreibprozesses zu einem klaren Aufbau des Buches verholfen hat.

Nico und Daan Tillie sorgten für Leichtfüßigkeit, Martin van Hees brachte mich auf die Spur der Kapitalismuskritik und Klasien

Horstman machte mich auf die verschiedenen Auffassungen vom guten Leben aufmerksam. Nico Marsman brachte mich dazu, genauer über die Zeit nachzudenken, und Jean Tillie wies mich auf das disziplinierte Individuum in der Masse hin.

Niels Cornelissen, Wouter van Gils und Eelke Warrink danke ich für ihr Vertrauen in dieses Buch und ihre liebevolle und geduldige Redaktion und Unterstützung.

Mein größter Dank aber gilt meinem geliebten Partner Reinjan Mulder, der mir mit Rat und Tat, wunderbaren Abendmahlzeiten und redaktionellen Vorschlägen stets zur Seite stand. Ohne ihn hätte ich es nicht geschafft.

Anmerkungen

Einleitung

[1] Roald Dahl, *Mathilda*, übers. von Sybil Gräfin Schönfeld, Rowohlt 1997.

[2] Harry Mulisch, *Strafsache 40/61. Eine Reportage über den Eichmann-Prozeß*, übers. von Johannes Picon, Berlin [3]2002.

[3] Friedrich Kluge, *Etymologisches Wörterbuch der deutschen Sprache*, hrsg. und bearbeitet von Elmar Seebold, Berlin/New York [22]1989, 148.

1 Der spielende Mensch

[4] Norbert Elias, *Über den Prozeß der Zivilisation. Soziogenetische und psychogenetische Untersuchungen. Erster Band: Wandlungen der Gesellschaft in den weltlichen Oberschichten des Abendlandes*, Zweiter Band: *Wandlungen der Gesellschaft. Entwurf zu einer Theorie der Zivilisation*, Frankfurt/Main [17]1992 (1976).

[5] Friedrich Nietzsche, *Die fröhliche Wissenschaft*, V, 343, in: Ders., *Sämtliche Werke. Kritische Studienausgabe in 15 Bänden*, hrsg. von Giorgio Colli und Mazzino Montinari (im Folgenden KSA), Band 3: *Morgenröte. Idyllen aus Messina. Die fröhliche Wissenschaft*, 343–651, München 1999, 573.

[6] Elias 1992 (1976), Erster Band, 256.

[7] Hans Righart, *De eindeloze jaren zestig. Geschiedenis van een generatieconflict*, Amsterdam/Antwerpen 1995, 40–41.

[8] Righart 1995, 41.

[9] C. J. M. Schuyt und Ed Taverne, *1950. Welvaart in zwart-wit*. Den Haag 2000, 275.

[10] Roel van Duijn, „Terug naar de natuur", in: *Morgen is het misschien zover. Het nieuwe denken over onze tijd zoals dit overkomt uit gesprekken met Foucault, Marcuse, Van Duijn, Lefebvre, Laot, Krumnow, Deleuze, Guattari, Tourain en Fourier*, Baarn 1973, 55–69, hier: 56.

[11] Noortje Thijssen, *De jaren zestig herinnerd. Over gedeelde idealen uit een linkse periode*, Amsterdam 2012, 46.

[12] Ernest Zahn, *Das unbekannte Holland. Regenten, Rebellen und Reformatoren*, München 1993, 24.

235

[13] Jean Paul Sartre, *Das Sein und das Nichts. Versuch einer phänomenologischen Ontologie*, übers. von Hans Schöneberg und Traugott König, in: Ders., *Gesammelte Werke*, hrsg. von Vincent von Wroblewsky, Philosophische Schriften I, Reinbek 1994, 753.

[14] Meerten ter Borg, „Religie na 1945: een cultuur-sociologische schets van de achtergronden", in: *Handboek religie in Nederland. Perspectief – overzicht – debat*, hrsg. von Meerten ter Borg u. a., Zoetermeer 2008, 49–66, hier: 54.

[15] Erich Fromm, *Die Furcht vor der Freiheit*, übers. von Liselotte und Ernst Mickel, München 1990, 64.

[16] Zahn 1993, 30–33.

[17] Simone de Beauvoir, *Das andere Geschlecht. Sitte und Sexus der Frau*, übers. von Uli Aumüller und Grete Osterwald, Reinbek 1992.

[18] Joke Kool-Smit, *hé zus, ze houen ons eronder. een boek voor vrouwen en ouderemeisjes*, Utrecht/Antwerpen 1972, 12.

[19] Charles Taylor, *Das Unbehagen an der Moderne*, übers. von Joachim Schulte, Frankfurt/Main 1995, 38 f.

[20] Jan Bor, *Wat is wijsheid? Een filosofische zoektocht*, Amsterdam 2012, 24.

[21] Bernard Delfgaauw, „De mens: vrij of gevangen?", in: *Onze jaren 45–70*, (1973) 88, 6.–12. Oktober, 2787–2790.

[22] Fromm 1990, 174.

[23] Fromm 1990, 174.

[24] Coen Tasman, *Louter Kabouter. Kroniek van een beweging 1969–1974*, Amsterdam 1996, 263 u. ö.

[25] Tasman 1996, 270.

[26] Jan Cremer, *Ich, Jan Cremer*, übers. von Johannes Werres und Klaus Rainer Röhl, Frankfurt/Main 1969.

[27] Walter Benjamin, *Über Haschisch: Novellistisches, Berichte, Materialien*, Frankfurt/Main 1972, 39.

[28] Irene Costera Meijer, *Het persoonlijke wordt politiek. Feministische bewustwording in Nederland 1965–1980*, Amsterdam 1996, 81.

[29] Marli Huijer, „Een niet te verenigen duo: seksuele pluraliteit en Constandses ene moraal van wederkerigheid", in: *Anton Constandse. Leven tegen de stroom in*, hrsg. von B. Gasenbeek u. a., Breda/Utrecht 1999, 129–140.

[30] De Beauvoir 1992, 609.

[31] Anton Constandse, *Sexuele nood en fascisme*, Den Haag 1935, 11.

[32] Anton Constandse, *God, gezin, gezag*, Den Haag 1938, 10.

[33] Herbert Marcuse, *Eros und Kultur. Ein philosophischer Beitrag zu Sigmund Freud*, Stuttgart 1957; Neuausgabe: Ders.: *Triebstruktur und Gesellschaft. Ein*

philosophischer Beitrag zu Sigmund Freud, Frankfurt/ Main 1979 (= Herbert Marcuse, Schriften, 5), 12.

[34] Reimut Reiche, *Sexualität und Klassenkampf. Zur Kritik repressiver Entsublimierung*, Berlin 1968, 41–44.

[35] Herbert Marcuse, *Der eindimensionale Mensch. Studien zur Ideologie der fortgeschrittenen Industriegesellschaft*, übers. von Alfred Schmidt, München 1994.

[36] Marcuse 1994, 69.

[37] Marcuse 1994, 27.

[38] Marcuse 1994, 77.

[39] Marcuse 1994, 32.

[40] Marcuse 1994, 16 f.

[41] Thijssen 2012, 60 u. ö.

[42] Van Duijn 1973, 60.

2 Angst vor der Disziplin

[43] Zygmunt Bauman, *Dialektik der Ordnung. Die Moderne und der Holocaust*, Hamburg 2002, 166.

[44] Mulisch ³2002, 152.

[45] Hannah Arendt, *Eichmann in Jerusalem. Ein Bericht von der Banalität des Bösen*, übers. von Brigitte Granzow, München 1986.

[46] Thijssen 2012, 122.

[47] Delfgaauw 1973, 2878–2790.

[48] Vgl. Michel Foucault, *Überwachen und Strafen*, übers. von Walter Seitter, Frankfurt/Main 1994, 192–200.

[49] W. H. McNeill, *Keeping together in time. Dance and drill in human history*, Cambridge/MA: Harvard University Press 1995, 127–131.

[50] Foucault 1994, 187 und 212.

[51] Foucault 1994, 195.

[52] Foucault 1994, 195–196.

[53] Foucault 1994, 212–214.

[54] Foucault 1994, 217.

[55] Foucault 1994, 218–219.

[56] Foucault 1994, 232.

[57] Foucault 1994, 233 f.

[58] Foucault 1994, 236.

[59] Foucault 1994, 176–177.

[60] Foucault 1994, 33.

[61] Foucault 1994, 245 f.

[62] Foucault 1994, 290.

[63] Foucault 1994, 174.

[64] Foucault 1994, 375 f. Die britischen Literaturwissenschaftler Anne Schwan und Stephen Shapiro verstehen den Bericht über Béasse als einen impliziten Hinweis darauf, dass radikale Kritik am disziplinierenden Strafsystem in Kombination mit Undiszipliniertheit zu einem Sturz des Systems führen kann (Anne Schwan und Stephen Shapiro, *How to Read Foucault's Discipline and Punish*, London 2011, 164). Sie sehen bei Foucault eine „Neigung zur Möglichkeit einer postdisziplinären Gesellschaft" (Schwan und Shapiro 2011, 4). Der niederländische Philosoph Henk Oosterling ist der Ansicht, dass die Passage über Béasse auf „eine andere Auffassung von Freiheit" hinweisen soll. Béasses Disziplinlosigkeit zeuge seiner Ansicht nach von der ursprünglichen und unmittelbaren Freiheit, die charakterisiert werde von Zufall und Ziellosigkeit (Hans Oosterling, *De opstand van het lichaam. Over verzet en zelfervaring bij Foucault en Bataille*, Amsterdam 1989, 64).

[65] *absolute(ly). Macht und Gerechtigkeit. Michel Foucault, Noam Chomsky und Fons Elders*, übers. von Jürgen Reuß, Freiburg 2008, 40.

[66] Michel Foucault, „Die fröhliche Wissenschaft des Judo. Ein Gespräch mit Jean-Louis Ezine", in: Ders., *Mikrophysik der Macht. Über Strafjustiz, Psychiatrie und Medizin*, übers. von Walter Seitter, Berlin 1976, 124–130, hier: 129.

[67] Foucault 1976, 129.

[68] Foucault umschreibt Gouvernementalität als „Art und Weise, mit der man das Verhalten der Menschen steuert". Die „Analyse der Mikromächte oder der Verfahrenweisen der Gouvernementalität [ist] nicht auf einen bestimmten Bereich beschränkt [...], der durch einen bestimmten Abschnitt der Größenskala bestimmt wäre, sondern wie diese Analyse der Mikromächte als bloßer Gesichtspunkt, als eine Methode der Entzifferung betrachtet werden muß, der für die ganze Größenskala angemessen sein kann, was auch immer die jeweilige Größe sei. Mit anderen Worten, die Analyse der Mikromächte ist keine Frage der Größenordnung und keine Frage eines Abschnitts dieser Größenordnung, sondern eine (262) Frage des Gesichtspunkts. Gut. Das war, wenn Sie so wollen der methodische Grund." (Foucault 2006, 261 f.)

[69] Zahn 1993, 59.

[70] Bauman 2002, 180.

3 Disziplin als zweite Natur

[71] Philippe Remarque, „Guerrillero van het woord", in: *De Volkskrant*, 28. Juni 2013.

[72] Martin Sommer, „Voetnoten bij de voetnoot", in: *De Volkskrant*, 28. Juni 2013.

[73] Vgl. dazu Henri Lefèbvre, *Rhythmanalysis. Space, time and everyday life*, übers. von S. Elden und G. Moore, New York/London 2004 (1992), 38–39.

[74] Platon, *Politeia* 372e–377e, in: Platon, *Sämtliche Werke*, Band 3, Phaidon, Politeia, übers. von Friedrich Schleiermacher, hrsg. von Walter Otto, Ernesto Grassi, Gert Plamböck, Hamburg 1958, 109–115.

[75] Fußnote 5: Platon, *Politeia* 377a, Platon 1958, 113 f.

[76] Platon: *Politeia* 390d, Platon 1958, 124. Die Verse stammen aus der Odyssee, XX, 17–18.

[77] Elias 1992, Erster Band, 174 u. ö.

[78] Elias 1992, Zweiter Band, 317.

[79] Elias 1992, Erster Band, 60.

[80] Aristoteles, *Philosophische Schriften*, Band 3, *Nikomachische Ethik* II, 1, 1103a, nach der Übers. von Eugen Rolfes bearbeitet von Günther Bien, Hamburg 1995, 26.

[81] Aristoteles, *Nikomachische Ethik* III, 15, 1119a 25, 1995, 71.

[82] Aristoteles, *Nikomachische Ethik* III, 4, 1112a, 1995, 51.

[83] Aristoteles, *Nikomachische Ethik* VII, 11, 1152a, 1995, 172.

[84] Nietzsche, *Die fröhliche Wissenschaft* IV, 295, 1999, 535–536.

[85] Nietzsche, *Die fröhliche Wissenschaft* IV, 308, 1999, 545.

[86] Nietzsche, *Die fröhliche Wissenschaft* IV, 295, 1999, 535.

[87] Nietzsche, *Die fröhliche Wissenschaft* IV, 290, 1999, 530–531.

[88] Foucault 1994, 251–292.

[89] Foucault 1994, 279.

[90] Foucault 1994, 356 f.

[91] Michel Foucault, *Der Wille zum Wissen. Sexualität und Wahrheit I*, übers. von Ulrich Raulff und Walter Seitter, Frankfurt/Main [4]1991 (1983), 116.

[92] Marcuse 1994, 83 und 253.

4 Überleben im materiellen Überfluss

[93] Franz Kafka, *Ein Hungerkünstler*, in: Ders., *Gesammelte Werke*, hrsg. von Max Brod, Band 5, Frankfurt/Main 1950, 199 f.

[94] Max Weber, *Die protestantische Ethik*, hrsg. von J. Winckelmann, Gütersloh 1981, 12.

[95] Aristoteles, *Politik* II, 7, 1267b 3–4, in: Ders., *Philosophische Schriften*, Band 4, *Politik*, übers. von Eugen Rolfes, Hamburg 1995, 53.

[96] Sigmund Freud, „Das Unbehagen in der Kultur", in: Ders., *Das Unbehagen in der Kultur. Und andere kulturtheoretische Schriften*, Frankfurt/Main 1994, 61 u. ö.

[97] Freud 1994, 55 ff.

[98] Freud 1994, 61.

[99] Max Weber, *Die protestantische Ethik und der ‚Geist' des Kapitalismus*, hrsg. von Karl-Maria Guth, Berlin 2015, 189.

[100] Weber 2015, 42.

[101] Weber 2015, 35.

[102] Weber 2015, 36.

[103] Fromm 1990, 83.

[104] Fromm 1990, 85.

[105] Fromm 1990, 86.

[106] Fromm 1990, 209.

[107] Herbert Marcuse, *Konterrevolution und Revolte*, in: Ders., Schriften 9, Frankfurt/Main 1978–1989, 11–128, ebd. 13.

[108] Vgl. Dirk Schindelbeck, *Illustrierte Konsumgeschichte der Bundesrepublik Deutschland 1945–1990*, http://dirk-schindelbeck.de/wp-content/uploads/2009/02/illustrierte-konsumgeschichteder-bundesrepublik-deutschland1945e280931990.pdf (letzter Zugriff am 19.9.2015).

[109] Schuyt und Taverne 2000, 275.

[110] Van den Broek 2010, 31.

[111] Hans Achterhuis, *De utopie van de vrije markt*, Rotterdam 2010, 283 f.

[112] Alain de Botton, *StatusAngst*, übers. von Chris Hirte, Frankfurt/Main 2004, 55–57.

[113] Goudsblom 1997, 46. (Vgl. http://www.sociosite.net/topics/goudsblom_elias.php.)

[114] http://www.schweizamsonntag.ch/ressort/nachrichten/3162/.

[115] Bertrand Russell, *In Praise of Idleness and Other Essays*, London 1973, 20.

[116] Hartmut Rosa, *Beschleunigung. Die Veränderung der Zeitstrukturen in der Moderne*, Frankfurt/Main 2005, 11.

[117] Arnold, Heumakers, „Filosofie moet het leven moeilijker maken", in: *NRC Handelsblad*, 11. April 2008.

5 Überleben in einem Meer an Zeit

[118] Augustinus, *Bekenntnisse*, übers. von Otto F. Lachmann, München 2000, 312.

[119] Johan Albinn Mooij, *Tijd en geest. Een geschiedenis*, Kampen 2001.

[120] Mariëlle Cloïn, Marjon Schols und Andries van den Broek, *Tijd op orde? Een analyse van de tijdsorde vanuit het perspectief van de burger*, Den Hàag 2010, 38.

[121] Henri Bergson, *Key Writing*, hrsg. von Keith Ansell Pearson und John Mullarkey, übers. von M. McMahon, New York/London 2005, 60.

[122] Henri Bergson, *Schöpferische Evolution*, übers. von Margarete Drewsen, Hamburg 2013, 12.

[123] Joke Hermsen, *Stil de tijd. Pleidooi voor een langzame toekomst*, Amsterdam 2009, 263–264.

[124] Hermsen 2009, 61–66 und 263.

[125] Bergson 2005, 227.

[126] Gaston Bachelard, *The dialectic of duration*, übers. von M. McAllester Jones, Manchester 2000, 43.

[127] Bachelard 2000, 39.

[128] Marli Huijer, *Ritme. Op zoek naar een terugkerende tijd*, Zoetermeer 2011.

[129] Koen Haegens, *Neem de tijd. Overleven in de* to go-*maatschappij*, Amsterdam 2012, 97.

[130] European Commission, *Communication from the commission to the European Parliament, the Council, The European Economic and Social Committee, and the Committee of the Regions*. Reviewing the Working Time Directive (first-phase consultation of the social partners at European Union level under Article 154 of the tfeu) 2010.

[131] Rosa 2005, 222.

6 Liebe und Überfluss

[132] Vgl. u. a. Ad Verbrugge, *Staat van verwarring. Het offer van liefde*, Amsterdam 2013, 11; Ad Verbrugge, *Tijd van onbehagen. Filosofische essays over een cultuur op Drift*, Amsterdam 2005, 271.
[133] Betty Friedan, *Der Weiblichkeitswahn oder Die Selbstbefreiung der Frau. Ein Emanzipationskonzept*, übers. von Margaret Carroux, Reinbek 1970, 197.
[134] Vgl. http://statline.cbs.nl/StatWeb/publication/?DM=SLNL&PA=37425 ned&D1=3-9&D2=0,10,20,30,40,50,(l-1)-l&VW=T.
[135] Emma Goldman, *Red Emma speaks. Selected writings & speaches by Emma Goldman*, hrsg. von Alix Kates Shulman, New York 1972, 159.
[136] Goldman 1972, 161.
[137] Goldman 1972, 141.
[138] Goldman 1972, 165.
[139] De Beauvoir 1992, 545.
[140] Costera Meijer, 1996, 92.
[141] Verbrugge 2013, 29.
[142] Verbrugge 2013, 95.
[143] Conley u. a. 2013
[144] Verbrugge 2013, 52.
[145] T. D. Conley, A. Ziegler, A. C. Moors, J. L. Matsick und B. Valentine, „A critical examination of popular assumptions about the benefits and outcomes of monogamous relationships", in: *Personality and Social Psychology Review* (2013) 17(2): 124–141.
[146] Foucault 1991,16.
[147] Foucault 1991, 49.
[148] Conley u. a. 2013.
[149] Elias 1992, Erster Band, 255 f.
[150] Elias 1992, Erster Band, 257.
[151] Elias 1992, Erster Band, 257 f.
[152] Johan Goudsblom, „Interview with Elias", in: *Sociologische Gids* (1970) 17 (2): 133–140. Vgl. http://www.sociosite.net/topics/goudsblom_elias.php.
[153] Elias 1992, Erster Band, 254.

7 Eine Masse Menschen

[154] Der Name „Project X" verweist auf einen beliebten amerikanisch-kanadisch-britischen Film mit dem Titel „Project X". Er handelt von einem Jungen, der mit Freunden im Haus seiner abwesenden Eltern eine Party feiert. Die Party endet in einer Katastrophe.

[155] Gabriel van den Brink, Merlijn van Hulst, Nicole Maalsté, Rik Peeters und Stefan Soeparman (Commissie ‚Project X' Haren), *Hoe Dionysos in Haren verscheen. Maatschappelijke facetten van project X Haren*, Deelrapport 3, Tilburg 2013, 85.

[156] Van den Brink u. a. 2013, 86.

[157] Unter anderen: Ethan A. Russell, *Let it bleed. Die Rolling Stones, Altamont und das Ende der Sixties*, übers. von Inga-Brita Thiele, Hamburg 2010.

[158] Hannah Arendt, *Über die Revolution*, München 1965, 334.

[159] Van den Brink u. a. 2013, 26.

[160] Elias Canetti, *Masse und Macht*, Frankfurt/Main ^{25}1999, 30.

[161] Canetti 1999, 14.

[162] Canetti 1999, 17.

[163] Canetti 1999, 22.

[164] Maarten Doorman, *De romantische orde*, Amsterdam 2012, 57.

[165] Van den Brink u. a. 2013, 101–102.

[166] A. E. Hotchner, *Flirten met de duivel. De Rolling Stones en de jaren zestig*. Vertaling E. Vijzelaar. Amsterdam: Amber 1990, 22.

[167] Simone Knaapen, *Vrijheid!? Blijheid!? Een analyse van de sociale orde op popfestivals*, Dissertation Universität Amsterdam, 2006, 66.

[168] Van den Brink u. a. 2013, 177.

[169] Commissie ‚Project X' Haren, *Twee werelden. You Only Live Once*, Hoofdrapport 2013, 29.

[170] Foucault 1994, 286.

[171] Foucault 1994, 279.

[172] Foucault 1994, 281 f.

8 Eine gesellschaftliche Kluft – Selbstdisziplin: ja oder nein

[173] Mitch Winehouse, *Amy my daughter*. New York 2012, 11, 19, 22.

[174] Norbert Elias, *Über die Zeit. Arbeiten zur Wissenssoziologie II*, übers. von

Holger Fliessbach und Michael Schröter, hrsg.von Michael Schröter, Frankfurt/Main 1984, 12.

[175] Elias 1992, Zweiter Band, 325.

[176] Elias 1992, Zweiter Band, 320.

[177] Elias 1992, Zweiter Band, 316.

[178] Weber 2015, 8 u. ö.

[179] Jessica F. Magidson, Brent W. Roberts, Anahi Collado-Rodriguez und C. W. Lejuez, „Theory-Driven Intervention for Changing Personality: Expectancy Value Theory, Behavorial Activation and Conscientiousness", in: *Development Psychology* (2012), 29. Oktober, 2.

[180] M. Allemand, A. E. Steiger und P. L. Hill, „Stability of Personality Traits in Adulthood. Mechanisms and Implications", in: *GeroPsych* (2013) 26(1): 5–13.

[181] Elias 1992, Zweiter Band, 422–426.

[182] Dick Pels, *De economie van de eer. Een nieuwe visie op verdienste en beloning*, Amsterdam 2007, 32.

[183] Pels 2007, 78.

[184] Vgl. http://www.spiegel.de/panorama/uebergewicht-mangelnde-bildung-macht-dick-a-256598.html.

[185] De Jonge, Hupkens und Bruggink 2009.

[186] Elias 1992, Zweiter Band, 316.

[187] Elias 1992, Zweiter Band, 317.

[188] Elias 1992, Zweiter Band, 447.

9 Die Schuld des Neoliberalismus

[189] Thijssen 2012, 60–61.

[190] Achterhuis 2010, 296; Trude Dehue, *De depressie-epidemie. Over de plicht het lot in eigen hand te nemen*, Amsterdam/Antwerpen 2008, 242 u. ö.; Harry Kunneman, *Voorbij het dikke-ik. Bouwstenen voor een kritisch humanisme*, Utrecht 2006, 18 u. ö., und zahlreiche Belege in: Paul Verhaeghe, *Und ich? Identität in einer durchökonomisierten Gesellschaft*, übers. von Birgit Erdmann und Angela Wicharz-Lindner, München 2013.

[191] Kunneman 2006, 7 u. ö.

[192] Kunneman 2006, 259.

[193] Kunneman 2006, 261.

[194] Michel Foucault, *Die Geburt der Biopolitik. Geschichte der Gouvernemen-*

talität II, hrsg. von Michel Sennelart, übers. von Jürgen Schröder, Frankfurt/ Main 2006, 305.

[195] Foucault 2006, 312 f.

[196] Foucault 2006, 315.

[197] Foucault 2006, 268.

[198] Achterhuis 2010, 102.

[199] Verhaeghe 2013, 114–116.

[200] Achterhuis 2010, 296; Verhaeghe 2013, 111 f. u. ö.

[201] Dehue 2008, 258–259.

[202] Verhaeghe 2013, 180–182; vgl. auch Dehue 2008.

[203] Kunneman 2006, 18.

[204] Nikolas Rose, *The Politics of Life Itself*, Princeton 2007, 154.

[205] Dehue 2008, 233.

[206] Verhaeghe 2013, 138.

[207] Foucault 2006, 190.

[208] Ivo van Hilvoorde, „De cyborg-atleet. De delicate verhouding tussen sport en technologie", in: *Moralicide. Nieuwe morele vocabulaires voor technologie*, hrsg. von Marli Huijer und Martijntje Smits, Kampen 2010, 55–70, hier: 61.

[209] Verhaeghe 2013, 122.

[210] René Boomkens, *Topkitsch en slow science. Kritiek van de academische rede*, Amsterdam 2008, 13.

[211] Achterhuis 2010, 299.

[212] Achterhuis 2010, 300–302.

[213] Achterhuis 2010, 299.

[214] Kunneman 2006, 93–96.

10 Die Befriedigend-Kultur

[215] Vgl. http://www.eur.nl/nieuws/journalisten/dossiers/nisn/ (letzter Zugriff am 23. 9. 2013).

[216] Thijssen 2012, 61–62.

[217] Theodore Dalrymple, *Spoilt Rotten: The Toxic Cult of Sentimentality*, London 2012, 24.

[218] Theodore Dalrymple: *Life at the Bottom: The Worldview That Makes the Underclass*, Chicago 2003, 27.

[219] Verbrugge 2005, 29.

220 Verbrugge 2005, 239.
221 Francis Fukuyama, *The Great Disruption. Human Nature and the Reconstruction of Social Order*, New York 1999, 36–38.
222 Dalrymple 2003, 116.
223 Frits Bolkestein, „Wiegel had gelijk met zijn ,Wormen in Naarden‘“, *Trouw* vom 29. April 1998.
224 Dalrymple 2003, 116.
225 Vgl. Dalrymple 2010.
226 Übrigens widersetzt sich Dewey Rousseaus Theorie, dass das Kind eine Sprache spontan lernt. Die Vorstellung, dass Eltern das Gebrabbel ihrer Kinder ernst nehmen sollten und ihnen keine artikulierte Sprache beibringen sollten, erscheint ihm absurd. Vgl. Dewey 2008, 138.
227 Roger Scruton, *Culture Counts: Faith and Feeling in a World Besieged*, New York 2007, 85.
228 Dalrymple 2012, 17. Anders als die im 8. Kapitel behandelte Kluft zwischen Menschen mit und Menschen ohne Selbstdisziplin bezieht Dalrymple den Mangel an Disziplin nicht nur auf einen ungesunden Lebensstil, sondern dieser herrscht für ihn auch in vielen anderen Lebensbereichen. Seine Theorie des „Entweder-man-hat-Disziplin-oder-man-hat-keine" scheitert an jemandem wie Amy Winehouse, die in der Musik jede erdenkliche Disziplin aufbringen konnte, beim Alkohol aber scheiterte.
229 Dalrymple 2003, xv.
230 Verbrugge 2005, 264–265.
231 Vgl. zum Vorschlag des Verbots des Kaugummis Dalrymples Essay im englischen *The Telegraph* unter dem Titel „I'm fed up to the back teeth with chewing gum", in: *The Telegraph* vom 20.10.2012 (http://www.telegraph.co.uk/news/uknews/law-and-order/9622071/Im-fed-up-to-the-back-teeth-with-chewing-gum.html).
232 Dalrymple 2003, 243.
233 Verbrugge 2005, 136–137.
234 Vgl. dazu den Paragraphen „Disziplin und Aufmerksamkeit" („Discipline en aandacht") des Manifests von *Beter Onderwijs Nederland*, dessen Vorsitzender Verbrugge ist: http://www.beteronderwijsnederland.nl/content/manifest-beter-onderwijs-nederland (letzter Zugriff am 28.8.2013).
235 *De sociale staat van Nederland 2011*, hrsg. von Rob Bijl, Jeroen Boelhouwer, Mariëlle Cloïn und Evert Pommer, Den Haag 2011, 105–120. Vgl. auch Jo Hermanns, *Het opvoeden verleerd*, Amsterdam 2009. Vgl. http://dare.uva.nl/documenten/166032.

[236] *De sociale staat van Nederland 2011*, 311–312.
[237] *De sociale staat van Nederland 2011*, 80–84.
[238] *De sociale staat van Nederland 2011*, 329.

11 Üben, üben und nochmals üben

[239] Peter Sloterdijk, *Du mußt dein Leben ändern. Über Anthropotechnik*, Frankfurt/Main 2009.
[240] Sloterdijk 2009, 27.
[241] Sloterdijk 2009, 14.
[242] Sloterdijk 2009, 48.
[243] Joep Dohmen, *Het leven als kunstwerk*, Rotterdam 2008, 177–178.
[244] Sloterdijk 2009, 27.
[245] Wilhelm Schmid, *Philosophie der Lebenskunst. Eine Grundlegung*, Frankfurt/Main ⁶2000, 326.
[246] Sloterdijk 2009, 59.
[247] Dohmen 2008, 179.
[248] Sloterdijk 2009, 51.
[249] Sloterdijk 2009, 92 f.
[250] Wilma de Rek, *Stand-up filosoof. De antwoorden van René Gude*, Leusden 2013, 128.
[251] Sloterdijk 2009, 233.
[252] Vgl. Sloterdijk 2009, 70–79.
[253] Sloterdijk 2009, 69–99.
[254] Sloterdijk 2009, 47.
[255] De Rek 2013, 99.
[256] De Rek 2013, 113.
[257] Michel Foucault, *Der Gebrauch der Lüste. Sexualität und Wahrheit 2*, übers. von Ulrich Raulff und Walter Seitter, Frankfurt/Main ²1991, 38.
[258] Foucault 1991, 18.
[259] Nietzsche, *Genealogie der Moral* III, 1 und 28, KSA 5, 1999, 339 und 411.
[260] Nietzsche, *Die fröhliche Wissenschaft* IV, 290, KSA 3, 1999, 530.
[261] Nietzsche, *Menschliches, Allzumenschliches* II, 305, KSA 2, 1999, 689.
[262] Nietzsche, *Morgenröthe* II, 113, KSA 3, 1999, 102–103.
[263] Nietzsche, *Die fröhliche Wissenschaft* IV, 295, KSA 3, 1999, 536.
[264] Walter Kaufmann, *Nietzsche. Philosopher, Psychologist, Antichrist*, Princeton 1974, 244.

[265] Sloterdijk 2009, 59.

[266] Sloterdijk 2009, 59.

[267] Dohmen 2008, 165–169.

[268] Vgl. dazu Nietzsche, *Die fröhliche Wissenschaft* IV, 279, KSA 3, 1999, 524.

[269] Sloterdijk 2009, 47.

[270] Sloterdijk 2009, 66.

12 Die Delegierung der Disziplin ans nichtmenschliche Netz

[271] Zadie Smith, *NW*, London 2012, 295. Vgl. http://selfcontrolapp.com; http://macfreedom.com.

[272] Singh 2012.

[273] R. Marsden, „How writers block fatal distractions", in: *Independent*, 7. September 2012.

[274] Bruno Latour, „Das Dilemma eines Sicherheitsgurtes", in: Ders., *Der Berliner Schlüssel. Erkundungen eines Liebhabers der Wissenschaften*, übers. von Gustav Roßler, Berlin 1996, 28–36.

[275] Bruno Latour, *Wir sind nie modern gewesen. Versuch einer symmetrischen Anthropologie*, übers. von Gustav Roßler, Frankfurt 2008, 19 f.

[276] Hans Achterhuis, *De erfenis van de utopie*, Amsterdam 1998, 28 u. ö.

[277] Hans Achterhuis, „Techniek redt de moraal", in: *Trouw*. Letter & Geest, 23. März 2013.

[278] Bruno Latour, *Die Hoffnung der Pandora*, München 2000, 230.

[279] Latour 2000, 222 ff.

[280] Latour 2000, 232.

[281] Jos de Mul und Bibi van den Berg, „De afstandsbediening van de autonomie. Computergemedieerd handelen en morele verantwoordelijkheid", in: *Moralicide. Nieuwe morele vocabulaires voor technologie*, hrsg. von Marli Huijer und Martijntje Smits, Kampen 2010, 36–54, hier: 53.

[282] Peter-Paul Verbeek, „*De grens van de mens. Over techniek, ethiek, en de menselijke natuur*, Enschede 2009, 24; K. Waelbers, *Doing good with things. Taking responsibility for the social role of technologies*, Dissertation Universiteit Twente, 25. Juni 2010, 86.

[283] Achterhuis 2013.

[284] S. Dorrestijn, *The design of our own lives. Technical mediation and subjectivation after Foucault*, Dissertation Universiteit Twente, 10. Oktober 2012, 143 u. ö.

[285] *MiniMe* lautete der Arbeitstitel des Projekts, die App kam schließlich 2014 unter dem Namen *In Hand* auf den Markt, http://www.inhand.org.uk/ (letzter Zugriff am 15.9.2015).

[286] http://www.fact.co.uk und http://www.merseycare.nhs.uk.

[287] Die endgültige Version besitzt nun vier Kategorien: „Great", „So – So", „Not Good", „Awful".

[288] Siehe https://vimeo.com/95951956 (letzter Zugriff am 15.9.2015).

[289] Siehe http://www.flickr.com/photos/78396563@N08/7194995290/lightbox/ (letzter Zugriff am 22.9.2013).

[290] Esther Keymolen, „Trust and technology in collaborative consumption. Why it is not just about you and me" in: *Bridging Distances in Technology and Regulation*, hrsg. von R. Leenes und E. Kosta, Tilburg 2013, 135–150, hier: 146.

[291] Siehe http://www.epode-european-network.com/.

[292] Siehe http://www.jongerenopgezondgewicht.nl.

[293] Max Horkheimer/Theodor Adorno, *Dialektik der Aufklärung, Philosophische Fragmente*, in: Max Horkheimer, *Gesammelte Schriften*, Band 5, hrsg. von Gunzelin Schmid Noerr, Frankfurt/Main 1987, 11–290, hier: 83.

13 Die Delegierung der Disziplin ans menschliche Netz

[294] Arendt, 1965, 110.

[295] Hannah Arendt, *Vita activa oder Vom tätigen Leben*, München 1981, 237.

[296] Henk Oosterling und Aetzel Griffioen, „Wat heet lichamelijke opvoeding in de 21e eeuw. Proloog. Enkele grondige overwegingen", in: *Wat heet lichamelijke opvoeding*, hrsg. von H. Oosterling und A. Griffioen, Rotterdam 2012, 9–25, hier: 19.

[297] Henk Oosterling, *eco3 Doen Denken. Rotterdam Vakmanstad/Skillcity*, Rotterdam 2013, 34–44.

[298] Johan Goudsblom, *Het regime van de tijd*, Amsterdam 1997, 48.

[299] Arendt 1981, 230.

[300] Arendt 1981, 229 f.

[301] Arendt 1981, 252.

[302] Arendt 1981, 221.

[303] Goudsblom 1997, 136.

[304] Arendt 1981, 307.

[305] Arendt 1981, 301 f.

[306] Vgl. Arendt 1981, 303 f.

[307] Oosterling und Griffioen 2012, 19–20.

[308] Oosterling und Griffioen 2012, 22.

[309] Oosterling und Griffioen 2012, 16.

[310] Arendt 1981, 313.

[311] Arendt 1981, 315.

[312] Norbert Elias, *Studien über die Deutschen. Machtkämpfe und Habitusentwicklung im 19. und 20. Jahrhundert*, in: Ders., *Gesammelte Schriften*, hrsg. von Michael Schröter, Band 11, Frankfurt/Main 2005, 42.

[313] Vgl. dazu Evelien Tonkens und Imrat Verhoeven, *Bewonersinitiatieven: proeftuin voor partnerschap tussen burgers en overheid. Een onderzoek naar bewonersinitiatieven in de Amsterdamse wijkaanpak*, Amsterdam 2011.

Zum Schluss

[314] Für eine ausführliche Definition des Begriffs „gerechter Krieg" vgl. Michael Walzer, *Arguing about war*, New Haven/London 2005.

[315] Kevin Powers, *Die Sonne war der ganze Himmel*, übers. von Henning Ahrens, Frankfurt/Main 2013, 25 f.

[316] Powers 2013, 41.

[317] Vgl. dazu den Dokumentarfilm: *De uitverkorenen* van Geertjan Lassche, http://www.uitzendinggemist.nl/afleveringen/1335544 (letzter Zugriff am 29.9.2013).

[318] Zahn 1993, 29 f.

[319] Siehe zum Beispiel https://lift.do.

Bibliographie

absolute(ly). Macht und Gerechtigkeit. Michel Foucault, Noam Chomsky, Fons Elders, übers. von Jürgen Reuß, Freiburg 2008.

Achterhuis, Hans, *De erfenis van de utopie*, Amsterdam 1998.

Achterhuis, Hans, *De utopie van de vrije markt*, Rotterdam 2010.

Achterhuis, Hans, „Techniek redt de moraal", in: *Trouw*. Letter & Geest, 23. März 2013.

Allemand, M., A. E. Steiger und P. L. Hill, „Stability of Personality Traits in Adulthood. Mechanisms and Implications", in: *GeroPsych* (2013) 26(1): 5–13.

Arendt, Hannah, *Eichmann in Jerusalem. Ein Bericht von der Banalität des Bösen*, übers. von Brigitte Granzow, München 1986.

Arendt, Hannah, *Über die Revolution*, München 1965.

Arendt, Hannah, *Vita activa oder Vom tätigen Leben*, München 1981.

Aristoteles, *Nikomachische Ethik*, in: Ders., *Philosophische Schriften*, Band 3, nach der Übers. von Eugen Rolfes bearbeitet von Günther Bien, Hamburg 1995.

Aristoteles, *Politik*, in: Ders., *Philosophische Schriften*, Band 4, übers. von Eugen Rolfes, Hamburg 1995.

Augustinus, *Bekenntnisse*, übers. von Otto F. Lachmann, München 2000, 312.

Bachelard, Gaston, *The Dialectic of Duration*, übers. von M. McAllester Jones, Manchester 2000.

Bauman, Zygmunt, *Dialektik der Ordnung. Die Moderne und der Holocaust*, Hamburg 2002.

Beauvoir, Simone de, *Das andere Geschlecht. Sitte und Sexus der Frau*, übers. von Uli Aumüller und Grete Osterwald, Reinbek 1992.

Benjamin, Walter, *Über Haschisch: Novellistisches, Berichte, Materialien*, Frankfurt/Main 1972.

Berg, Bernard und Hanneke van den, *Nederland in de jaren zestig. Fragmenten uit een samenleving*, Rijswijk 1987.

Bergson, Henri, *Key Writing*, hrsg. von Keith Ansell Pearson und John Mullarkey, übers. von M. McMahon, New York/London 2005.

Bergson, Henri, *Schöpferische Evolution*, übers. von Margarete Drewsen, Hamburg 2013.

Bolkestein, Frits, „Wiegel had gelijk met zijn ‚Wormen in Naarden‘“, in: *Trouw*, 29. April 1998.

Boomkens, René, *Topkitsch en slow science. Kritiek van de academische rede*, Amsterdam 2008.

Bor, Jan, *Wat is wijsheid? Een filosofische zoektocht*, Amsterdam 2012.

Borg, Meerten ter, „Religie na 1945: een cultuur-sociologische schets van de achtergronden“, in: *Handboek religie in Nederland. Perspectief – overzicht – debat*, hrsg. von Meerten ter Borg u. a., Zoetermeer 2008, 49–66.

Botton, Alain de, *StatusAngst*, übers. von Chris Hirte, Frankfurt/Main 2004.

Brink, Gabriel van den, Merlijn van Hulst, Nicole Maalsté, Rik Peeters und Stefan Soeparman (Commissie ‚Project X‘ Haren), *Hoe Dionysos in Haren verscheen. Maatschappelijke facetten van project X Haren*, Deelrapport 3, Tilburg 2013.

Canetti, Elias, *Masse und Macht*, Frankfurt/Main [25]1999.

Cloïn, Mariëlle, Marjon Schols und Andries van den Broek, *Tijd op orde? Een analyse van de tijdsorde vanuit het perspectief van de burger*, Den Haag 2010.

Commissie ‚Project X‘ Haren, *Twee werelden. You Only Live Once*, Hoofdrapport 2013.

Conley, T. D., A. Ziegler, A. C. Moors, J. L. Matsick und B. Valentine, „A critical examination of popular assumptions about the benefits and outcomes of monogamous relationships“, in: *Personality and Social Psychology Review* (2013) 17(2): 124–141.

Constandse, Anton, *Sexuele nood en fascisme*, Den Haag 1935.

Constandse, Anton, *God, gezin, gezag*, Den Haag 1938.

Costera Meijer, Irene, *Het persoonlijke wordt politiek. Feministische bewustwording in Nederland 1965–1980*, Amsterdam 1996.

Cremer, Jan, *Ich, Jan Cremer*, übers. von Johannes Werres und Klaus Rainer Röhl, Frankfurt/Main 1969.

Dahl, Roald, *Mathilda*, übers. von Sybil Gräfin Schönfeld, Reinbek 1997.

Dalrymple, Theodore, „I'm fed up to the back teeth with chewing gum", in: *The Telegraph* vom 20.10.2012. (http://www.telegraph.co.uk/news/uknews/law-and-order/9622071/Im-fed-up-to-the-back-teeth-with-chewing-gum.html)

Dalrymple, Theodore, *Life at the Bottom: The Worldview That Makes the Underclass*, Chicago 2003.

Dalrymple, Theodore, *Spoilt Rotten: The Toxic Cult of Sentimentality*, London 2012.

Dehue, Trude, *De depressie-epidemie. Over de plicht het lot in eigen hand te nemen*, Amsterdam/Antwerpen 2008.

Delfgaauw, Bernhard, „De mens: vrij of gevangen?", in: *Onze jaren 45–70*, (1973) 88, 6.–12. Oktober, 2787–2790.

De sociale staat van Nederland 2011, hrsg. von Rob Bijl, Jeroen Boelhouwer, Mariëlle Cloïn und Evert Pommer, Den Haag 2011.

Dewey, John, *Democracy & Education*, Minneapolis, Minnesota 2008.

Dohmen, Joep, *Het leven als kunstwerk*, Rotterdam 2008.

Doorman, Maarten, *De romantische orde*, Amsterdam 2012.

Dorrestijn, Steven, *The design of our own lives. Technical mediation and subjectivation after Foucault*, Dissertation Universiteit Twente, 10. Oktober 2012.

Duijn, Roel van, „Terug naar de natuur", in: *Morgen is het misschien zover. Het nieuwe denken over onze tijd zoals dit overkomt uit gesprekken met Foucault, Marcuse, Van Duijn, Lefebvre, Laot, Krumnow, Deleuze, Guattari, Tourain en Fourier*, Baarn 1973, 55–69.

Elias, Norbert, *Studien über die Deutschen. Machtkämpfe und Habitusentwicklung im 19. und 20. Jahrhundert*, in: Ders., *Gesammelte Schriften*, hrsg. von Michael Schröter, Band 11, Frankfurt/Main 2005.

Elias, Norbert, *Über die Zeit. Arbeiten zur Wissenssoziologie II*, übers. von Holger Fliessbach und Michael Schröter, hrsg. von Michael Schröter, Frankfurt/Main 1984.

Elias, Norbert, *Über den Prozeß der Zivilisation. Soziogenetische und psychogenetische Untersuchungen*, Erster Band: *Wandlungen der Gesellschaft in den weltlichen Oberschichten des Abendlandes*, Zweiter Band: *Wandlungen der Gesellschaft. Entwurf zu einer Theorie der Zivilisation*, Frankfurt/Main [17]1992.

Foucault, Michel, *Der Gebrauch der Lüste. Sexualität und Wahrheit 2*, übers. von Ulrich Raulff und Walter Seitter, Frankfurt/Main [2]1991.

Foucault, Michel, *Die Geburt der Biopolitik. Geschichte der Gouvernementalität II*, hrsg. von Michel Sennelart, übers. von Jürgen Schröder, Frankfurt/Main 2006.

Foucault, Michel, „Die fröhliche Wissenschaft des Judo. Ein Gespräch mit Jean-Louis Ezine", in: Ders., *Mikrophysik der Macht. Über Strafjustiz, Psychiatrie und Medizin*, übers. von Walter Seitter, Berlin 1976, 124–130.

Foucault, Michel, *Überwachen und Strafen*, übers. von Walter Seitter, Frankfurt/Main 1994.

Foucault, Michel, *Der Wille zum Wissen. Sexualität und Wahrheit I*, übers. von Ulrich Raulff und Walter Seitter, Frankfurt/Main [4]1991.

Freud, Sigmund, „Das Unbehagen in der Kultur", in: Ders., *Das Unbehagen in der Kultur. Und andere kulturtheoretische Schriften*, Frankfurt/Main 1994.

Friedan, Betty, *Der Weiblichkeitswahn oder Die Selbstbefreiung der Frau. Ein Emanzipationskonzept*, übers. von Margaret Carroux, Reinbek 1970.

Fromm, Erich, *Die Furcht vor der Freiheit*, übers. von Liselotte und Ernst Mickel, München 1990.

Fukuyama, Francis, *The Great Disruption. Human Nature and the Reconstruction of Social Order*, New York 1999, 36–38.

Goldman, Emma, *Red Emma Speaks. Selected Writings & Speaches by Emma Goldman*, hrsg. von Alix Kates Shulman, New York 1972.

Goudsblom, Johan, *Het regime van de tijd*, Amsterdam 1997.

Goudsblom, Johan, „Interview with Norbert Elias", in: *Sociologische Gids* (1970) 17(2): 133–140. Vgl. http://www.sociosite.net/topics/goudsblom_elias.php.

Haegens, Koen, *Neem de tijd. Overleven in de to go-maatschappij*, Amsterdam 2012.

Hermanns, Jo, *Het opvoeden verleerd*, Amsterdam 2009. Vgl. http://dare.uva.nl/documenten/166032.

Hermsen, Joke, *Stil de tijd. Pleidooi voor een langzame toekomst*, Amsterdam 2009.

Heumakers, Arnold, „Filosofie moet het leven moeilijker maken", in: *NRC Handelsblad*, 11. April 2008.

Hilvoorde, Ivo van, „De cyborg-atleet. De delicate verhouding tussen sport en technologie", in: *Moralicide. Nieuwe morele vocabulaires voor technologie*, hrsg. von Marli Huijer und Martijntje Smits, Kampen 2010, 55–70.

Horkheimer, Max und Theodor Adorno, *Dialektik der Aufklärung, Philosophische Fragmente*, in: Max Horkheimer, *Gesammelte Schriften*, Band 5, hrsg. von Gunzelin Schmid Noerr, Frankfurt/Main 1987, 11–290.

Hotchner, A. E., *Flirten met de duivel. De Rolling Stones en de jaren 60*. Vertaling E. Vijzelaar. Amsterdam 1990.

Huijer, Marli, „Een niet te verenigen duo: seksuele pluraliteit en Constandses ene moraal van wederkerigheid", in: *Anton Constandse. Leven tegen de stroom in*, hrsg. von B. Gasenbeek u. a., Breda/Utrecht 1999, 129–140.

Huijer, Marli, *Ritme. Op zoek naar een terugkerende tijd*, Zoetermeer 2011.

Jonge, T. de, C. Hupkens und J.-W. Bruggink, „Living a happy, healthy and satisfying life", in: *Statistics Netherlands*, 15. September 2009, http://www.cbs.nl/nl-NL/menu/themas/gezondheid-welzijn/publicaties/artikelen/archief/2009/2009-2989-wm.htm.

Kafka, Franz, *Ein Hungerkünstler*, in: Ders., *Gesammelte Werke*, hrsg. von Max Brod, Band 5, Frankfurt/Main 1950.

Kaufmann, Walter, *Nietzsche. Philosopher, Psychologist, Antichrist*, Princeton 1974.

Keymolen, Esther, „Trust and technology in collaborative consumption. Why it is not just about you and me", in: *Bridging Distances in Technology and Regulation*, hrsg. von R. Leenes und E. Kosta, Tilburg 2013, 135–150.

Kluge, Friedrich, *Etymologisches Wörterbuch der deutschen Sprache*, hrsg. und bearbeitet von Elmar Seebold, Berlin/New York [22]1989.

Knaapen, Simone, *Vrijheid!? Blijheid!? Een analyse van de sociale orde op popfestivals*, Dissertation Universität Amsterdam, 2006.

Kool-Smit, Joke, *hé zus, ze houen ons eronder. een boek voor vrouwen en ouderemeisjes*, Utrecht/Antwerpen 1972.

Kunneman, Harry, *Voorbij het dikke-ik. Bouwstenen voor een kritisch humanisme*, Utrecht 2006.

Latour, Bruno, „Das Dilemma eines Sicherheitsgurtes", in: Ders., *Der Berliner Schlüssel. Erkundungen eines Liebhabers der Wissenschaften*, übers. von Gustav Roßler, Berlin 1996, 28–36.

Latour, Bruno, *Die Hoffnung der Pandora*, München 2000.

Latour, Bruno, *Wir sind nie modern gewesen. Versuch einer symmetrischen Anthropologie*, übers. von Gustav Roßler, Frankfurt 2008.

Lefebvre, Henri, *Rhythmanalysis. Space, Time and Everyday Life*, übers. von S. Elden und G. Moore, New York/London 2004.

Magidson, Jessica F., Brent W. Roberts, Anahi Collado-Rodriguez und C. W. Lejuez, „Theory-Driven Intervention for Changing Personality: Expectancy Value Theory, Behavorial Activation and Conscientiousness", *Development Psychology* (2012) 29. Okt.

Marcuse, Herbert, *Der eindimensionale Mensch. Studien zur Ideologie der fortgeschrittenen Industriegesellschaft*, übers. von Alfred Schmidt, München 1994.

Marcuse, Herbert, *Eros und Kultur. Ein philosophischer Beitrag zu Sigmund Freud*, Stuttgart 1957. Neuausgabe: Ders.: *Triebstruktur und*

Gesellschaft. Ein philosophischer Beitrag zu Sigmund Freud, in: Ders., Schriften 5. Frankfurt/Main 1979.

Marcuse, Herbert, *Konterrevolution und Revolte*, in: Ders., Schriften 9. Frankfurt/Main 1978–1989, 11–128.

Marsden, Rhodri, „How writers block fatal distractions", in: *Independent*, 7. September 2012.

McNeill, W. H., *Keeping Together in Time. Dance and Drill in Human History*, Cambridge/MA: Harvard University Press 1995.

Mooij, Johan Albinn, *Tijd en geest. Een geschiedenis*, Kampen 2001.

Mul, Jos de und Bibi van den Berg, „De afstandsbediening van de autonomie. Computergemedieerd handelen en morele verantwoordelijkheid", in: *Moralicide. Nieuwe morele vocabulaires voor technologie*, hrsg. von Marli Huijer und Martijntje Smits, Kampen 2010, 36–54.

Mulisch, Harry, *Strafsache 40/61. Eine Reportage über den Eichmann-Prozeß*, übers. von Johannes Picon, Berlin ³2002.

Nietzsche, Friedrich, *Sämtliche Werke.* Kritische Studienausgabe in 15 Bänden, hrsg. von Giorgio Colli und Mazzino Montinari, München 1999.

Oosterling, Henk, *De opstand van het lichaam. Over verzet en zelfervaring bij Foucault en Bataille*, Amsterdam 1989.

Oosterling, Henk, *eco3 Doen Denken. Rotterdam Vakmanstad/Skillcity*, Rotterdam 2013.

Oosterling, Henk und Aetzel Griffioen, „Wat heet lichamelijke opvoeding in de 21e eeuw. Proloog. Enkele grondige overwegingen", in: *Wat heet lichamelijke opvoeding*, hrsg. von H. Oosterling und A. Griffioen, Rotterdam 2012, 9–25.

Pels, Dick, *De economie van de eer. Een nieuwe visie op verdienste en beloning*, Amsterdam 2007.

Platon, *Sämtliche Werke*, Band 3, Phaidon, Politeia, übers. von Friedrich Schleiermacher, hrsg. von Walter Otto, Ernesto Grassi und Gert Plamböck, Hamburg 1958.

Powers, Kevin, *Die Sonne war der ganze Himmel*, übers. von Henning Ahrens, Frankfurt/Main 2013.

Reiche, Reimut, *Sexualität und Klassenkampf. Zur Kritik repressiver Entsublimierung*, Berlin 1968.

Rek, Wilma de, *Stand-up filosoof. De antwoorden van René Gude*, Leusden 2013.

Remarque, Philippe, „Guerrillero van het woord", in: *De Volkskrant*, 28. Juni 2013.

Righart, Hans, *De eindeloze jaren zestig. Geschiedenis van een generatieconflict*, Amsterdam/Antwerpen 1995.

Rosa, Hartmut, *Beschleunigung. Die Veränderung der Zeitstrukturen in der Moderne*, Frankfurt/Main 2005.

Rose, Nikolas, *The Politics of Life Itself*, Princeton 2007.

Russell, Bertrand, *In Praise of Idleness and Other Essays*, London 1973.

Russell, Ethan A., *Let it bleed. Die Rolling Stones, Altamont und das Ende der Sixties*, übers. von Inga-Brita Thiele, Hamburg 2010.

Sartre, Jean-Paul, *Das Sein und das Nichts. Versuch einer phänomenologischen Ontologie*, übers. von Hans Schöneberg und Traugott König, in: Ders., *Gesammelte Werke*, hrsg. von Vincent von Wroblewsky, Philosophische Schriften I, Reinbek 1994.

Schindelbeck, Dirk, *Illustrierte Konsumgeschichte der Bundesrepublik Deutschland 1945–1990*, http://dirk-schindelbeck.de/wp-content/uploads/2009/02/illustrierte-konsumgeschichteder-bundesrepublik-deutschland1945e280931990.pdf (letzter Zugriff am 19.9.2015).

Schmid, Wilhelm, *Philosophie der Lebenskunst. Eine Grundlegung*, Frankfurt/Main ⁶2000.

Schuyt, C. J. M. und Ed Taverne, *1950. Welvaart in zwart-wit*, Den Haag 2000.

Schwan, Anne und Stephen Shapiro, *How to Read Foucault's Discipline and Punish*, London 2011.

Scruton, Roger, *Culture Counts: Faith and Feeling in a World Besieged*, New York 2007.

Singh, Anita, „The app that ‚freed' writers from the net", in: *The Daily Telegraph*, 1. September 2012.

Sloterdijk, Peter, *Du mußt dein Leben ändern. Über Anthropotechnik*, Frankfurt/Main 2009.

Smith, Zadie, *NW*, London 2012.

Sommer, Martin, „Voetnoten bij de voetnoot", in: *De Volkskrant*, 28. Juni 2013.

Tasman, Coen, *Louter Kabouter. Kroniek van een beweging 1969–1974*, Amsterdam 1996.

Taylor, Charles, *Das Unbehagen an der Moderne*, übers. von Joachim Schulte, Frankfurt/Main 1995.

Thijssen, Noortje, *De jaren zestig herinnerd. Over gedeelde idealen uit een linkse periode*, Amsterdam 2012.

Tonkens, Evelien und Imrat Verhoeven, *Bewonersinitiatieven: proeftuin voor partnerschap tussen burgers en overheid. Een onderzoek naar bewonersinitiatieven in de Amsterdamse wijkaanpak*, Amsterdam 2011.

Verbeek, Peter-Paul, *De grens van de mens. Over techniek, ethiek, en de menselijkenatuur*, Enschede 2009.

Verbrugge, Ad, *Staat van verwarring. Het offer van liefde*, Amsterdam 2013.

Verbrugge Ad, *Tijd van onbehagen. Filosofische essays over een cultuur op drift*, Amsterdam 2005.

Verhaeghe, Paul, *Und ich? Identität in einer durchökonomisierten Gesellschaft*, übers. von Birgit Erdmann und Angela Wicharz-Lindner, München 2013.

Waelbers, K., *Doing Good with Technologies. Taking Responsibility for the Social Role of Technologies*, Dissertation Universität Twente, 25. Juni 2010.

Walzer, Michael, *Arguing about War*, New Haven/London 2005.

Weber, Max, *Die protestantische Ethik*, hrsg. von J. Winckelmann, Gütersloh 1981.

Weber, Max, *Die protestantische Ethik und der „Geist" des Kapitalismus*, hrsg. von Karl-Maria Guth, Berlin 2015.

Winehouse, Mitch, *Amy, My Daughter*, New York 2012.

Zahn, Ernest, *Das unbekannte Holland. Regenten, Rebellen und Reformatoren*, München 1993.